Vocabulaire

Des activités et des listes de mots pour acquérir le vocabulaire thématique utile au travail d'écriture proposé dans l'unité.

• Des activités pour chercher des mots correspondant à la thématique des textes lus.

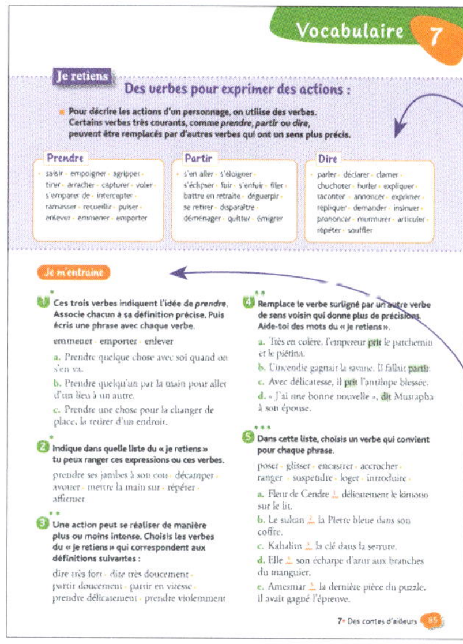

• Les mots sont regroupés en rubriques ; tu pourras t'y référer lorsque tu écriras des textes.

• Des exercices classés en 3 niveaux de difficulté pour manipuler les mots des listes.

Écrire et parler

Des situations d'écriture et d'oral pour apprendre à bien t'exprimer.

• Un guide d'écriture qui rappelle ce que tu as appris dans l'unité.

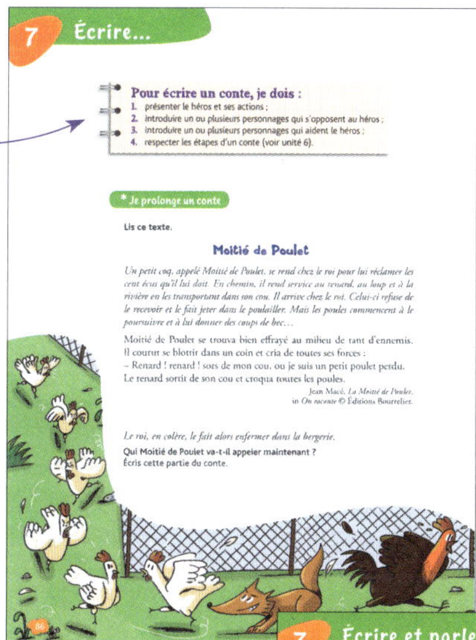

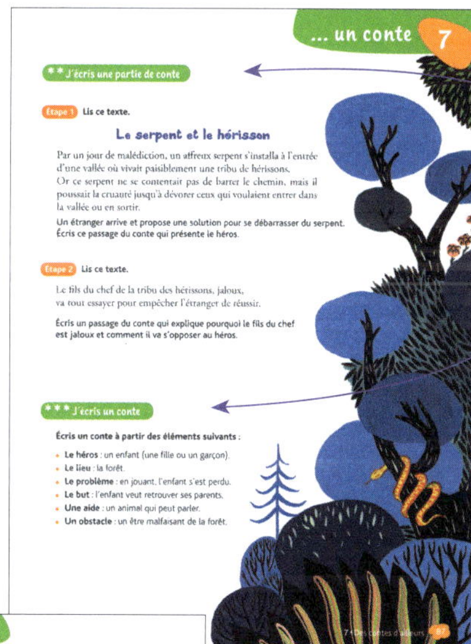

• Plusieurs situations d'écriture, de difficulté croissante.

• Une grille de réécriture pour améliorer tes productions écrites.

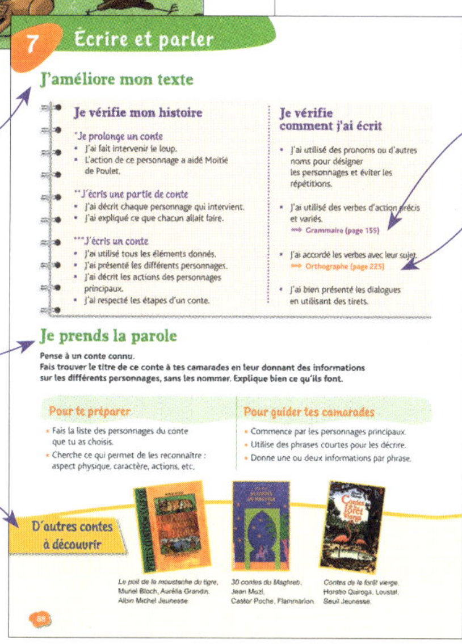

• Des passerelles vers la partie ÉTUDE DE LA LANGUE pour vérifier certains points d'orthographe, de grammaire ou de conjugaison.

• Une situation d'oral pour t'entraîner à parler devant tes camarades.

• Des propositions de lecture pour découvrir d'autres ouvrages sur le thème de l'unité.

W0388161

SOMMAIRE

ÉCRIRE et PARLER

Vocabulaire (des mots pour écrire)	Écrire	Parler
Des mots pour raconter la vie de l'école	Écrire un texte pour raconter un moment de l'école	Se présenter à ses camarades (identité, famille, activités...)
Des mots pour décrire un personnage	Écrire un portrait	Décrire un portrait (peinture)
Des mots pour évoquer le mystère, l'étrangeté	Écrire une scène mystérieuse	Présenter un livre à partir des informations de la couverture
Des mots pour donner des précisions sur les animaux	Écrire la fiche d'identification d'un animal	Trouver le nom d'un animal en questionnant ses camarades
Des mots pour parler de l'environnement	Écrire un document avec des illustrations et des légendes	Exposer une résolution devant ses camarades
Des mots pour dire quand se passent les actions	Écrire un conte en respectant les étapes	Raconter un conte
Des mots pour exprimer les actions des personnages	Écrire un conte en précisant bien les actions des personnages	Faire trouver le titre d'un conte connu à ses camarades sans nommer les personnages
Des mots pour mettre de l'ordre dans les événements	Écrire un fait divers	Présenter une information à ses camarades comme à la radio ou au journal télévisé
Des mots pour dire les émotions	Écrire une saynète amusante, avec des indications scéniques	Jouer avec des camarades la saynète inventée
Des mots particuliers : les onomatopées	Écrire une bande dessinée	Raconter un extrait de bande dessinée selon le point de vue d'un des personnages
Des mots pour créer une image poétique	Écrire un poème	Dire un poème devant ses camarades

SOMMAIRE Étude de la langue

GRAMMAIRE

CONJUGAISON

ORTHOGRAPHE

VOCABULAIRE

ISBN 978-2-09-122461-9

Unité 1

Des récits d'école

- As-tu déjà lu des romans ou des albums sur l'école ?
- Quel moment d'une journée d'école préfères-tu ?

Dans ce chapitre, tu vas :

Lire des histoires qui se passent à l'école.

Écrire un moment que tu as vécu à l'école.

Parler pour te présenter devant tes camarades.

1 Lire...

À partir de ces images, imagine ce qui va se passer dans le texte que tu vas lire.

La rentrée des classes

Je n'ai vraiment pas eu de chance. C'était moi le plus petit de la classe, plus petit encore que toutes les filles. Le jour de la rentrée, les autres élèves se sont bien moqués de moi. [...]

Dans la cour de récré, au début, ils m'ont traité de « minus », de ouistiti et même de microbe.

Le chef de bande c'était Jérôme. Tout le monde lui obéissait sans discuter. Il était grand, très fort. Il faisait peur. À moi, encore plus. Dès que je le voyais s'approcher, je me faisais encore plus petit. Mais c'était impossible. Je ne pouvais tout de même pas me transformer en nain ! Je m'enfuyais le plus loin que je pouvais, sans me retourner. Peut-être qu'il me suivait ?

C'est Bernard qui m'a sauvé. [...] Bernard a dit à Jérôme que d'accord j'étais petit mais qu'on n'avait pas le droit de se moquer des petits. Il lui a même dit :

– Et si on se mettait à se moquer des grands, comme toi, qu'on les traitait de girafes ?

Il a eu du courage, Bernard, et un œil au beurre noir. [...] On est devenus copains. Et même des garçons et des filles qui ne me parlaient pas sont venus me voir. Ils m'ont dit que c'était pas important d'être petit. Qu'est-ce qu'ils en savaient ? Mais ils m'ont fait plaisir quand même.

Je comprends

1 Quand se passe cette histoire ?

2 Quels sont les personnages ?

3 Qui raconte l'histoire ?

4 Que sait-on de lui ?

5 Quel est son problème ?

6 Qu'est-ce qui a dû se passer pour que Bernard ait un œil au beurre noir ?

7 Comment le maître règle-t-il le problème ?

8 Qu'apprend-on lors d'une leçon d'instruction civique et morale ?

Et il y a eu deux bandes dans la classe. La bande à Jérôme et la bande à Bernard. Moi, j'étais le sous-chef. Vu ma taille, j'aurais dû être le sous-sous-sous-sous chef. Avec Bernard, on imaginait tous des plans invraisemblables pour que Jérôme arrête de faire son crâneur.

Le maître, M. Patte, a deviné. Il nous a fait une grande leçon de morale à la place du cours de mathématiques prévu à cette heure-là.

Une classe, il a dit, c'est comme un pays. On a tous le droit de vivre dedans, les petits et les grands, les gros et les maigres. En même temps, M. Patte a parlé des couleurs, des noirs et des blancs, des clairs et des foncés. Ce n'était pas un cours de dessin mais de l'instruction civique, comme il disait. Et à la fin on devait se réconcilier.

Claude Gutman, *Les nougats*, Pleine Lune © Nathan.

Je lis à haute voix

Lis le texte de la ligne 6 à la ligne 11. Trouve le ton qui convient pour exprimer le sentiment de peur du narrateur.

Je donne mon avis

À ton avis, Bernard cherchait-il la bagarre ?

J'ajoute une phrase à l'histoire

Écris ce que les élèves des deux bandes ont pu se dire pour se réconcilier.

1 Lire...

En t'aidant du dessin et du titre, imagine de quoi parle cet extrait.

Un maître étonnant !

Vincent arrive de Paris avec sa famille. Il fait sa rentrée à l'école du village. Le maître, Monsieur Verdun, s'adresse aux élèves.

– Il nous reste trois quarts d'heure avant la récréation. On va discuter un peu ensemble, faire connaissance. On est tous nouveaux, non ?

Tout le monde écoute. C'est toujours comme ça à la rentrée, c'est après que ça se gâte.

– Alors… tout d'abord, pourquoi êtes-vous venus ici ?

Personne ne bronche.

– Personne ne sait ce qu'il fait ici ? Dans une classe ?

C'est la meilleure de l'année, celle-là ! Qu'est-ce qu'il veut dire, M. Verdun ?

– Personne ?

Un doigt se lève. Un élève du premier rang, qui cherche à s'élever au titre de chouchou, déclare :

– On vient à l'école pour apprendre à lire, écrire et compter.

Il a débité ça à la manière d'une poésie le jour de la fête des mères, très rapidement de peur d'oublier un mot.

– Très bien. Voyons ça…

Il écrit toute une phrase au tableau, à la craie blanche. Au fur et à mesure que nous la lisons, chacun écarquille les yeux et commence à chuchoter avec son voisin. Le maître est fou, complètement fou ! Il a écrit au tableau, en lettres capitales :

L'ÉCOLE NE SERT À RIEN.

Incroyable !

– Comment tu t'appelles, toi, au fond ?

Il a désigné Victor. Ouf… ce n'est pas passé loin.

Je comprends

1. Qui raconte l'histoire ?
2. Connaît-on son prénom ?
3. Le maître fait des choses qui étonnent les élèves. Lesquelles ?
4. Que signifie « il est ouf ! » ?
5. Monsieur Verdun pense-t-il vraiment que l'école ne sert à rien ?
6. Dans le texte, relève les mots et les expressions qui indiquent l'étonnement des élèves.
7. Pourquoi le maître dit-il qu'au Maroc, ils ne comptent pas le temps comme chez nous ?

– Victor..., bredouille mon copain.

– Eh bien, Victor, lis-nous cette phrase.

Et toute la classe entend mon nouveau copain prononcer la phrase étonnante.

– Très bien. Ton voisin, maintenant.

C'était trop beau.

– Tu t'appelles... ?

Il se tourne sans attendre ma réponse et écrit une addition au tableau.

– Vincent, monsieur...

– Alors, Vincent, peux-tu me calculer cette addition et me dire si elle est correcte ?

Il a marqué : 2 + 5 + 9 = 14.

Il est ouf ! Je suis bon en calcul. Ça fait 16, pas 14. Je lui dis. Il me répond :

– Très bien. Bon. Tout le monde sait lire et compter à ce que je vois. Écrire aussi, je suppose, je ne fais pas de test, hein ?

Silence dans la classe.

– Bon... alors... revenons à ma première question. Si l'école sert à lire, écrire et compter, qu'est-ce qu'on fait là ? Personne ne sait... Vous avez de la chance, car moi, je sais. On est là pour être curieux, pour chercher à comprendre, pour découvrir, par exemple, qu'au Maroc, ils ne comptent pas le temps comme chez nous. Ils sont aujourd'hui en 1420, environ...

– Ils doivent être en retard sur nous alors, monsieur...

Éclat de rire général.

– Oh non, pas forcément, ils ont même de l'avance parfois.

Les yeux s'arrondissent, les sourcils se haussent, les oreilles s'ouvrent...

– Saviez-vous qu'ils opéraient de l'appendicite avant nous ? Ah, ça vous étonne ça, hein ? Eh bien, toute l'année, on va S'É-TON-NER ensemble.

Il a scandé les syllabes du verbe « étonner » en élevant légèrement la voix.

François Braud, *L'école, ça sert à rien !* © Casterman.

Je lis à haute voix

Lisez, par groupes de trois, le texte de la ligne 1 à la ligne 15.
Dans cet extrait, c'est le rôle de Monsieur Verdun qui est le plus important ; il faut mettre le ton qui convient pour bien tenir le rôle du maître.

Je donne mon avis

D'après toi, tous les enfants du monde vont-ils à l'école ? Est-ce important d'aller à l'école ? Pourquoi ?

J'ajoute une phrase à l'histoire

Écris ce que tu répondrais à la question du maître : « Pourquoi êtes-vous venus ici ? ».

1 Pour mieux lire

Apprendre à lire une consigne

Je réfléchis

1 **Lis les phrases et indique celles qui sont des consignes. Comment reconnaît-on une consigne ?**

a. Personne ne sait ce qu'il fait ici ?
b. Lis-nous cette phrase.
c. Nous allons sortir en récréation.
d. Calcule cette addition.

2 **Trouve le mot intrus dans chaque consigne.**

a. Découpe en chantant suivant les pointillés.
b. Copie cette leçon dans avec ton cahier.
c. Relie en poisson rouge le point A au point B.
d. Lis la question et écris gros la réponse.

3 **Classe les mots de ces consignes en deux colonnes. Une colonne pour les verbes d'action, une colonne pour le nom des outils à utiliser.**

a. Recopie cette phrase au stylo bleu dans ton cahier d'instruction civique.
b. Pose et calcule cette opération sur ton cahier de brouillon.
c. Vérifie le résultat avec ta calculette.
d. Sur ta fiche, souligne le titre au stylo rouge.
e. Cherchez dans le dictionnaire la définition du verbe « étonner ».

Conseil

Quand je lis une consigne, je repère les mots qui indiquent :
- L'**action** ou les actions que je dois faire : ***Découpe*** *suivant les pointillés.*
- Dans quel **ordre** je dois les faire : ***Pose*** *et* ***calcule*** *cette addition, puis* ***vérifie****-la.*
- **Quel matériel** je dois utiliser : *Trace un cercle* ***avec ton compas****.*

Je m'entraîne

1 * **Indique quel dessin correspond à la consigne suivante :**

La maison : Avec une règle, trace un carré puis un triangle pour faire le toit. Dessine une cheminée sur le côté droit du toit.
Dans le carré, dessine trois fenêtres l'une à côté de l'autre. Dessine la porte sous la fenêtre du milieu.

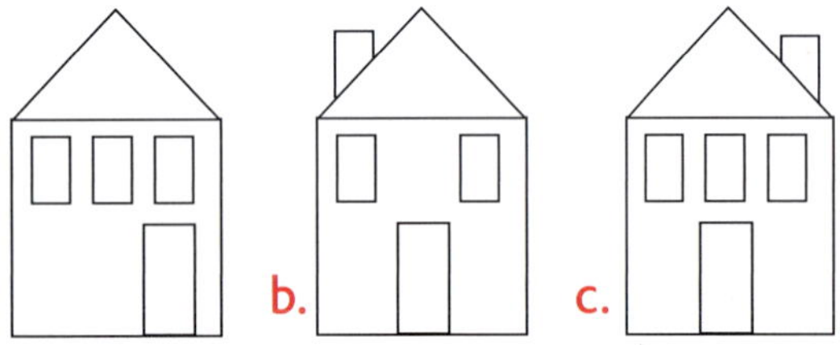

a. b. c.

2 ** **Remets dans l'ordre chaque consigne. Pense aux majuscules et aux points.**

a. le dans phrases ces intrus trouve mot
b. auteur nom le souligne de l'
c. correction de exercice l' recopie la

3 *** **Écris une consigne pour faire réaliser le dessin suivant :**

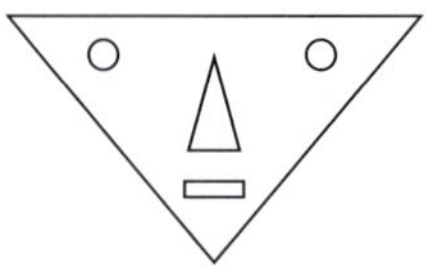

Précise le matériel qu'il faut utiliser.

Mots en fête

Lis ces mots à haute voix en essayant de « scander les syllabes » comme Monsieur VERDUN lorsqu'il dit : « On va S'É – TON – NER ! »
récréation – rapidement – découvrir – calculer – chuchoter – addition

Le narrateur

Je me souviens

- **Dans le texte *La rentrée des classes* :**
  - Qui raconte l'histoire ?
  - Que sait-on de lui ?
  - Quel pronom personnel utilise-t-il pour parler de lui ?
- **Dans le texte *Un maître étonnant !* :**
  - Qui est le narrateur ? Quel est son prénom ?

Je retiens

1 Dans un roman, celui qui raconte l'histoire s'appelle le **narrateur**.

2 Lorsque le narrateur est un des personnages de l'histoire, il utilise **la première personne du singulier** pour dire ce qu'il fait ou bien ce qu'il pense.

Je m'entraîne

1 * **Lis ce texte. Qui est le narrateur ? Que sait-on de lui ?**

Je m'appelle Mona et je suis d'origine africaine. J'habite un vieil immeuble un peu loin de l'école. [...] Jusqu'à la semaine dernière, je choisissais mon chemin tous les matins pour me rendre en classe. Le lundi je passais par la rue du Chat-qui-pense pour chercher Flore. [...] J'aimais beaucoup Flore. Tout est beau chez elle. Elle habite une belle maison, dans une belle rue, elle porte de beaux habits, elle a un beau cartable. [...]

Jo Hoestlandt, *Coup de théâtre à l'école* © Bayard poche, 2009.

2 ** **Lis ce texte et repère les différents personnages. Qui est le narrateur ?**

Quand la cloche sonne, je me traîne jusqu'à ma place, à côté d'Élodie [...]. Isabelle sort de son cartable une pile de dictées. Aïe ! Il ne manquait plus que ça : je suis nulle en orthographe et je sens que ça va être encore la catastrophe [...]. Isabelle rend les copies une à une :

– Emma, un sans-faute. Bravo ! [...]

– Élodie, pas mal. Ling, cinq fautes, tu me reverras l'auxiliaire « être »... Lucie, neuf fautes, tu progresses...

Elle me rend ma copie avec un petit clin d'œil. [...]

Delphine Saulière, *Je n'aime pas être le chouchou* © Bayard poche, 2009.

3 *** **Dans les deux textes ci-dessus, cherche et recopie les phrases où le narrateur parle de lui.**

1 Vocabulaire

Des mots pour raconter la vie de l'école

Je réfléchis

1 Dans ce texte, relève tous les mots qui montrent que cette scène se passe à l'école :

La cloche sonna. Le maître dit aux élèves : « Maintenant, rangez vos affaires, et nous allons dans la salle informatique. »
Les élèves mirent rapidement livres, cahiers et trousses dans leurs cartables et se précipitèrent hors de la classe.

2 Associe chaque phrase à une activité de la journée d'un écolier et découvre l'intrus.

a. Enfin l'heure de la cantine : j'ai une faim de loup !
b. Dans le groupe nominal, soulignez les adjectifs.
c. Au gymnase, on apprend à sauter avec le tremplin et le cheval d'arçon.
d. Le maire est venu nous expliquer le fonctionnement de notre commune.
e. Avec mon père, nous sommes allés au stade.
f. Trace un segment AB de 5 cm.
g. Recopiez le résumé de la leçon sur le paysage urbain.
h. Nous jouons aux billes ou à la marelle sous le préau.

1. **mathématiques**
2. **récréation**
3. **grammaire**
4. **éducation physique**
5. **instruction civique**
6. **restauration scolaire**
7. **géographie**

3 À l'aide de cette liste de mots, dresse une liste de fournitures scolaires.

cahier de textes • couverture • compas • double décimètre
cuillère à soupe • crayon de papier • désinfectant • stylo à bille bleu
tuyau d'arrosage • thermomètre • répertoire • parasol • gomme
casquette • vêtement de pluie • taille-crayon • lampadaire
classeur petit format • calculette • lit

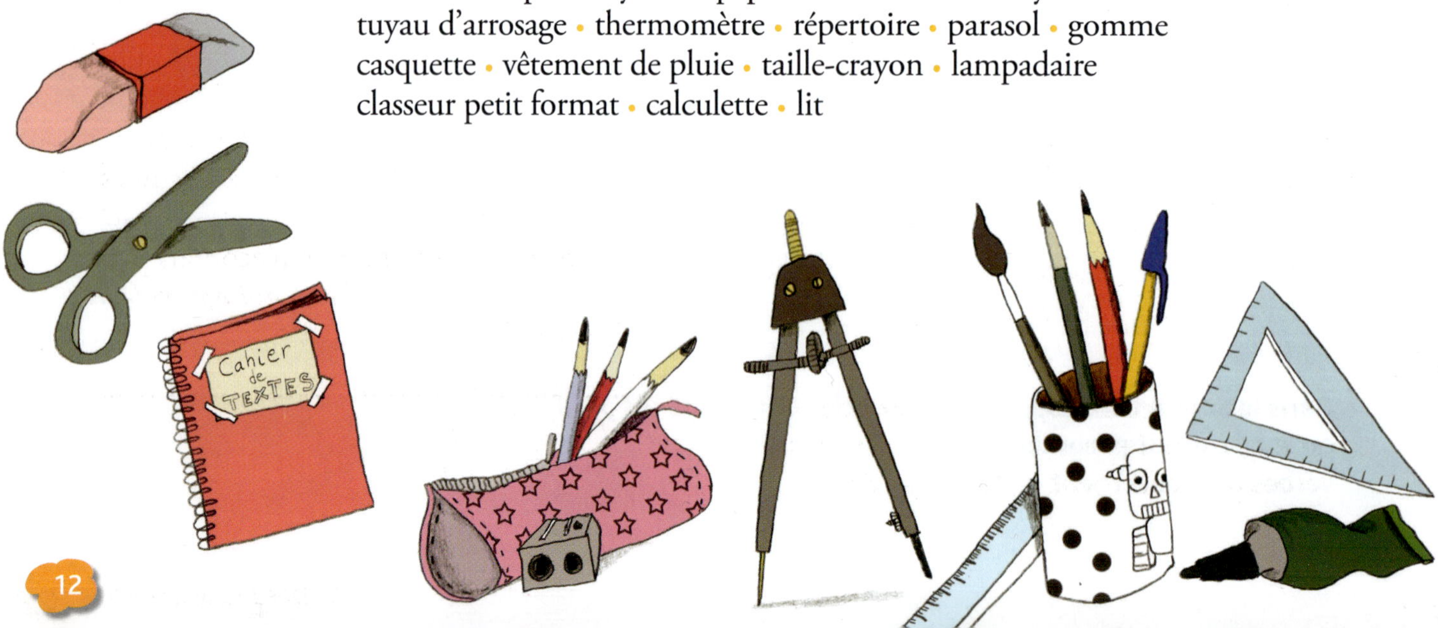

Je retiens

Des mots pour présenter...

Ce que font les personnes

- **Actions :** écrire • copier • dessiner • apprendre • écouter • réciter • répondre • lire • résumer • rédiger • interroger • dicter • corriger • expliquer • discuter
- **Disciplines :** les arts visuels • l'éducation physique • la lecture • l'orthographe • la géométrie • la musique • la géographie • une langue vivante étrangère •

Les personnes

- une maîtresse • un professeur • une directrice • un élève • un écolier • un inspecteur • un psychologue scolaire • une infirmière • une auxiliaire de vie scolaire

Les lieux

- une classe • une salle informatique • un bureau • une bibliothèque • une BCD • une cantine • des toilettes
- un préau • une cour • un gymnase • un terrain de sports

Les objets

- un crayon de papier • un stylo à bille • une gomme • un taille-crayon • un compas • un double décimètre
- un cahier de textes • un manuel • un répertoire • un classeur • une calculette
- un bureau • un planisphère • un dictionnaire • un ordinateur • une estrade

Je m'entraîne

1 * **Dans quelles rubriques du « Je retiens » ranges-tu ces mots ?**

animateur • stade • sciences • feuilles
réfléchir • concierge • livre • réfectoire
histoire • calculer • agenda • médiathèque
bavarder • couloir • colle • conjugaison
maître spécialisé • règle • souris

2 ** **Lis ce texte en remplaçant les numéros par un mot du « Je retiens ».**

Notre [1], Mlle Lacraie, nous avait prévenus de la visite de l'[2]. Nous corrigions notre [3] quand on a frappé à la porte de la [4]. C'était la [5] de l'école qui accompagnait M. Roger. Après les présentations, il s'est installé au [6] de la [7] et nous avons poursuivi notre travail. Il a demandé ensuite à Arsène de lui montrer son [8] de [9]. Ouf ! je l'avais échappé belle, j'avais oublié le mien à la maison…

3 ** **Dans le « Je retiens », relis la rubrique « Ce que font les personnes ». Relève les verbes qui concernent les activités des élèves.**

4 *** **Présente ton école en quelques phrases en t'aidant des mots du « Je retiens ».**

5 *** **Récris ces phrases en apportant plus de précisions. Pour t'aider, utilise les indications en italique et les mots du « Je retiens ».**

Nous jouons à la marelle ~ *(précise à quel moment cela se passe)*.

Dans la salle informatique, les élèves tapent un résumé ~ *(précise sur quoi ils écrivent)*.

Sébastien va au tableau pour réciter la leçon ~ *(indique de quelle leçon il s'agit)*.

Nous avions fini de copier ~ *(indique ce qu'il fallait copier)*. Il restait quinze minutes avant ~ *(précise avant quel moment de la matinée)*. J'avais faim et je n'écoutais plus les explications ~ *(indique qui donne les explications)*.

Nous aimions nous retrouver sur les bancs ~ *(indique à quel moment cela se passe et précise où se trouvent les bancs)*.

1 Écrire...

Pour raconter un moment de la vie à l'école, je dois :

1. choisir un moment ou un événement précis ;
2. introduire le ou les personnages sans oublier le narrateur ;
3. utiliser le vocabulaire de l'école pour dire où et quand se passe cet événement ;
4. rédiger à la première personne lorsque le narrateur parle de lui.

* J'écris un texte à partir d'images

À partir de ces trois illustrations, écris ce qui est représenté.
Imagine qu'il s'agit de ta classe. Tu es le narrateur.

1

2

3

* * J'écris la suite d'un texte

Situation 1 **Voici des mots simples qui se rapportent à des actions habituelles de la vie de l'école. Utilise-les en écrivant la suite du texte.**

se ranger dans le couloir • enlever les manteaux • garder le silence • lever le doigt • jeter son chewing-gum • écouter les autres…

Ce matin, comme tous les matins, quand nous entendons la sonnerie, nous nous mettons en rangs. Cela prend un peu de temps parce que Tom et Léo n'arrêtent pas de changer de place. Nous montons les escaliers pour nous rendre dans notre classe.

Situation 2 **Lis ce texte.**

Pendant la récréation, je jouais au ballon avec des camarades dans la cour. Un grand du CM2 nous a pris le ballon pour le garder. Je suis allé voir le maître pour lui expliquer la situation.

Écris ce que tu as dit au maître et ce que celui-ci a fait.

Situation 3 **Lis le début de ce texte et écris ce qui arrive ensuite au narrateur.**

Hier soir, j'avais pourtant bien appris ma poésie avec l'aide de ma grande sœur. Ce matin encore, sur le chemin de l'école, je la répétais sans me tromper. Mais maintenant que la maîtresse m'appelle pour la réciter au tableau, je me lève, deviens rouge et la panique m'envahit : est-ce que je vais y arriver ?

Trouve un titre à ton texte.

* * * J'écris un texte complet

Choisis un moment de ta vie d'écolier. Raconte-le en quelques lignes.
N'oublie pas de préciser à quel moment de la journée et à quel endroit se passe ce que tu racontes.
Donne aussi des informations sur les personnages et ce qu'ils font.

J'améliore mon texte

Je vérifie mon histoire

*J'écris un texte à partir d'images

- L'histoire que j'ai racontée correspond bien à chacune des trois illustrations dans l'ordre.

**J'écris la suite d'un texte

- **Situation 1 :** J'ai utilisé les mots de la liste pour écrire la suite du texte.
- **Situation 2 :** J'ai d'abord écrit ce que j'ai dit au maître et ensuite j'ai raconté ce que celui-ci a fait.
- **Situation 3 :** J'ai expliqué comment le narrateur a récité son poème. Le titre concorde bien avec mon texte.

***J'écris un texte complet

- J'ai raconté un événement qui s'est réellement passé à l'école.

Je vérifie comment j'ai écrit

- Lorsque j'ai parlé de moi, j'ai rédigé à la première personne.

→ Conjugaison (pages 175 et 177)

- Lorsque j'ai fait parler des personnages, j'ai bien mis des tirets à chaque fois qu'ils s'expriment.
- J'ai utilisé des mots de l'école et j'ai vérifié leur orthographe.

Je prends la parole

Tu arrives dans une nouvelle classe. Ton maître te demande de te présenter à tes camarades.

Pour te préparer

Pense à ce que tu vas dire : comment tu t'appelles, d'où tu viens, l'école ou la classe que tu as fréquentée avant, ton adresse. Tu peux parler de ta famille, de ce que tu aimes faire à l'école et en dehors de l'école (loisirs, sports,...).

Pour bien te présenter

Tu dois te mettre face à tes camarades et les regarder. Parle fort et articule bien. Pense à enchaîner les différentes informations.

D'autres livres sur l'école à découvrir

Un tableau trop bavard, Bernard Friot, Milan poche.

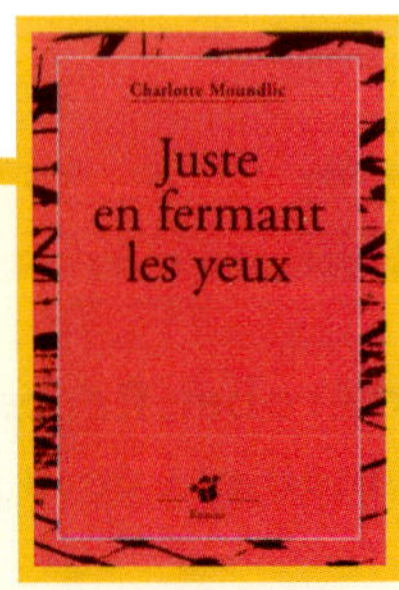

Juste en fermant les yeux, Charlotte Moundlic, Ed. Thierry Magnier.

Mon dico de l'école, Bruno Heitz, Millepages.

Unité 2

Des histoires de rencontres

- Que représente cette image ?
- Te rappelles-tu le jour où tu as rencontré ton meilleur ami ou ta meilleure amie ?
- As-tu déjà lu des histoires où il est question de rencontres ?

Dans ce chapitre, tu vas :

Lire des récits de rencontres.

Écrire un portrait.

Dire ce que tu ressens devant un portrait peint.

Que vois-tu sur cette couverture ?
D'après le titre, à quelle histoire t'attends-tu ?

Sacrée rencontre !

C'était un mardi matin, le jour de la gym. Je traversais le parc Alphonse-Bourdon en traînant mes baskets, pas pressé du tout d'arriver à l'école. Il faut dire que le jour de la gym est celui que je déteste le plus au monde parce que je ne suis pas très bon en sport. Enfin... même pas bon du tout, si je veux être honnête.

Je suis surtout champion pour tomber de la poutre, m'emmêler les jambes dans le fil du saut en hauteur ou me tordre le bras en faisant une roulade avant.

Bien sûr, avec ce genre d'exploit, je suis la risée* de toute ma classe... et en particulier de Robin Lepic, une vraie terreur. En plus, je suis timide et je ne sais pas me défendre. Ça n'arrange pas la situation.

Je traversais donc le parc à la vitesse d'un escargot déprimé quand, juste en face de moi, un petit bonhomme à bonnet vert a surgi d'un buisson. Il était poursuivi par un cygne qui battait des ailes furieusement et essayait de lui donner des coups de bec.

Mon sang n'a fait qu'un tour, je me suis interposé. Le volatile a foncé sur moi en crachant. Le regard planté dans celui du cygne, j'ai avancé vers lui et je lui ai barré la route en le menaçant avec mon cartable. L'oiseau a hésité un instant puis il est reparti en sifflant méchamment.

*On est **la risée** de quelqu'un lorsque cette personne se moque de nous.

Je comprends

1. Qui raconte l'histoire, en disant « je » ?
2. Pourquoi le narrateur n'est-il pas pressé d'arriver à l'école ?
3. Quelles expressions montrent qu'il marche lentement ?
4. Que veut faire le cygne en poursuivant le petit bonhomme ?
5. Le garçon te paraît-il courageux ?
6. D'après les gestes et les paroles du lutin, le vois-tu comme un enfant ? un adulte ? un vieillard ?
7. Quels passages du texte montrent que le garçon est surpris de sa rencontre ?
8. Que veut dire le mot « volatile », ligne 16 ? Qui désigne-t-il dans le texte ?

– Eh bien... on peut dire que tu es courageux ! a lancé une voix dans mon dos.

Je me suis retourné et j'ai vu le petit bonhomme assis sur une pierre plate, au bord de l'allée. J'ai balbutié :

– Courageux, moi ? Euh... d'habitude pas tellement. Mais qui... êtes-vous ?

Le petit être a soulevé son bonnet et s'est présenté :

– Barnabé Fifrelin, lutin du parc.

Le petit bonhomme a fait une roue et deux galipettes pour se rapprocher de mes baskets. Je me suis agenouillé pour mieux le voir. Il n'était pas plus grand que ma main, et surtout pas plus épais que mon index.

– Alors, les lutins existent ? ai-je demandé.

– Si les humains en parlent dans les livres, c'est bien qu'ils existent ! a-t-il répondu. Mais nous sommes peu nombreux et très discrets.

Anne Didier, *Dans la peau d'un lutin*,
J'aime lire © Bayard Jeunesse, 2007.

Je lis à haute voix

Lis le texte de la ligne 20 à la ligne 27.
Tu dois prendre deux voix différentes, l'une pour le narrateur, l'autre pour le lutin.

Je donne mon avis

Penses-tu que les lutins existent ? Aimerais-tu qu'ils existent ? Pourquoi ?

J'ajoute une phrase

Écris une phrase pour raconter ce que fait le garçon devant le cygne. Tu placeras cette phrase après « ... en le menaçant avec mon cartable » (ligne 18).

Où se passe l'histoire ?

Un bien joli tigre

Le narrateur, Benjamin, rentre chez lui après l'école.

Je m'arrête au milieu du pont, sur les planches de bois noires, mouillées, glissantes. En bas, l'eau coule, très verte, lente, à cause des écluses. Plus loin, du côté de la place de la République, le canal disparaît brusquement, il glisse sous terre comme un caramel au fond d'une poche.

Je me perche sur la pointe des pieds, le menton posé sur la rambarde. Je contemple l'eau, des feuilles mortes, parfois une branche, une planche qui tourbillonne.

– Tu regardes quoi ?

Je me retourne, surpris. J'aperçois une fillette de mon âge. Elle porte un anorak noir, un jean bleu sombre, presque noir. On croirait un garçon, sauf que ses longs cheveux sombres, mouillés, alourdis par la pluie, tombent sur ses épaules.

Elle hoche la tête en riant :

– Tu sais, j'ai horreur de mettre un capuchon, même s'il pleut !

Elle a un drôle d'accent.

Je passe ma main sur mes cheveux trempés.

– Moi aussi !

On rit ensemble. Je la trouve jolie, jolie, comme la fée de la pluie.

J'hésite, et je lui demande :

– Tu es... chinoise ?

Elle secoue sa tignasse d'ébène, hausse les épaules.

– Non ! Japonaise. Je m'appelle Sonoko Watanabe. Mes parents habitent Paris, maintenant.

Elle pousse un soupir :

– Mais, à l'école, ils m'appellent tous la Chinoise... Ça m'énerve ! Je n'ai pas d'amis.

Je comprends

1. À quel moment se passe l'histoire ?
2. Quel temps fait-il à ce moment-là ?
3. Où habite Benjamin ?
4. Les deux enfants sont-ils chinois ?
5. Quels points communs les deux enfants ont-ils ?
6. Quels passages permettent au lecteur de se faire une image de la fillette ?
7. Quel sentiment éprouve Benjamin ? Relève tous les mots et expressions qui le montrent.
8. Que penses-tu du secret de Sonoko ?

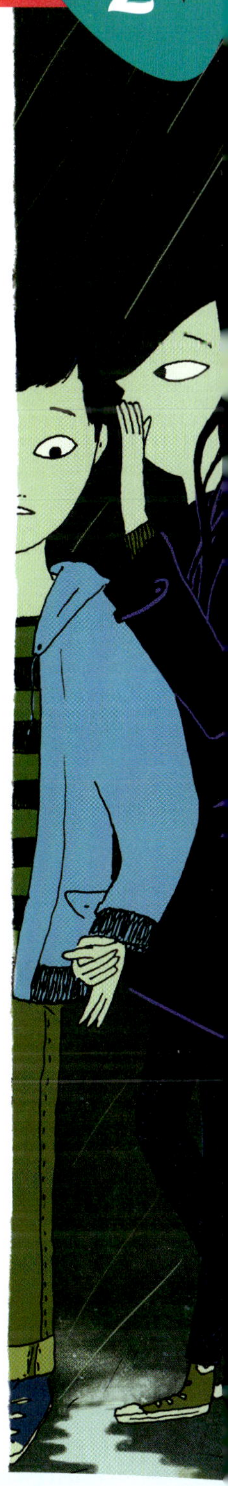

Je lui confie :

– Moi c'est pareil ! Je n'ai pas d'amis et on m'appelle le Chinois alors que je suis vietnamien. Mon nom, c'est Benjamin.

Je montre le quai de Jemmapes :

– J'habite là, chez les gens qui tiennent le café.

Il pleut toujours ; le pont, les deux quais, les rues semblent vides, froids. On est seuls. Elle me ressemble un peu, et j'aime lui parler, même si je la connais à peine.

Le soir tombe. La nuit traîne sur Paris, comme un grand chat noir. Sonoko s'approche de moi, me prend la main :

– Dis... Tu sais garder un secret ?

– Bien sûr !

Elle regarde autour de nous, se penche vers moi, et chuchote mystérieusement :

– Voilà : je suis... je suis un tigre...

J'ouvre des yeux ronds. Elle éclate de rire ; ses prunelles sombres scintillent vraiment comme celles d'un tigre. Enfin, je suppose. Le seul tigre que je connaisse, c'est Catimini, le matou du café.

Je bredouille :

– Un… un ti-i-igre ?

Elle me lorgne d'un drôle d'air :

– C'est ça ! Chaque nuit, je me promène sur les toits. Je cherche un petit garçon chinois pour le croquer !

Elle dit ça sur un ton ! En plus, la pluie coule dans mon cou, comme la vinaigrette sur un artichaut. Je frissonne, et marmonne prudemment :

– Bon... ben... Souviens-toi que je suis pas vraiment chinois !

– Heureusement...

Elle lâche ma main, recule, s'enfonce dans l'obscurité. Cheveux noirs, anorak noir, elle glisse dans la nuit...

Je crie :

– Hé ! Hé, la tigre ! On se reverra ? Tu habites où ?

J'entends son rire, à travers la pluie. Elle disparaît.

Paul Thiès, *Je suis amoureux d'un tigre*, Les mini Syros © Éditions Syros.

Je lis à haute voix

Lis le début de ce texte, de la ligne 1 à la ligne 9. En lisant la description, marque un petit arrêt aux virgules et un arrêt un peu plus important aux points. Utilise le ton qui convient pour la question de la fillette.

Je donne mon avis

À ton avis, la rencontre se serait-elle passée de la même façon s'il avait fait un grand soleil ce jour-là ?

J'ajoute une phrase à l'histoire

Écris une phrase à la fin de ce texte pour indiquer ce que ressent le personnage.

2 Pour mieux lire

Répondre à des questions en citant un passage du texte

Je réfléchis

Reporte-toi à la question 2 et à la question 3 posées sur le texte *Sacrée rencontre !* (page 18).
Reporte-toi aussi à la question 3 posée sur le texte *Un bien joli tigre* (page 20).

Comment as-tu fait pour donner la réponse à ces questions ?

Conseil

Pour répondre à une question posée sur un texte, je dois souvent citer un **passage** de ce texte :
- Il peut s'agir d'un **mot** précis ou d'un **groupe de mots**.
- Il peut s'agir d'une **phrase** entière.

Je m'entraîne

Lis la suite du texte *Sacrée rencontre*.

Le lutin a continué sur un ton d'excuse :

– Enfin, aujourd'hui, c'est plutôt raté pour la discrétion ! Ce cygne m'a repéré alors que je m'apprêtais à lui voler un œuf. Heureusement que tu m'as tiré d'affaire !

Le lutin s'est balancé d'un pied sur l'autre :

– Et toi, qui es-tu ?

– Je m'appelle François Robineau et je suis élève en CM1.

– Que puis-je faire pour te récompenser ? a-t-il demandé.

– Oh ! j'ai fait ça gratuitement.

En enlevant gracieusement son bonnet vert, le lutin a insisté :

– Tu sais, je suis petit, mais je peux rendre d'immenses services car mon bonnet est magique !

Anne Didier, *Dans la peau d'un lutin*,
J'aime lire © Bayard Jeunesse, 2007.

1 * **Réponds à chaque question en citant un mot du texte. Ensuite, formule ta réponse en introduisant ce mot dans une phrase.**

a. Comment s'appelle le narrateur ?
b. De quelle couleur est le bonnet du lutin ?
c. Qu'est-ce que ce bonnet a de particulier ?

2 ** **Réponds à chaque question en citant un groupe de mots ou une phrase entière du texte.**

a. Quand le cygne a-t-il repéré le lutin ?
b. Pourquoi le lutin peut-il rendre d'immenses services ?

3 *** **Réponds aux questions puis explique comment tu as fait pour répondre.**

a. En quelle classe est le garçon ?
b. Que voudrait faire le lutin ?
c. Y a-t-il un mot ou une phrase du texte qui permettent de répondre à la question suivante : François a-t-il beaucoup d'amis à l'école ?

Mots en fête

Remets les mots en ordre, pour obtenir trois phrases.

1. j'aime – de – lutins – ou – les – bien – histoires – lire – fées – de
2. ma – moi – sœur – de – moque – se
3. elle – sont – ce – que – dit – les – bébés – pour – des – histoires

Les rencontres de personnages de récit

Je me souviens

- **Dans le texte *Sacrée rencontre !* :**
  - Le personnage rencontré par le narrateur est-il un personnage que l'on peut rencontrer dans la réalité ?
  - Le lieu et le moment de la rencontre sont-ils précisés ?
  - Comment la rencontre se produit-elle ?
  - Que font les personnages dès leur rencontre ?
  - Comment est présenté le personnage rencontré ? Quels détails sont précisés ?

Je retiens

1 Dans un texte, le narrateur peut rencontrer un personnage irréel (lutin, fée...) ou un personnage qui peut exister (être humain, animal...).

2 La rencontre est toujours située dans un **lieu** précis et à un **moment** précis. Elle est généralement inattendue.

3 Les personnages échangent quelques mots.

4 Le narrateur présente le personnage rencontré avec plus ou moins de détails.

Je m'entraîne

1 * **Lis le texte.**

Cet après-midi-là, je marchais tout seul dans la rue. Ma mère était allée chez une amie et Hugo chez un copain. Son copain avait cinq ans, et je le trouvais trop petit pour m'amuser avec lui. Il n'y avait pas d'enfants de mon âge dans le quartier, et je me sentais bien solitaire. Près de chez nous, j'aperçus un camion de déménagement devant une maison marron. Des déménageurs transportaient des chaises, des tables, des étagères et des cartons remplis de je-ne-sais-trop-quoi. Je m'arrêtai pour observer la scène quand j'entendis derrière moi :

– Comment t'appelles-tu ?

Je me retournai. C'était une petite fille en robe rouge qui semblait être du même âge que moi. Ses cheveux frisés étaient attachés en nattes avec un ruban jaune.

– Je m'appelle Julien, répondis-je. Et toi ?

– Gloria. Je viens de Newport. Sais-tu où ça se trouve ?

Anne Cameron, *Histoire de Julien*, traduit par Marie Farré © Éditions Gallimard.

Relève les mots ou expressions qui indiquent :

a. Comment s'appelle le narrateur.

b. Quel personnage il rencontre.

c. Où et quand se passe cette rencontre.

2 ** **Dans le texte ci-dessus, relève les mots ou les expressions qui indiquent les premiers mots qu'échangent les personnages.**

3 *** **Relève tous les mots et les expressions qui dressent le portrait de Gloria.**

2 Vocabulaire

Des mots pour décrire un personnage

Je réfléchis

1 Lis le texte puis réponds aux questions.

Après le déjeuner à la cantine, la maîtresse avait l'air super contente. Elle nous a annoncé la venue du père de Max. Il doit venir nous raconter son travail d'écrivain et aussi faire avec nous un atelier d'écriture pendant lequel il veut que l'on invente une pièce de théâtre. Si elle est bien, on la jouera à la fin de l'année devant les autres classes. La maîtresse nous demande donc d'être attentifs et de participer.

Quand il arrive, il a l'air sympa, il est très grand, un peu chauve et habillé tout en noir. Il commence par se présenter, il s'appelle Jacques puis il nous cite le titre des pièces qu'il a écrites, je n'en connais pas une seule. Mais, nous précise-t-il, ce sont des pièces pour adultes.

Charlotte Moundlic, *Juste en fermant les yeux* © Ed. Thierry Magnier.

a. **Qui est le personnage que rencontre le narrateur ?**
b. **Quels mots donnent des précisions sur : sa taille ? ses cheveux ? ses habits ?**
c. **Peut-on lui donner un âge en fonction des éléments dont on dispose ?**
d. **Comment le narrateur trouve-t-il Jacques ?**

2 Lis ce texte.

C'est le début qui m'a donné le plus de mal.

J'ai d'abord essayé : « Jeune garçon, grand, mince, très beaux yeux turquoise, cheveux blonds bouclés, traits réguliers, élève brillant dans toutes les matières, premier prix de piano et de banjo, sportif de haut niveau, excellente éducation, charmant, modeste, distingué… »

Mais c'était un peu long.

Ensuite, j'ai essayé : « Jne gcn, phys. Except. ; yx bl., bld bcl, exc. Étds, mus. Dipl., sptf, bn man., nbr. Qual… »

Mais ça n'était pas très clair.

Alors, j'ai essayé : « Jeune garçon, parfaitement parfait… »

Mais c'était trop sec.

Finalement, j'ai trouvé la bonne formulation :
« Jeune garçon, beau, intelligent, doué, sportif, aimable,
vend skate-board bon état. Tél. 03 89 24 96 57, heures des repas. »

Bernard Friot, *Nouvelles histoires pressées*, Milan poche © Éditions Milan.

Relève tous les mots ou les expressions dont le narrateur se sert pour se décrire (aspect physique et traits de caractère) dans sa petite annonce. Essaie de les classer par rubriques.

Je retiens

Des mots pour présenter...

L'aspect physique

grand *ou* petit • gros *ou* maigre • imposant *ou* menu • de taille moyenne • jeune *ou* vieux • âgé • coquet *ou* négligé • élégant *ou* débraillé • soigné *ou* sale

Les habits

- **Les vêtements :** un pantalon • un jogging • un pull-over • un tee-shirt • une jupe • une chemise • un blouson • un manteau
- **Les chaussures :** des mocassins • des baskets • des sandales • des bottes

Le visage

- **la forme :** rond • long • allongé • carré
- **les yeux :** bleus • verts • marron • en amande • ronds
- **les joues :** rondes • maigres • rouges • pâles
- **le nez :** pointu • en trompette • crochu • droit • écrasé
- **les cheveux :** longs • courts • en brosse • raides • bouclés • frisés • ébouriffés • crépus • blonds • bruns • châtains • roux • coiffés avec des nattes • un chignon • des mèches

Les traits de caractère

sympathique *ou* antipathique • souriant *ou* soucieux • aimable *ou* désagréable • joyeux *ou* sinistre • poli *ou* malpoli

Je m'entraîne

1 * **Dans le passage suivant, relève les mots qui décrivent le personnage. Dans quelle rubrique du « Je retiens » les placerais-tu ?**

Ses cheveux bouclés encadraient son visage rond. La pâleur de ses joues faisait ressortir le brun éclatant de ses yeux.

2 * **Complète le portrait de sorcière avec les mots ci-dessous :**

voix perçante • buriné • ridé • grand âge • yeux • ronchonnements incessants

Si l'on en croit d'anciens textes, une sorcière se reconnaît à son ...1..., à son visage ...2..., à son front ...3..., à ses ...4... qui louchent, à sa ...5..., à ses ...6... et au fait qu'elle est toujours suivie de son chien ou de son chat.

Jacqui et Colin Hawkins, *Les sorcières* © Harper Collins.

3 ** **Rédige une petite annonce à la façon de Bernard Friot (texte p. 24) dans laquelle tu te présenteras en t'aidant des mots du « Je retiens ».**
Écris une annonce longue, avec beaucoup de détails, puis une courte, comme dans le texte.

4 *** **Continue ce texte en présentant le jeune garçon.**

On a sonné à la porte. Je n'attends personne. Et je n'aime pas ouvrir quand je suis seul. Alors je monte à l'étage et, sans me faire voir, je regarde qui cela peut être. C'est un jeune garçon.

5 *** **Invente un personnage. Présente-le en utilisant des mots du « Je retiens ». Puis dessine-le.**

2 Écrire…

Pour présenter un personnage, je dois :

1. commencer en décrivant son apparence générale ;
2. continuer la description en précisant comment sont ses cheveux, en détaillant son visage, en indiquant comment il s'habille, en signalant un détail particulier… ;
3. évoquer son caractère ou ses goûts ;
4. préciser ma présentation en utilisant quelques adjectifs.

* Je complète un portrait

Situation 1 **Présente-toi rapidement en complétant les rubriques suivantes :**

- Forme du visage
- Yeux
- Nez
- Cheveux
- Taille
- Vêtements préférés

Situation 2 **Complète ce portrait. Tu peux utiliser les mots du « Je retiens » p. 25.**

Mon meilleur copain (ou ma meilleure copine) s'appelle … . Il (ou elle) a … ans. Il a des cheveux … qu'il porte … . Il a des yeux … . Il est souvent habillé … . Il aime beaucoup … . En revanche, il n'aime pas … . Moi, je l'aime bien parce que … .

Situation 3 **Complète le portrait de Léa à l'aide du dessin en donnant des indications sur son visage, ses cheveux, sa taille…**

Un jour, une nouvelle élève arriva dans la classe de Jeff. Le directeur l'amena en salle 13, la classe de CE2.

– Je vous présente Éléonore Perrin. Elle préfère qu'on l'appelle Léa.

– Bienvenue dans notre classe, Léa, dit Mme Franck, la maîtresse de Jeff.

Léa Perrin était debout, face à la classe. Les élèves de CE2 la dévisagèrent avec stupéfaction. Elle portait un collant trop grand qui faisait des plis en accordéon sur ses jambes assez maigres. Sa jupe était trop longue. Par endroits, l'ourlet était décousu et dépassait. Son sweat-shirt était troué à l'un des coudes, et elle avait dû oublier de se brosser les cheveux.

Brenda Bellingham, *Les princesses ne portent pas de jeans* © DR.

* * J'écris mon portrait

Écris ton portrait dans une lettre à un(e) correspondant(e).

Présente-toi physiquement (taille, visage...) ; parle de tes vêtements préférés.
Ajoute d'autres renseignements : tes goûts en sport, en musique, en lecture...

* * * J'écris le portrait de quelqu'un d'autre

Situation 1 **Choisis l'un de ces personnages imaginaires et rédige son portrait.**

Situation 2 **Observe ces deux images. Écris le portrait de ces deux personnages en indiquant leurs ressemblances et leurs différences.**

Situation 3 **Écris le portrait de quelqu'un de ta famille (parents, grands-parents, frère ou sœur...) ou d'un personnage célèbre.**

2 Écrire et parler

J'améliore mon texte

Je vérifie mes portraits

*Je complète un portrait
- **Situations 1 et 2 :** j'ai choisi des mots adaptés à chaque élément du portrait.
- **Situation 3 :** les détails que j'ai indiqués correspondent bien au dessin.

**J'écris mon portrait
- J'ai donné tous les renseignements demandés.

***J'écris le portrait de quelqu'un d'autre
- **Situations 1 et 3 :** j'ai ordonné les éléments du portrait. Les détails que j'ai indiqués permettent de se faire une bonne idée du personnage.
- **Situation 2 :** j'ai bien marqué les différences et les ressemblances entre les deux portraits.

Je vérifie comment j'ai écrit

- J'ai utilisé des adjectifs variés.
  ➡ Grammaire (page 159)
- J'ai bien accordé les adjectifs avec les noms.
  ➡ Orthographe (page 223)
- J'ai utilisé des pronoms personnels pour éviter de répéter les mêmes mots.

Je prends la parole

Choisis un de ces portraits peints. Décris-le à tes camarades pour leur faire trouver duquel il s'agit.

Portrait de Clara Serena, par Pierre Paul Rubens.

Portrait de Louis XVII, anonyme.

Portrait de Jeanne Orinne, par Théodore Degeorge.

Pour te préparer

- Choisis les détails les plus visibles.
- Choisis des mots précis. Utilise des adjectifs.

Pour bien dire

- Marque une pause entre chaque phrase.
- Adresse-toi à tes camarades.

Des histoires de rencontres à découvrir

Les princesses ne portent pas de jeans, Brenda Bellingham, Kid Pocket.

Muhatsu et la cigale, Lou Ma Ho, Ed. Le Pré du Plain.

Une si jolie rencontre, Martine Laffon et Fabienne Burckel, Seuil Jeunesse.

Unité 3

Des histoires étranges

- Que représente cette photo ?
- Quelles impressions as-tu en la regardant ?
- As-tu déjà lu des histoires mystérieuses ?

Dans ce chapitre, tu vas :

Lire des histoires étranges.

Écrire des scènes mystérieuses.

Raconter une histoire étrange.

3 Lire…

À partir de cette image, peux-tu dire où se passe l'histoire ?

Le buveur d'encre

Un petit garçon, dont le papa est libraire, passe ses grandes vacances à l'aider dans son magasin. Il surveille les voleurs…

J'ai une cachette, dans le fond de la boutique. Une petite fenêtre se découpe dans un mur de livres. Personne ne peut me voir. Je suis un espion. Sur un cahier, je marque dans les moindres détails ce que j'observe. Un jour, je mettrai tout ça dans un livre, qui sait ? Mais ça m'étonnerait car la grammaire et moi, on ne s'entend pas.

Tiens, un nouveau client. Je ne le connais pas, celui-là. Jamais vu dans le quartier. Il vient peut-être de déménager. Je lui trouve une drôle de tête. Le teint gris, des sourcils en bataille et un air complètement ahuri. Et puis il se livre à un curieux manège. On dirait qu'il flotte à dix centimètres du sol. Comme un fantôme. Je trouve son comportement bizarre.

Ooooh !

Je comprends

1. Qu'est-ce qu'un libraire ?
2. Pourquoi le garçon dit-il qu'il est un espion ?
3. Que signifie : « la grammaire et moi, on ne s'entend pas » ? Peux-tu dire cela autrement ?
4. Quelle est la première chose qui intrigue le garçon quand il voit le nouveau client ?
5. Relève les mots et expressions du texte qui indiquent l'étonnement puis la stupéfaction du garçon.
6. Le livre choisi par le client contient-il du jus d'orange ?
7. Quels mots du texte justifient ta réponse ?
8. Que boit le client avec sa paille ?

J'ai vu de mes yeux vu, le client inconnu boire un livre. Non, je n'ai pas la berlue*. Pendant cinq minutes, il s'est promené dans les rayonnages. Les yeux fermés, il se déplaçait en silence, les bras tendus droit devant lui. On aurait dit qu'il écoutait le bruit des livres.

Subitement, il a saisi un p'tit bouquin et tout est devenu encore plus flou.

Il ne l'a pas ouvert. Il a seulement écarté les pages du milieu et là, dans la fente ainsi pratiquée, il a planté une paille tout juste sortie de sa poche. Sa bouche s'est mise à aspirer. Sur son visage, il y avait du plaisir comme si le livre contenait du jus d'orange et des glaçons. Il faut dire qu'il faisait très chaud ; un temps à ne pas s'aventurer dans une librairie.

J'ai poussé un petit cri de stupéfaction. Je sais, je n'aurais pas dû.

Aïe ! Je crois qu'il m'a entendu.

Éric Sanvoisin, Martin Matje, *Le buveur d'encre* © Nathan.

*__avoir la berlue :__ être sujet aux illusions.

Je lis à haute voix

Lis le texte de la ligne 12 à la ligne 22.
Ce passage décrit le comportement bizarre du client.
Repère tous les détails étranges et les expressions qui indiquent l'étonnement du garçon.
Fais-en une lecture à haute voix qui exprime bien cet étonnement.

Je donne mon avis

Pourquoi lis-tu des livres ? Que t'apporte la lecture ?
Pense aux différents livres que tu connais.

J'ajoute deux phrases à l'histoire

Écris en deux phrases ce que peut avoir noté le garçon dans son cahier ce jour-là. Ne donne que les informations les plus importantes.

Ces mots te semblent-ils à leur place ?
Que font ces textes à ces endroits ?

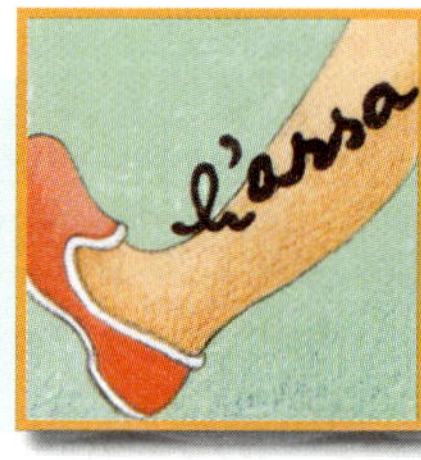

Histoire complète

Il y a des histoires partout

L'autre jour, pour faire plaisir à ma mère, j'ai décidé d'épousseter la bibliothèque du salon. Sur le rayon du haut, coincé entre deux dictionnaires, il y avait un tout petit livre, un recueil d'histoires courtes.

En voulant le sortir pour passer un coup de chiffon, je l'ai laissé tomber. Il s'est écrasé sur le tapis et, au même instant, la fenêtre du salon s'est ouverte brusquement. Un courant d'air a soulevé les rideaux et les feuilles du livre se sont agitées violemment. Je me suis précipité pour fermer la fenêtre, mais il était trop tard : les histoires s'étaient échappées.

Des paragraphes entiers se sont glissés sous les meubles, des phrases ont disparu entre les rainures du parquet et des mots ont roulé comme des perles sous le piano. J'ai sorti l'aspirateur et j'ai ramassé ce que j'ai pu.

Mais, apparemment, j'en ai oublié.

Hier soir, j'ai failli m'étrangler en mangeant ma soupe. C'était du bouillon de poule avec de petites pâtes. Des pâtes-lettres, l'alphabet au grand complet. Et dans mon assiette, elles formaient un fragment de phrases :

« … Il lui a arraché le cœur… »

J'ai pêché les lettres avec ma cuillère et je les ai discrètement glissées dans mon mouchoir.

Jamais je n'aurais pu les avaler.

Je comprends

1. À quel moment l'histoire devient-elle étrange ?
2. Quels morceaux d'histoires l'enfant retrouve-t-il ? Où ?
3. Qui est Snoopy ?
4. Qu'est-ce qui a changé sur le tee-shirt ?
5. Quelles lettres l'enfant écrit-il sur des cartons ? Pourquoi ?
6. Quel genre d'histoires contenait le petit livre ?
7. Sur combien de jours se passe cette histoire ?

Une demi-heure plus tard, ma grand-mère a eu un choc terrible. On était en train de regarder les informations télévisées quand elle s'est mise soudain à hurler :

« Une bête ! Il y a une bête sur ma jambe ! »

Je me suis précipité et j'ai effectivement vu quelque chose de noir qui rampait sur la jambe de ma grand-mère. Mais ce n'était pas une petite bête. C'était un morceau d'histoire :

« … l'assassin était assis sur le fauteuil… ».

J'ai vite ramassé les petits signes avec un morceau de papier et je les ai jetés à la poubelle.

Et ce matin, j'ai eu une drôle de surprise en m'habillant. J'avais choisi mon tee-shirt préféré. Il y a un Snoopy dessiné dessus. Il a l'air un peu ahuri et dit :

« Je n'en ai pas l'air, mais je suis un génie. »

Mais ce matin, Snoopy disait :

« … ça va éclater comme une fusée… »

Je n'ai pas hésité longtemps : j'ai pris des ciseaux et j'ai découpé sauvagement mon tee-shirt préféré.

Ensuite, avec des feutres épais, j'ai tracé trois lettres sur une dizaine de cartons. En très grand. J'ai punaisé un carton dans chaque pièce de la maison. Sans oublier les W.-C.

Je pense que les histoires comprendront.

Sur les cartons, il y a écrit :

FIN

Bernard Friot, *Histoires pressées*,
Milan poche junior © Éditions Milan.

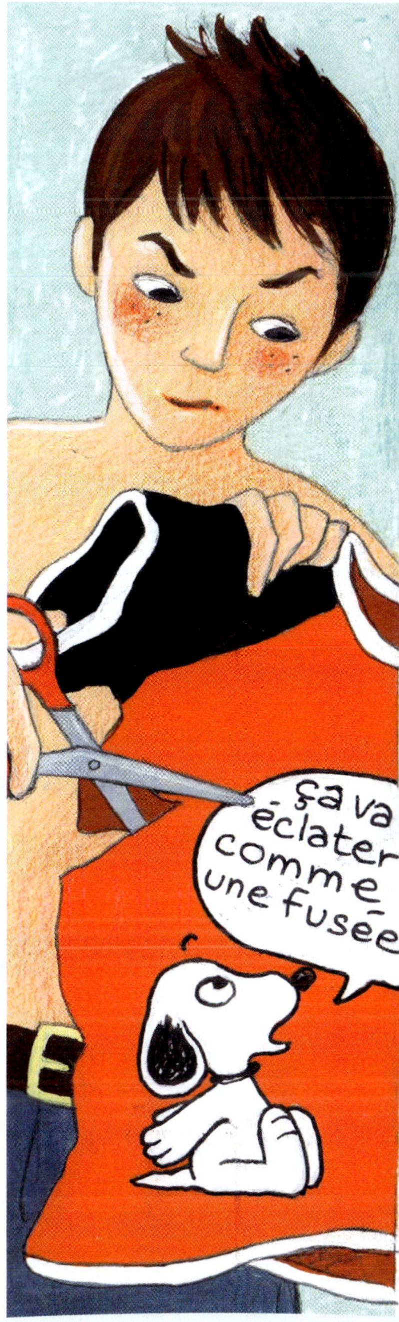

Je lis à haute voix

Lis le texte de la ligne 1 à la ligne 12.
En lisant, fais bien la différence entre le début de l'histoire où tout semble normal et la partie où un phénomène étrange se manifeste.

Je donne mon avis

Aimes-tu les histoires étranges comme celle-ci ? Pourquoi ?

J'ajoute une phrase à l'histoire

Écris ce que l'enfant peut avoir dit à sa grand-mère quand il a ramassé les lettres qui étaient sur sa jambe.

Répondre à des questions en utilisant plusieurs passages du texte

Je réfléchis

1 **Dans quelles lignes du texte *Le buveur d'encre* (p. 30-31), trouves-tu les renseignements qui montrent que le client est étrange ?**

2 **Dans quelles lignes du texte trouves-tu les informations qui disent ce que le garçon pense en épiant le client ?**

3 Dans le texte *Il y a des histoires partout* (p. 32-33), les cartons sont punaisés dans toutes les pièces de la maison. L'enfant ne s'est pas contenté d'en mettre dans le salon où était tombé le livre. **Retrouve les différents lieux où sont allés les mots échappés du livre. Relève les informations qui te font deviner ces lieux.**

Conseil

Pour **répondre à des questions** sur un texte, je dois parfois chercher les réponses dans **différents passages** de ce texte.
Pour bien comprendre le texte, je dois **mettre en relation** les informations données dans ces passages.

Je m'entraîne

1 * **Indique si Julie part en hiver ou en été.**

Julie prépare sa valise. Elle prend son gros pull à torsades. Puis elle protège ses lunettes de soleil dans un étui et le glisse parmi les chaussettes de laine. Elle choisit ensuite deux livres pour les longues soirées.

2 ** **Relève les informations qui te permettent de comprendre la dernière phrase.**

La famille Ribois rentre des courses. Qui a laissé le portail ouvert ? bougonne papa. Il sort les sacs du coffre. En les posant à terre, il aperçoit des morceaux de verre. Il faudra les balayer, dit-il. Le téléphone sonne et tout le monde se précipite pour répondre. Mais à l'intérieur les pièces sont vides. Tout a été déménagé !

3 *** **Lis bien le texte et indique qui est le coupable.**

Le peintre : Il fait chaud aujourd'hui !
Le policier : Oui et en plus il n'y a pas de vent !
Le peintre : Oh, non !
Le policier : Qu'y a-t-il ?
Le peintre : On a fait des tags sur mon travail pendant que je prenais une pause.
Le policier : Regardez ces trois personnes là-bas, elles ont pu voir quelque chose. Questionnons-les.
La 1re personne : Je n'ai rien vu, je jouais au foot.
La 2e personne : Je n'ai rien vu, je jouais au cerf-volant.
La 3e personne : Je n'ai rien vu, je lisais ce livre.
Le policier : L'un de vous ment, et je sais lequel !

Qui est le coupable ?

Mots en fête

Le mot mystère

À l'aide de ce tableau, retrouve le mot mystère.

A	B	C	D	E	F	G	H	I	J	K	L
O	X	G	R	A	U	E	D	S	N	I	T

G B L D E A D H K J E K D G

Installer une atmosphère étrange dans un récit

Je me souviens

- **Dans les deux histoires :**
  - Comment commence chaque histoire ?
  - A-t-on assez de détails pour imaginer la scène ?
  - Quel événement perturbe le quotidien ?
  - Comment l'enfant de chaque histoire réagit-il devant cet événement ?
- **Dans *Il y a des histoires partout* :**
  - Comment l'enfant se débarrasse-t-il des phrases égarées ?

Je retiens

- **Un récit mystérieux se déroule de la façon suivante :**

1 L'histoire commence de façon réaliste par une situation normale.

2 Un phénomène inexpliqué crée un sentiment de surprise et même parfois de peur.

3 On trouve parfois une solution pour traiter le problème.

Je m'entraîne

1 * **Quel extrait présente une atmosphère étrange ?**

a. Le matin du grand jour il faisait un soleil radieux, mais la terre était toujours couverte de neige et l'air était très froid.
Devant les portes de la chocolaterie Wonka se pressait un monde fou, venu assister à l'entrée des cinq détenteurs de tickets.

Roald Dahl, *Charlie et la chocolaterie*, Folio junior © Éditions Gallimard.

b. Il écarta d'une main vive le parapluie, si soudainement que j'eus un geste de recul. Puis il me dévisagea d'une étrange façon. Sous les sourcils noirs qui broussaillaient ferme, ses yeux n'étaient plus que deux fentes sombres, […]. Des frissons me coururent le long du dos.

Gérard Moncomble, *Le 13*, Milan poche © Éditions Milan.

2 ** **Indique à quel moment un phénomène inexpliqué apparaît dans ce texte ?**

Je me réveille en sursaut. J'ai envie de ce verre de jus d'orange que papa fabrique avec de l'eau en bouteille et une poudre jaune. Je traverse le salon et, tout d'un coup, j'entends un cliquetis inhabituel. J'ouvre la porte de la cuisine. Une fenêtre est restée ouverte…

3 *** **Voici des extraits de résumés de livres. Lesquels sont des histoires mystérieuses ?**

a. Dans le petit village de Bois-Robert, c'est la panique : les habitants disparaissent inexpliquablement les uns après les autres.

b. Zelda emménage avec ses parents dans une nouvelle maison. Bientôt, la jeune fille est mêlée à des événements insolites.

c. Léo n'a pas beaucoup d'amis. Un jour, il trouve un jeune chien abandonné dans la rue et le recueille.

3 Vocabulaire

Des mots pour évoquer le mystère, l'étrangeté

Je réfléchis

1 Lis ce texte et indique quels mots créent une atmosphère étrange.

Nous étions en train de travailler sur notre devoir de mathématiques. Tout était silencieux lorsque j'entendis un bruit étrange, comme un bruissement d'ailes mais très léger, à peine audible. Je levai la tête doucement puis je cherchai à droite et à gauche. Le bruit insolite se rapprochait mais je ne parvenais pas à le distinguer. Soudain, sur ma main, un curieux animal se posa.

2 Recopie trois mots qui caractérisent l'atmosphère d'un texte étrange.

bizarre • admirable • inexplicable • habituelle • énigmatique • poétique

3 Recopie les phrases qui décrivent un événement étrange ou mystérieux.

a. En avançant dans la nuit, il vit une lueur inhabituelle.

b. Parfois, au fil des ruisseaux, il se forme des bulles d'eau.

c. Tout en haut, à quelques centimètres de lui, un pigeon extraordinaire avait fait son nid.

d. Sur mon papier j'ai dessiné un dinosaure gris.

e. Elle s'efforçait de cacher dans son sac quelque chose qui poussait de drôles de petits cris.

4 Indique quel mot annonce une histoire étrange sur chaque couverture :

a.

b.

c.

Je retiens

Des adjectifs pour évoquer…

Ce qui est inexplicable
indéchiffrable • incompréhensible • incohérent • énigmatique • obscur • mystérieux

Ce qui est inhabituel
inattendu • inaccoutumé • anormal • singulier • original • extraordinaire • insolite

Ce qui est étonnant
bizarre • étrange • curieux • extravagant • surprenant • inconcevable • déconcertant • incroyable • abracadabrant

Je m'entraîne

*

1 En utilisant le préfixe *in-*, trouve le mot qui correspond à la définition.

Exemple : Cette lueur n'est pas dans le ciel d'habitude, c'est une lueur inhabituelle.

a. Je n'arrive pas à expliquer ce qui se passe, c'est … .

b. Il était devant moi et il a disparu, je ne peux pas le croire, c'est … .

c. Léa ne parvient pas à déchiffrer ce parchemin, il est … .

d. Un être biscornu se présente devant Arthur, il ne l'attendait pas, c'est une rencontre … .

**

2 Recopie chaque mot avec la définition qui correspond. Aide-toi du dictionnaire.

inaccoutumé • rocambolesque • incohérent • abracadabrant

- qui contient des éléments sans lien entre eux.
- quelque chose d'extraordinaire, d'invraisemblable.
- ce n'est pas habituel, cela ne se produit pas habituellement.
- plein de péripéties et de rebondissements extraordinaires, des aventures…

***

3 Recopie ce texte en remplaçant les mots en rouge qui sont du langage familier par les mots suivants :

incroyable • terrifiant • perdu • extraordinaire

La nuit d'hier a été si dingue que je me demande si je n'ai pas rêvé. Ce que j'ai vécu est tellement ouf que personne ne va me croire.
Il était à peu près minuit. Je me suis réveillé complètement paumé en entendant un grognement craignos tout près de moi.

***

4 Recopie ce texte en choisissant à chaque fois le mot en italique qui convient le mieux à l'atmosphère étrange du récit.

En arrivant près de chez moi, je croise un homme *(singulier, incohérent)* que je ne connais pas. Il est habillé de façon *(surprenante, énigmatique)*, avec une grande cape et un chapeau très haut. Je lui dis bonjour et il me répond par quelques mots *(incompréhensibles, indéchiffrables)*.

J'entre dans mon immeuble. La lumière ne fonctionne pas. Mais je connais le chemin et je m'engouffre dans les escaliers. Soudain, j'entends un bruit *(insolite, inconcevable)* qui vient de plus haut. Je m'arrête pour écouter et tout à coup, un *(curieux, obscur)* petit animal surgit et me passe entre les jambes…

3 Écrire…

Pour écrire une scène étrange, je dois :

1. commencer l'histoire de façon réaliste ;
2. faire intervenir un élément étrange : un personnage ou un objet dont le comportement est tout à fait inhabituel ;
3. écrire les réactions d'étonnement ou de peur que cela entraîne ;
4. trouver une solution pour mettre fin à ce phénomène étrange.

* Je décris un comportement étrange

Fais marcher ton imagination.
Quel comportement étrange pourraient avoir ces objets ?

Reprends la phrase « J'ai vu, de mes yeux vu… » pour commencer ta rédaction.

Exemple : J'ai vu, de mes yeux vu, un arbre qui se déplaçait.
Il lançait ses branches en avant comme un nageur de brasse !

* * J'écris la suite d'un texte étrange

Situation 1

Rappelle-toi du récit *Il y a des histoires partout*, pages 32-33.
Ajoute un passage à ce texte : imagine que l'enfant de l'histoire va se coucher.

Il voit une phrase écrite sur le miroir de la salle de bains. Que dit-elle ? Comment réagit-il ?

Raconte cela en quelques phrases.

Situation 2 **Lis ce texte.**

Ce matin, comme tous les matins, j'ai ouvert la porte d'entrée de la maison à mon chien Caramel pour qu'il sorte. Caramel est parti comme une flèche vers l'arbre au fond du jardin et il s'est mis à gronder en tournant autour.

Je me suis approché de l'arbre mais je n'ai rien vu d'anormal. Pourtant Caramel devenait de plus en plus menaçant…

Trouve une explication à l'attitude de Caramel et écris en quelques phrases la suite du texte.

* * * J'écris une histoire mystérieuse à partir d'une image

Ce soir-là, Léo n'arrive pas à dormir. Il se retourne dans son lit.
Soudain, il entend des voix chuchoter. Il voit les personnages du tableau éclairé par la lune sortir de la toile…

Qui sont ces personnages ? Décris-les.
Que font-ils ?
Décris les sentiments de Léo.
Imagine ce qu'il va faire pour que les personnages retournent dans leur cadre.

J'améliore mon texte

Je vérifie mon histoire

*Je décris un comportement étrange

- J'ai décrit une action inhabituelle pour chaque objet.

**J'écris la suite d'un texte étrange

- **Situation 1 :** J'ai décrit la réaction du personnage.
- **Situation 2 :** J'ai trouvé une explication à l'attitude étrange du chien.

***J'écris une histoire mystérieuse à partir d'une image

- J'ai décrit la réaction de Léo.
- J'ai décrit les personnages et je leur ai fait faire quelques actions.
- J'ai trouvé une solution pour faire repartir les personnages dans leur tableau.

Je vérifie comment j'ai écrit

*Je décris un comportement étrange

- J'ai écrit plusieurs phrases avec éventuellement des comparaisons (*comme*...) pour décrire le comportement étrange des objets.

➡ Vocabulaire (page 245)

**J'écris la suite d'un texte étrange

- J'ai utilisé les mots du « Je retiens » pour décrire une atmosphère mystérieuse et étrange.

***J'écris une histoire mystérieuse à partir d'une image

- J'ai utilisé des mots de liaison ou des adverbes pour faire progresser l'histoire.

➡ Grammaire (page 161)

Je prends la parole

Présente ce livre à tes camarades à partir des informations de la couverture.

Pour te préparer

À partir de cette couverture, imagine :

- Qui sont les personnages principaux.
- Où se passe l'histoire.
- Quel événement étrange perturbe le quotidien.

Pour bien dire

- Parle haut et fort.
- Présente le livre à tes camarades en commençant par le titre et le nom de l'auteur (tu peux les écrire au tableau).
- Essaie de ne pas lire tes notes.
- Arrête-toi au moment où l'événement inhabituel se produit

D'autres récits étranges à découvrir

Le maître des cavernes, Rose-Claire Laborestra, Nathan.

Le mystérieux chien de la mer, Freddy Woets, Nathan.

L'histoire impossible à sécher, Claire Ubac, L'école des loisirs.

Unité 4

Des fiches sur les animaux

- Reconnais-tu ces animaux ?
- Que connais-tu sur chacun d'entre eux ?
- Sais-tu où l'on peut trouver des informations les concernant ?

Dans ce chapitre, tu vas :

Lire des textes documentaires qui présentent des animaux.

Écrire la fiche d'identification d'un animal.

Présenter oralement un animal.

4 Lire...

Que fait ce koala sur chaque photo ?

Connais-tu le Koala ?

Aspect physique

Le koala a une grande tête ronde avec des oreilles larges et arrondies couvertes de poils. Il est trapu* et couvert d'une fourrure gris cendré. Il mesure environ 80 cm. Son poids peut varier de 4 à 15 kg.

Alimentation

Le koala mange essentiellement des feuilles d'eucalyptus, un kilo par jour. Il a donc des difficultés pour se nourrir lorsque les forêts d'eucalyptus sont détruites. Il consomme aussi des bourgeons, de l'écorce et les feuilles de l'acacia et du cerisier.

Le koala boit très peu d'eau. Il trouve l'eau dont il a besoin dans les feuilles d'eucalyptus.

Dans la langue des Aborigènes, qui sont les premiers habitants d'Australie, le mot koala signifie « qui ne boit pas ».

***trapu :** petit et large.

Je comprends

1. Quelle est la taille d'un koala ?
2. Où vit-il ?
3. À quoi lui servent ses griffes ?
4. Que veut dire le mot « koala » ?
5. Que veut dire le mot « portée » dans la rubrique « **Reproduction** » ?
6. Quel autre animal vit en Australie et possède une poche sur son ventre pour abriter son petit ?
7. À quelle personne et à quel temps le texte est-il écrit ?

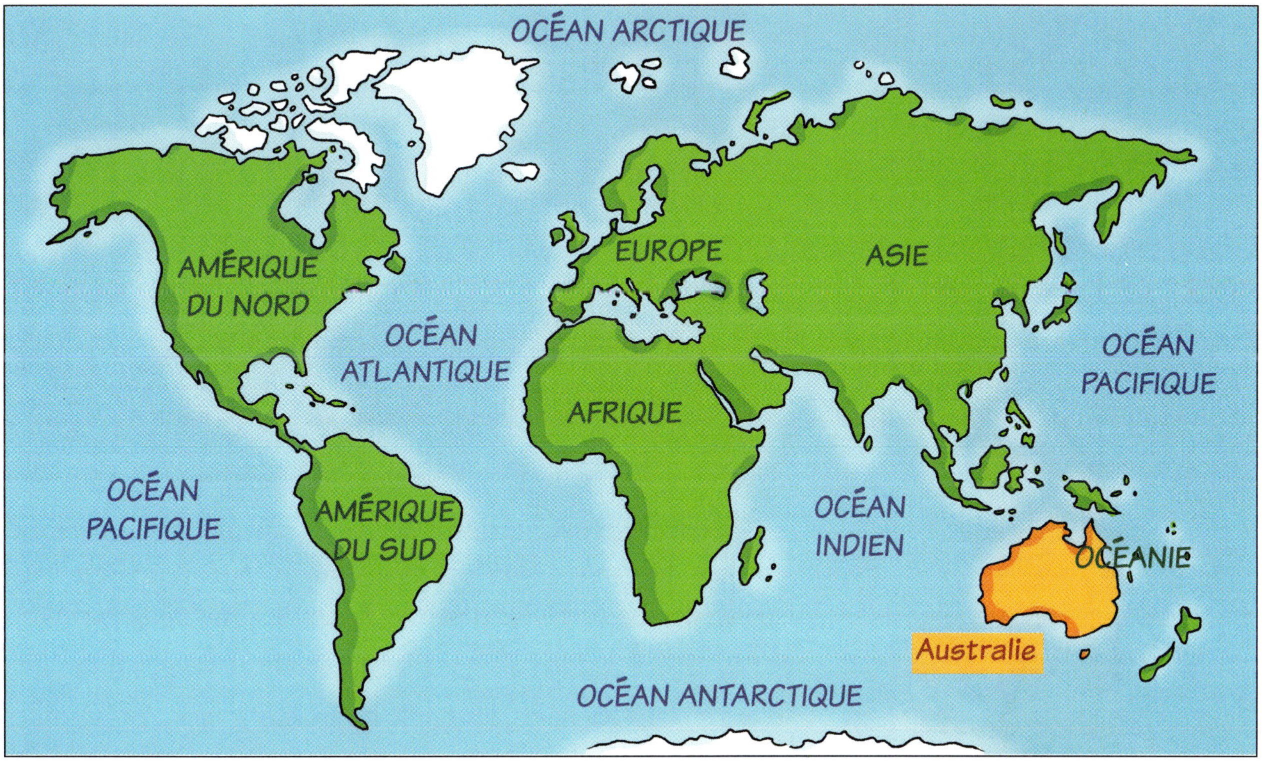

Habitat

Le koala vit uniquement en Australie, dans des forêts d'eucalyptus. On le trouve surtout dans les arbres. Il ne se déplace au sol que pour aller d'un arbre à un autre.

Habitudes de vie

Le koala est un excellent grimpeur. Ses grandes griffes lui permettent de monter à la verticale. Il reste dans les arbres, il n'aime pas descendre car au sol il est menacé par des dingos (des chiens sauvages).

Il dort beaucoup, à peu près 20 heures par jour.

Reproduction

Le koala est un mammifère.

La femelle koala n'a qu'un petit par portée. Quand un bébé naît, il se précipite dans la poche ventrale de sa maman. Elle le garde et le nourrit dans sa poche pendant au moins six mois. Puis elle le porte sur son dos jusqu'à l'âge d'un an.

Je lis à haute voix

Lis une rubrique de ton choix à tes camarades. Entraîne-toi à bien articuler les mots qui te semblent difficiles.

Je donne mon avis

Les koalas sont en voie de disparition. Connais-tu d'autres animaux dans ce cas ? Ce phénomène te semble-t-il inquiétant ?

J'ajoute une information

Regarde les photos. À quel autre animal ressemble le koala ?

Écris une phrase pour expliquer cette ressemblance.

4 Lire…

Connais-tu ces animaux ?
Quels sont leurs points communs ?

Le plus petit carnivore d'Europe : la belette

La belette est un mammifère de la famille des mustélidés comme le furet, le putois et la loutre. Son corps est brun sur le dessus et blanc dessous. C'est le plus petit carnivore d'Europe. Elle pèse une centaine de grammes.

Elle vit dans les haies, les talus, les buissons et les broussailles. Elle se nourrit de petits rongeurs (souris, mulot), d'oiseaux et parfois de lapins et de poules lorsque la faim la pousse. Son long corps souple lui permet de se faufiler dans des petits trous pas plus larges qu'une pièce de deux euros.

Les belettes peuvent avoir deux portées par an, une au printemps et une en été si la nourriture est abondante. La gestation* dure cinq semaines. Chaque portée est de 4 à 9 petits, nus, aveugles et sourds. Ceux-ci ne voient qu'au bout de quatre semaines.

La belette peut vivre 8 ans.

*__gestation :__ période pendant laquelle une femelle porte ses petits dans son ventre.

Je comprends

La belette

1 Où vit-elle ?

2 Quel est à peu près le diamètre de son corps ?

3 À quelle condition les belettes peuvent-elles avoir une portée en été ?

Le furet

4 Qu'est-ce qu'un fureton ?

5 Certains chasseurs utilisent des furets pour chasser les lapins. À ton avis, pourquoi ?

Comparaison belette/furet

6 Qu'est-ce qu'un carnivore ? En connais-tu d'autres en Europe ?

7 Trouve dans chaque texte une phrase qui explique que ces animaux sont carnivores.

8 Lequel est le plus lourd ?

9 Lequel pourrais-tu avoir chez toi ?

Un autre carnivore : le furet

Le furet est un mammifère qui appartient à la famille des mustélidés. Il mcsurc cnviron 50 cm et peut peser jusqu'à 1,7 kg. Son corps est long et ses pattes courtes. Très souple, il peut se faufiler partout. La femelle est plus petite que le mâle.

Le furet peut se reproduire au printemps et en été (de mars à août). La femelle donne naissance à 6 ou à 7 furetons par portée. Carnivore, il mange des aliments d'origine animale.

Il fait partie des nouveaux animaux de compagnie et, en tant que tel, il est souvent nourri de croquettes pour chien ou chat.

Il dort beaucoup, près de 16 heures par jour.

Je lis à haute voix

Lis une fiche d'identification. Entraîne-toi à bien prononcer les mots difficiles : *mustélidés, gestation, fureton*.
Pour que tes camarades comprennent bien, marque une pause entre chaque information.

Je donne mon avis

Le furet fait partie des animaux domestiques.
Aimerais-tu avoir un furet chez toi ?

J'ajoute une phrase

Écris une phrase pour décrire un autre animal de la famille des mustélidés. Tu peux choisir l'un des animaux du haut de la page 44.

4 Pour mieux lire

Savoir se renseigner

Je réfléchis

1 Lis cette phrase :

La belette et le furet sont des mammifères.

Sais-tu ce qu'est un mammifère ?
Sinon, que peux-tu faire pour le savoir ?

2 Lis ce texte et regarde les dessins de la colonne de droite. Quel dessin correspond au glouton ? Justifie ta réponse.

Le glouton est un mammifère carnivore. Trapu, il mesure 80 cm environ. La femelle donne naissance à 3 petits environ par portée.

a.

b.

c.

Conseil **Pour bien comprendre** un texte, je dois me servir de **ce que je sais** déjà ou parfois me **renseigner** en cherchant des informations dans un dictionnaire, une encyclopédie, un journal, sur Internet...

Je m'entraîne

1 * **Lis ce texte puis réponds aux questions en expliquant ce que tu fais pour y répondre.**

La souris, mammifère prolifique, vient très probablement de l'Eurasie centrale.
Ce petit rongeur est principalement nocturne. Le mâle adulte mesure de 7 à 8 cm sans la queue. La souris peut avoir de 6 à 12 petits par portée.

a. Comment les bébés se nourrissent-ils ?
b. À combien de petits la souris peut-elle donner naissance ?
c. Qu'est-ce que l'Eurasie ?
d. Que signifient « prolifique » et « nocturne » ?

2 ** **Lis le texte puis recopie d'une couleur les mots en gras dont tu connais le sens. Recopie d'une autre couleur ceux dont tu dois chercher la signification.**

Mammifère carnivore de la famille des **mustélidés**, la loutre est un animal **amphibie** adapté à la vie **aquatique** tout autant que terrestre. Ses pattes **palmées** lui assurent une aisance parfaite dans l'eau. Elle est solitaire et **farouche** et il est difficile de l'observer. Elle peut avoir 2 ou 3 **loutrons** par **portée**.

Mots en fête

Des noms d'animaux imaginaires

Voici une liste de noms d'animaux composés de trois ou quatre syllabes.
Avec le début de l'un et la fin d'un autre, compose des noms d'animaux imaginaires.

éléphant • dromadaire • papillon • léopard • tamanoir • otarie • espadon • colibri • cormoran • crocodile • scarabée • hérisson • escargot • kangourou • hippopotame.

Exemple : Avec kangourou et rhinocéros, je crée un « **kangoucéros** » ou un « **rhinogourou** ».

La fiche d'identification d'un animal

Je me souviens

- **Dans les trois documentaires :**
  - Quels différents éléments retrouves-tu ?
  - Sur quoi portent les informations données ?
  - Peux-tu décrire les animaux ?
  - À quelle personne et à quel temps les textes sont-ils écrits ?

Je retiens

1 La **fiche d'identification** d'un animal comprend différents éléments : des photos ou des illustrations et un ou plusieurs petits textes.

2 On y trouve des renseignements **précis** souvent organisés en **rubriques** : dénomination, aspect physique, alimentation, reproduction, lieu de vie, habitudes…

3 Le texte est écrit à la 3e personne du singulier et au présent.

Je m'entraîne

1 * **Dans quelle rubrique d'une fiche d'identification peux-tu placer ces informations ?**

Exemple : Les lions vivent dans le sud-ouest de l'Afrique → **rubrique « lieu de vie »**.

a. Le koala pèse de 4 à 15 kg.
b. Le chien mange de la viande.
c. La baleine vit dans les océans.
d. La lapine peut avoir de deux à six petits par portée.

2 ** **Voici des rubriques concernant le rhinocéros. Dans chaque rubrique, il y a une information fausse, trouve-la.**

Description
Le rhinocéros possède une ou deux cornes selon les espèces. Sa peau est grise ou brune, épaisse et dure. Il a de grandes oreilles et de petits yeux.
Le rhinocéros mesure à peu près trois mètres de long et pèse environ 2 500 kg. Il ne voit pas très bien mais a un odorat et une ouïe très développés.
Il possède un long cou mesurant jusqu'à deux mètres.
Il peut vivre près de 45 ans si on ne le chasse pas.

Nourriture
Le rhinocéros est herbivore. Il se nourrit principalement de feuilles, de l'herbe qu'il broute, de fruits, de branches d'arbre, de graines. Il boit 30 litres d'eau par jour.
Les principales proies de cet animal sont les sangliers et les chevreuils.
Il cherche sa nourriture seulement le matin et le soir.

4 Vocabulaire

Des mots pour donner des précisions sur les animaux

Je réfléchis

1 Pourquoi a-t-on barré un animal par série ?
Trouve ce qui est commun aux trois autres animaux. Aide-toi des questions.

a. Comment nourrissent-ils leurs petits ?

b. Que mangent-ils ?

c. De quoi est recouvert leur corps ?

2 Comment ces noms d'animaux ont-ils été classés dans ce tableau ?
Quels noms pourrais-tu ajouter ?

carnivore	herbivore	omnivore
un vautour	une vache	une poule
une belette	une oie	un ours
un lion	une carpe	un cochon
une orque		

a. Classe ces animaux en changeant le titre des colonnes : mammifère, oiseau, poisson.
b. Range ces animaux en fonction de leur aspect physique.
c. Trouve d'autres critères pour ranger ces animaux autrement.

Je retiens

Des mots pour identifier un animal

Catégorie

- les oiseaux • les reptiles • les mammifères • les poissons • les insectes • les amphibiens
- vertébrés • invertébrés

Alimentation

- carnivore • charognard • insectivore • herbivore • granivore • frugivore • omnivore

Aspect physique

- des poils • des piquants • de la peau nue • des écailles • des plumes • des carapaces • des griffes • des crocs • une corne

Je m'entraîne

1 * **Recopie et complète le tableau avec les noms suivants. Ajoute également les titres manquants aux colonnes.**

une chouette • une vache • un saumon • une grenouille • une vipère • une couleuvre • un moineau • un ours • un requin • une pie • un tigre • un lézard • un crapaud • une salamandre • un brochet • une sardine

mammifères	...	reptiles	...	amphibiens
	une pie		un requin	une grenouille

2 ** **Classe ces mammifères en trois catégories en fonction de ce qu'ils mangent. Donne un nom à chaque catégorie.**

girafe • hamster • mouton • guépard • ours • rat • éléphant • souris • belette

3 *** **Dans chaque liste de noms d'animaux, il y a un intrus. Trouve-le et justifie ta réponse.**

Invertébrés : limace • ver de terre • souris • araignée • crevette
Oiseaux : mésange • pingouin • pigeon • serpent • poule
Reptiles : vipère • sardine • crocodile • boa • python • lézard
Mammifères : hamster • éléphant • girafe • grenouille • chien

4 *** **Cite trois animaux à poils, à plumes, à peau nue, avec des piquants, avec une carapace.**

4 Écrire…

Pour écrire une fiche d'identification, je dois :

1. mettre un titre ;
2. mettre une illustration ;
3. écrire un ou plusieurs textes (souvent organisés en rubriques) ;
4. utiliser un vocabulaire précis ;
5. donner éventuellement un titre à chaque rubrique ;
6. écrire les verbes à la 3e personne du singulier et au présent.

* J'écris une partie de fiche

Situation 1 **Compare ces deux textes puis réponds aux questions.**

Mammifère carnivore, le tigre fait partie de la famille des félidés. Son corps mesure entre 2 et 2,80 m de longueur totale pour une hauteur au garrot de 90 cm à 1 m ; son poids peut aller de 180 à 250 kg. Il vit en Asie. Ses repas préférés sont constitués de grands mammifères (éléphanteaux, cerfs, buffles, sangliers, singes). L'espèce a été presque entièrement décimée par la chasse. À l'heure actuelle, le tigre est protégé par la loi mais on compte moins de 5 000 tigres dans le monde.

La poule est un oiseau qui ne vole pas. Elle a des plumes, des ailes et un bec. Elle vit dans les fermes. Elle picore la nourriture avec son bec. Elle mange des graines, des vers de terre, mais elle picore aussi l'herbe et les feuilles. Les ennemis de la poule sont le renard, la belette et le putois.

a. Parmi ces titres de rubriques, lequel correspond à la partie surlignée en gris ? En jaune ? En violet ? En vert ? En bleu ?
Aspect physique • Lieu de vie • Alimentation • Catégorie
Autres renseignements

b. À quels temps sont conjugués les verbes de ces textes ? À quelle personne ?

c. Ajoute une phrase au second texte pour indiquer comment se reproduit la poule.

Situation 2 **Recopie cette fiche en plaçant les informations dans les bonnes rubriques. Puis rédige la rubrique de ton choix en une ou deux phrases avec les informations données.**

Poids	1,50 m.
Habitat	18 à 38 kg.
Longueur	Amérique du Nord, Asie, Moyen-Orient, Europe.
Régime alimentaire	grand gibier, rongeurs, moutons.
Longévité	70 km/h.
Mode de vie	une dizaine d'années.
Vitesse de pointe	en meute.

** J'écris une fiche à partir de renseignements

Situation 1 **Lis cet extrait d'un dictionnaire et rédige la fiche d'identification du lion. N'oublie pas d'ajouter une illustration. Ne garde que les éléments utiles à l'identification.**

Lion n. m. lionne n. f. – 1° Grand mammifère carnivore, à pelage uni, brun clair. La queue est terminée par un pinceau de poils noirs. Les lions vivent en Afrique et en Asie. Ils mesurent 2 mètres environ et pèsent jusqu'à 260 kg. On entend parfois leurs rugissements à 8 km à la ronde. Seuls les mâles possèdent une crinière. *Se battre comme un lion.* / 2° loc. *la part du lion*, la plus grosse part que s'adjuge le plus fort.

Situation 2 **Rédige la fiche d'identification du loup en utilisant les renseignements donnés dans la situation 2 du haut de cette page. Écris une phrase ou deux pour chaque rubrique.**

*** J'écris une fiche

À toi maintenant d'établir tout seul la fiche d'identification d'un animal.
Pour cela, tu dois :

- trouver un animal qui t'intéresse ;
- faire la liste des rubriques ;
- effectuer ta recherche dans un dictionnaire, une encyclopédie, un journal pour enfants, sur Internet...

N'oublie pas que tu peux inclure une illustration.

J'améliore mon texte

Je vérifie ma fiche

***J'écris une fiche à partir de renseignements*

- **Situation 1 :** J'ai utilisé seulement les informations scientifiques.
- J'ai mis une illustration.
- **Situation 2 :** J'ai bien écrit une phrase par rubrique.
- J'ai utilisé toutes les informations données.

****J'écris une fiche*

- J'ai trouvé un titre.
- J'ai proposé différentes rubriques.
- Mes informations sont exactes et précises.
- J'ai mis une ou plusieurs illustrations.

Je vérifie comment j'ai écrit

- Les verbes sont au présent de l'indicatif et à la troisième personne.
  → Conjugaison (pages 181 à 188)
- J'ai bien accordé les verbes avec leurs sujets.
  → Grammaire (page 163)
  → Orthographe (page 225)

Je prends la parole

Mes camarades choisissent le nom d'un animal en mon absence.
À mon retour, je leur pose des questions pour trouver quel animal ils ont choisi.

Pour te préparer

- Fais la liste des rubriques. Elles t'aideront à trouver des questions.

Pour poser les bonnes questions

- Souviens-toi de chaque réponse avant de poser une nouvelle question.

D'autres documentaires à découvrir

Encyclopédie des animaux, Gallimard-Jeunesse.

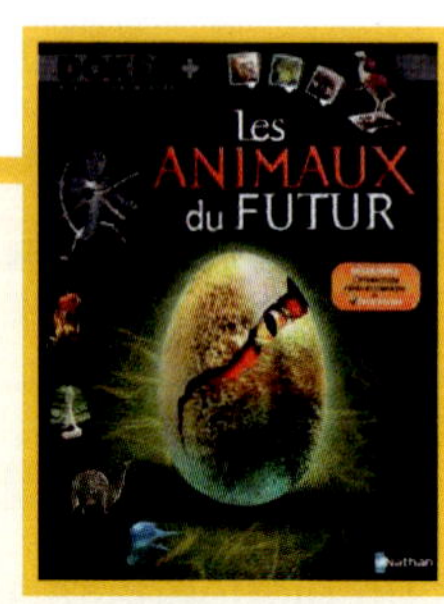

Les animaux du futur, Claire Pye, Nathan.

Wapiti, Éditions Milan.

Unité 5

Des documents sur l'environnement

- Qu'est-ce que ces maisons ont de particulier ?
- Quels types d'énergies utilisent-elles ?
- Pourquoi est-il important de chercher d'autres sources d'énergie ?

Dans ce chapitre, tu vas :

Lire des textes documentaires sur la protection de l'environnement.

Écrire les légendes d'une illustration.

Parler pour expliquer un schéma.

5 Lire…

Avant de lire ces documents, réponds aux questions suivantes :
- Qu'est-ce que le tri sélectif ?
- Que peut-on faire des déchets végétaux ?

Le **compost**, c'est la transformation de certains déchets en terreau très utile pour les cultures.

CYCLE DE LA MATIÈRE ORGANIQUE DANS LE JARDIN DE L'ÉCO JARDINIER

Je comprends

1. Relève dans ces documents tous les mots que tu ne connais pas. Cherche leur sens.
2. Cite trois déchets de jardin que l'on peut mettre dans un compost.
3. Que fait-on du compost lorsqu'il est mûr ?
4. En regardant le schéma ci-dessus, explique comment les déchets de cuisine arrivent au composteur. Fais de même pour les déchets de jardin.
5. Voici quelques restes d'un repas : épluchures de melon, gras de steak, haricots verts, croûte de camembert, pot de yaourt et noyau de pêche. Que peux-tu mettre dans le compost ?
6. Dans la liste de matériel du document page 55, on trouve une fourche et une brouette. Quelle utilisation peut-on faire de ces outils ?
7. Selon toi, pourquoi ne faut-il pas mettre de viande ni de poisson dans le compost ?
8. Sur la photo du document page 55, s'agit-il de déchets de cuisine ou de déchets de jardin versés dans le composteur ? Justifie ta réponse.
9. Qu'est-ce qu'un éco-jardinier ?

COMMENT FABRIQUER VOTRE COMPOST ?

LE MATÉRIEL :

- un bac à compost (il est possible de s'en procurer auprès de Tri Info au 03 26 02 90 90 à Reims Métropole ou dans les jardineries et les grandes surfaces). *Nb : vous pouvez aussi envisager la technique du compostage en tas au fond de votre jardin, sans bac,*
- une poubelle ou un seau pour transporter les déchets organiques,
- une fourche,
- une brouette,
- un sécateur ou tout autre instrument permettant de réduire en morceaux les branches et briser les déchets durs,
- un grillage fixé sur un cadre pour tamiser le compost mûr avant de l'utiliser en fin de processus.

LES DÉCHETS :

- **Déchets de cuisine :** épluchures de légumes et de fruits, trognons, fanes, fruits et légumes abîmés, mais aussi coquilles d'œufs écrasées, croûtes de fromage, pain, sachets de thé, marc de café, filtres en papier, restes de repas (sauf viandes, poissons et yaourts)... Reims Métropole vous propose un bio seau avec votre composteur. Pratique pour transporter les déchets de la cuisine au jardin !

- **Déchets de jardin :** tontes de gazon, feuilles mortes, fleurs fanées, mauvaises herbes non montées en graines, résidus de récolte du potager, tailles broyées, paille, foin...

- **Déchets de maison :** plantes d'intérieur, mouchoirs en papier, essuie-tout et son rouleau en carton, cendres, sciures et copeaux de bois non traités, papier journal, cartons salis (mais non souillés par des produits polluants)...

Source LD communication pour Reims Métropole.

Je lis à haute voix

Lis l'un des paragraphes sur les types de déchets (cuisine, jardin ou maison). Lis cette liste en marquant un petit temps d'arrêt entre chaque déchet.

Je donne mon avis

Penses-tu qu'il est important de trier les déchets ? Pourquoi ?

J'ajoute une phrase au document

Écris la liste des déchets que l'on peut trouver dans une poubelle de classe. Parmi ces déchets, entoure ceux que tu pourrais mettre dans un composteur.

Ce document est composé de plusieurs éléments différents : lesquels ?

P
Pollution

Sciences

Les différents types de pollution maritime

Les eaux usées

Beaucoup de villes évacuent leurs eaux usées (les égouts notamment) directement dans les fleuves ou la mer. Ces eaux contiennent des déchets. Cela rend les eaux côtières particulièrement polluées.

Les déchets industriels

Les produits chimiques dangereux utilisés par les usines sont souvent déversés dans les fleuves ou la mer. Ces déchets s'accumulent ensuite dans les plantes, poissons et crustacés. La majorité des poissons et des plantes marines vivent dans les bas-fonds qui bordent les côtes. Et c'est justement là que se concentre la pollution.

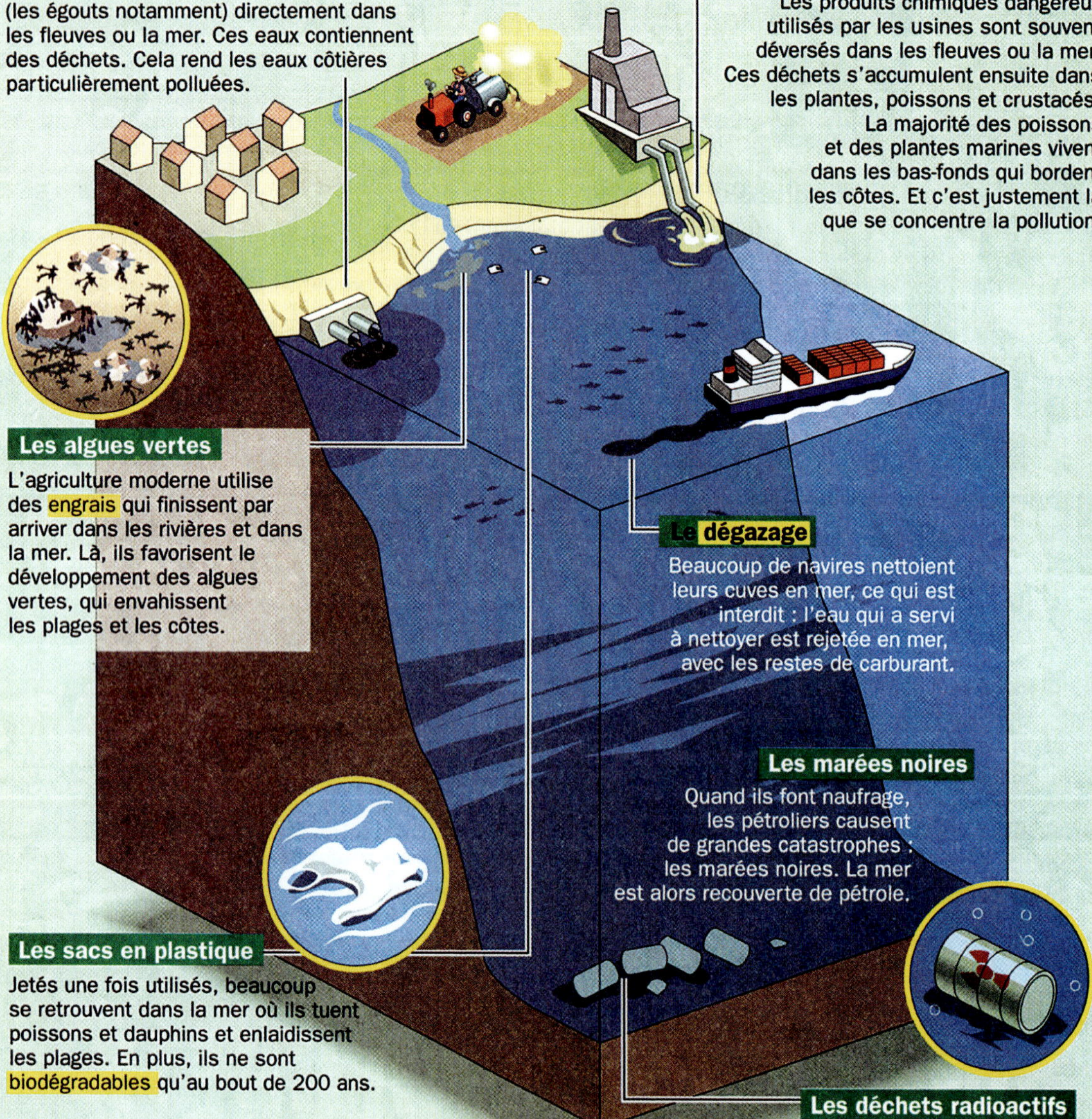

Les algues vertes

L'agriculture moderne utilise des engrais qui finissent par arriver dans les rivières et dans la mer. Là, ils favorisent le développement des algues vertes, qui envahissent les plages et les côtes.

Le dégazage

Beaucoup de navires nettoient leurs cuves en mer, ce qui est interdit : l'eau qui a servi à nettoyer est rejetée en mer, avec les restes de carburant.

Les marées noires

Quand ils font naufrage, les pétroliers causent de grandes catastrophes : les marées noires. La mer est alors recouverte de pétrole.

Les sacs en plastique

Jetés une fois utilisés, beaucoup se retrouvent dans la mer où ils tuent poissons et dauphins et enlaidissent les plages. En plus, ils ne sont biodégradables qu'au bout de 200 ans.

Les déchets radioactifs

Ils sont produits par les centrales nucléaires et restent radioactifs pendant des milliers d'années. Longtemps, on les a simplement jetés au fond de la mer. C'est désormais interdit en Europe, mais pas en Russie.

À RETENIR

1. **Les mers et les océans n'ont jamais été autant pollués qu'aujourd'hui.**
2. **Les côtes où arrivent les produits polluants et les déchets déversés par les hommes dans la mer ou les rivières sont particulièrement touchées.**
3. **Or, c'est sur les côtes et les bas-fonds que vivent la plupart des poissons et des plantes marines.**
4. **Les navires polluent la mer lorsqu'ils font naufrage ou réalisent un dégazage au large.**

Engrais : produit qui favorise la pousse des plantes.
Dégazage : fait de nettoyer et de vider ses cuves de pétrole.
Biodégradable : qui se détruit tout seul.

Mon Quotidien, le quotidien d'actualité dès 10 ans, www.playbac.fr

Je comprends

1 De quoi parle ce document ?

2 Fais la liste des différents types de pollution maritime.

3 Quels sont les types de pollution qui arrivent de la côte ?

4 Qu'est-ce que les « eaux usées » des villes ?

5 Quels sont les animaux qui souffrent du rejet des sacs en plastique ?

6 Combien de temps met un sac en plastique pour se détruire tout seul ?

7 Pourquoi certains mots sont-ils surlignés en jaune ?

8 Que faisait-on, pendant longtemps, des déchets radioactifs ?
Est-ce encore possible aujourd'hui ?

9 Comment appelle-t-on le petit texte relié à une illustration par un trait ?
À quoi servent ces textes ?

Je lis à haute voix

Lis à tes camarades une légende que tu choisis dans le document.
Repère les mots de vocabulaire difficiles.
Entraîne-toi à bien les articuler.

Je donne mon avis

À ton avis, que pouvons-nous faire pour réduire la pollution maritime ?

J'ajoute une définition

Écris la définition du mot « pétrolier ».

Apprendre à répondre aux questions

Je réfléchis

À la question du document page 56 : « Quels sont les animaux qui souffrent du rejet des sacs en plastique ? », des élèves ont répondu :

1. Les poissons et les dauphins.
2. Les tortues.
3. Les crabes des cocotiers.

Qu'en penses-tu ? Associe chaque réponse à un commentaire ci-contre :

a. C'est une bonne réponse, les élèves l'ont repérée dans le document, à la rubrique « Les sacs en plastique ».
b. C'est aussi une bonne réponse, puisée dans leurs connaissances personnelles ou trouvée dans un autre document.
c. C'est une réponse incorrecte. Ces élèves n'ont pas bien lu la question ou le document.

Conseil

Pour bien répondre à des questions, je dois déjà **faire attention** à ce qui est **demandé** puis je dois me demander **où** je peux trouver la réponse : dans le texte, dans mes connaissances personnelles, dans d'autres documents.

Je m'entraîne

1 * **Des élèves ont lu ce texte et ils ont répondu aux questions. Indique où ils ont trouvé les réponses et si elles sont justes.**

Le pôle Nord n'appartient à aucun pays. C'est l'un des derniers territoires vierges de la planète. Mais pour combien de temps ?
Le compte à rebours a commencé car cette zone et l'océan Arctique qui l'entoure, très riches en pétrole, attirent les convoitises de tous les pays voisins.

1) Cite l'un des derniers territoires vierges de la planète.
Réponse d'élève : Le pôle Nord.

2) Cite des pays voisins du pôle Nord.
Réponse d'élève : Le Canada - Les États-Unis - La Russie - La Norvège.

2 ** **Lis ce texte, puis invente des questions et indique comment on peut trouver la réponse.**

On peut classer les ressources naturelles que nous offre la Terre en deux catégories : celles qui s'épuiseront un jour (non renouvelables), et les autres (renouvelables).

L'eau, le bois, les produits de l'agriculture sont des ressources renouvelables, à condition de ne pas les consommer plus vite qu'elles ne peuvent se régénérer.

Au contraire, les combustibles fossiles (charbon, pétrole…) sont en quantité limitée : un jour il n'y en aura plus dans le sol.

Mots en fête

Sauras-tu remettre ce texte en ordre ?

- Pour être sûr qu'aucun déchet ne finira dans la mer, ramène ton sac chez toi.
- Car souvent, en fin de journée, les poubelles débordent et le vent emporte les détritus au loin.
- Lorsque tu vas à la plage, prends un sac dans lequel tu mettras tes déchets (emballages, bouteilles, etc.).

Faire le point 5

Les légendes d'une illustration

Je me souviens

- **Retrouve ces deux extraits d'images dans les documents que tu as étudiés dans cette unité :**

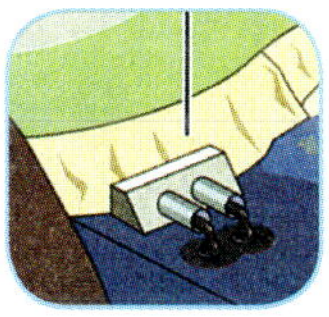

Qu'est-ce qui, dans les documents, te permet de comprendre ce qu'ils représentent ?

- **Dans ces documents :**

Peux-tu citer plusieurs types d'illustrations ?
À quelle personne et à quel temps les textes de ces documents sont-ils écrits ?

Je retiens

- **Dans un document, on trouve des textes et des illustrations.**

1 Les illustrations peuvent être des schémas, des photographies, des dessins.

2 Les illustrations et les textes doivent se compléter pour aider à mieux comprendre le document.

3 Afin de préciser ce que représente une partie de l'illustration, on écrit une **légende**.

4 La légende explique, précise ou complète les informations données par l'image.

Je m'entraîne

1 * **Associe la légende à l'illustration qui convient :**

a. Le plastique : seuls les bouteilles et les flacons se recyclent. • b. Le verre se recycle à l'infini.
c. L'aluminium se recycle à l'infini. • d. Les papiers et les cartons se recyclent 4 ou 5 fois.

1

2

3

4

2 ** **Écris une légende qui correspond à chaque illustration.**

3 *** **Rédige trois résolutions pour ne pas gaspiller l'eau en t'aidant des illustrations.**

5 Vocabulaire

Des mots pour parler de l'environnement

Je réfléchis

1 Voici deux résumés de film. Quel est celui dont le sujet est l'environnement ? Recopie les mots qui t'ont permis de répondre.

E.T. l'Extraterrestre

Une soucoupe volante atterrit en pleine nuit près de Los Angeles. Quelques extraterrestres, envoyés sur Terre en mission d'exploration botanique, sortent de l'engin.
L'un des leurs s'aventure au-delà de la clairière où se trouve la navette et se dirige vers la ville. C'est sa première découverte de la civilisation humaine.

Nausicaä de la vallée du vent

Cette histoire se passe dans le futur.
La Terre a été ravagée par la guerre, la pollution et l'industrialisation intensive. Quelques humains ont survécu, dans une vallée protégée par le vent.
Mais ils sont menacés par une forêt toxique infectée d'insectes géants et mutants.
Seule Nausicaä, une princesse très sensible à la nature et à l'écosystème, pourra les sauver.

2 Recopie les mots qui s'opposent en les associant deux par deux.

a. augmenter	1. énergie renouvelable
b. gaspiller	2. réduire
c. énergie fossile	3. économiser
d. artificiel	4. naturel
e. chimique	5. bénéfique
f. toxique	6. biologique

3 Associe chaque mot à son image.

a. déforestation • b. déchèterie • c. éolienne

1

2

3

Je retiens

Des mots pour parler...

Des déchets et traitements

- une collecte • un compostage • une déchèterie • une décharge • l'incinération • la récupération
- trier • recycler • biodégradable

Des sources d'énergie

- les énergies renouvelables • une éolienne • un panneau solaire • l'énergie fossile • le pétrole • le gaz • le charbon • l'énergie nucléaire

De l'environnement

- un écosystème • la biodiversité • l'écologie

De la pollution

- **conséquences :** le réchauffement climatique • l'effet de serre • les pluies acides • la déforestation • les espèces en voie de disparition
- **remèdes :** l'agriculture biologique • la réintroduction d'espèces • les économies d'énergie

Je m'entraîne

*

1 Trouve dans l'encadré « Je retiens » trois mots qui correspondent à ce qui est dangereux pour la nature et trois mots qui correspondent à ce qui lui est profitable.

**

2 Retrouve les définitions qui correspondent aux mots suivants :

agriculture biologique • effet de serre • écologie • environnement • biodiversité

a. C'est tout ce qui nous entoure : les animaux, les arbres, les fleurs et même les objets.

b. C'est une science qui étudie le milieu naturel dans lequel vivent les êtres vivants. L'étude de cette science permet de préserver la nature et l'environnement.

c. C'est un phénomène naturel dû à certains gaz qui provoquent le réchauffement du climat de la Terre.

d. C'est un système de production qui respecte l'environnement. Par exemple, au lieu d'utiliser de l'engrais, l'agriculteur utilise du compost.

e. C'est l'ensemble de toutes les espèces vivantes sur la Terre.

***

3 Repère les erreurs qui se sont glissées dans ces phrases. Recopie les phrases en les corrigeant.

a. En arrivant dans cette région, j'ai vu une éolienne qui produisait de l'électricité grâce à la force des vagues.

b. L'énergie fossile est issue de la décomposition de plantes et d'animaux il y a des millions d'années comme le pétrole, le gaz et le bois.

c. Dans une usine d'incinération, on stocke de nombreux déchets.

d. Recycler, c'est utiliser les déchets nucléaires pour fabriquer de nouveaux produits.

5 Écrire...

Pour écrire les légendes d'une illustration, je dois :

1. choisir le détail précis que je veux expliquer (légender) ;
2. tracer une flèche ou un trait droit qui relie l'illustration au texte ;
3. écrire un mot, une phrase ou un court texte qui explique l'illustration ;
4. si je fais une phrase, je la rédige à la troisième personne et au présent.

* Je place chaque légende

Étape 1 **Lis ce texte.**

Le circuit de l'eau

L'eau potable est le plus souvent captée dans les rivières. La plupart des eaux sont distribuées après une simple désinfection. Lorsque la rivière est polluée, l'eau passe par une usine de production d'eau potable avant sa distribution.

Après avoir été utilisée, l'eau usée rejoint le réseau d'assainissement (égouts) qui l'achemine vers la station d'épuration. Rendue ainsi saine et propre, l'eau rejoint ensuite le milieu naturel.

Étape 2 **Maintenant, attribue chaque numéro à la légende correspondante.**

- a. usine de production d'eau
- b. captage
- c. station d'épuration
- d. distribution
- e. château d'eau

** J'écris des légendes

Situation 1 **Rédige les légendes qui correspondent au dessin en faisant des phrases à partir des mots ci-dessous. Tu peux continuer les listes. Associe à chaque légende le numéro du dessin qui lui correspond.**

- **Une benne pour la ferraille** : vélos, clous, agrafes, cages...
- **Un container avec casiers pour les produits toxiques** : peinture, piles...
- **Un container pour les appareils ménagers électriques** : fours, lave-vaisselle...
- **Une benne pour les déchets verts** : tonte de pelouse, branches d'arbres...
- **Une benne pour les gravats** : briques, plâtre, pierres...
- **Une benne pour les produits incinérables** : matelas, chaises en bois...

Situation 2 **Des élèves ont balisé un sentier nature. Ils veulent informer les randonneurs en leur distribuant un dépliant. À partir du texte qu'ils ont rédigé et en t'aidant du dessin, reproduis le parcours en indiquant les légendes.**

Pour prendre notre sentier nature, partez du gros chêne au bout du parking puis suivez les balises vertes. Environ 300 m après, vous pourrez d'abord observer sur un talus le terrier si visible et remarquable d'un blaireau... Continuez le parcours le long d'un large chemin bordé d'arbres caractéristiques de notre région : charmes, chênes, hêtres et noisetiers. Les premiers sont indiqués, ensuite c'est à vous de les reconnaître. Au bout de ce chemin, vous rejoindrez le canal à hauteur de l'écluse et prendrez le chemin de halage à droite. Vous longerez alors quelques vergers où les pommiers et pruniers sont nombreux. Vous devriez apercevoir des pies et, avec un peu de chance, des piverts. Enfin, après le gros noyer, tournez à droite et vous rejoindrez le parking.

*** Je crée un document

À partir du compte rendu d'une visite que tu as faite, rédige un document qui comprendra des illustrations et des légendes.

5 Écrire et parler

J'améliore mon texte

Je vérifie mon document

*Je place chaque légende
- La légende correspond au détail de l'illustration.

**J'écris des légendes
- **Situation 1 :** Les légendes indiquent bien les dessins qu'elles précisent.
- J'ai fait une phrase pour chaque légende.
- **Situation 2 :** J'ai placé au bon endroit toutes les légendes utiles au promeneur.
- Textes et illustrations se complètent.

***Je crée un document
- J'ai mis une ou plusieurs illustrations.
- Textes et illustrations se complètent.

Je vérifie comment j'ai écrit

- J'ai vérifié l'orthographe des mots.
- Dans les listes, j'ai séparé chaque déchet par une virgule lorsque c'est nécessaire.
- Les verbes sont au présent de l'indicatif et à la troisième personne.

➡ Conjugaison (pages 181 à 188)

Je prends la parole

Expose à tes camarades une résolution que les élèves de ta classe pourraient prendre pour produire moins de déchets.
Tu peux l'illustrer sur une affiche que tu montreras lors de ta prise de parole.

Pour te préparer

- Choisis une résolution simple à tenir dans ton école.
- Écris suffisamment gros pour que tout le monde puisse lire ton affiche.

Pour bien parler

- Prends un ton convaincant et regarde bien tes camarades quand tu parles.

D'autres livres à découvrir

Protéger la nature,
Catherine Levesque,
Fleurus.

La nature en danger,
S. Callery, M.-C. Vitale,
Nathan.

Planète Terre,
S. Baussier, F. Teyssèdre,
Nathan.

Unité 6

Des contes de toujours

- Connais-tu ces personnages ?
- Où les as-tu rencontrés ?
- Que peux-tu en dire ?

Dans ce chapitre, tu vas :

Lire un conte.

Écrire un conte en respectant les différentes étapes.

Raconter l'histoire que tu auras écrite.

6 Lire...

À partir de ces images,
imagine ce qui va se passer
dans le conte que tu vas lire.

Histoire complète

Dénichet (1)

Il était une fois un garde forestier qui s'en fut à la chasse dans la forêt. En arrivant, il entendit des cris semblables à ceux d'un petit enfant. Il se dirigea vers l'endroit d'où provenaient ces cris et parvint enfin au pied d'un grand arbre où, tout en haut, un petit bébé était perché. En effet, sa mère s'était endormie avec lui sous cet arbre et un oiseau de proie avait aperçu l'enfant sur ses genoux : alors il avait plongé, saisi l'enfant avec son bec et l'avait emporté sur le grand arbre où il l'avait déposé.

Le garde forestier grimpa sur l'arbre, en redescendit l'enfant et l'emporta dans sa maison pour l'élever avec sa petite fille Madelon. Comme il avait été trouvé dans un arbre et enlevé par un oiseau, on l'appela Dénichet. Madelon et Dénichet s'aimaient si fort, tellement fort, que si l'un des deux ne voyait pas l'autre, il devenait tout triste.

Le garde forestier avait une vieille cuisinière qui, un soir, remplit plusieurs seaux d'eau. Madelon vit son manège* et lui dit :

– Dis donc, vieille Suzon, pourquoi portes-tu tant d'eau ?

– Si tu ne le répètes à personne, je veux bien te le dire.

***vit son manège :** vit ce qu'elle faisait.

Je comprends

1. Quels sont les personnages de l'histoire ?
2. Qu'est-ce qu'un garde forestier ?
3. D'où vient le nom Dénichet ?
4. Quel personnage menace Dénichet ?
5. Que veut faire ce personnage ? Pourquoi, à ton avis ?
6. Qui va aider Dénichet ?
7. À quelle condition ?
8. Le conte est-il terminé ? Justifie ta réponse.

Alors Madelon promit de n'en dire mot à personne et la cuisinière lui dit :

– Demain matin, quand le garde forestier sera à la chasse, je mettrai l'eau à chauffer, et lorsqu'elle sera bouillante dans le chaudron, je jetterai dedans Dénichet et je le ferai cuire.

Le lendemain, le garde forestier se leva à l'aube et partit à la chasse, tandis que les enfants étaient encore au lit. Alors Madelon dit à Dénichet :

– Si tu ne me quittes pas, je ne te quitterai pas non plus.

– Au grand jamais, lui répondit Dénichet.

– Je vais donc tout te dire, continua Madelon. Hier, la vieille Suzon m'a confié que, après le départ du père, elle ferait bouillir plein d'eau dans le chaudron et qu'elle t'y jetterait pour te faire cuire… Nous allons vite nous lever et nous habiller, puis nous partirons ensemble.

À suivre.

Je lis à haute voix

Lis le dialogue entre Suzon et Madelon de la ligne 15 à la ligne 21.
Les deux phrases de la cuisinière sont dites avec des intentions différentes : la première nécessite le ton du secret, la seconde présente le projet criminel avec une intensité de plus en plus grande. Aide-toi des virgules pour rythmer la phrase.

Je donne mon avis

D'après toi, les événements racontés dans ce texte sont-ils tous vraisemblables ?

J'ajoute des phrases à l'histoire

Écris en une ou deux phrases où pouvait être la mère du bébé quand le garde forestier est arrivé près de l'arbre. À quel endroit du texte placeras-tu ces phrases ?

6 Lire...

À partir de ces images, imagine la suite du conte.

Dénichet (2)

Dénichet et Madelon se levèrent donc, s'habillèrent rapidement et s'enfuirent. Dès que l'eau se mit à bouillir dans le chaudron, la cuisinière se rendit dans la chambre pour prendre Dénichet et le jeter dedans. Mais quand elle entra et s'approcha des lits, elle constata que les enfants étaient partis tous les deux : une peur affreuse l'envahit alors.

– Que vais-je dire maintenant au garde forestier quand il rentrera et verra que les enfants ne sont pas là ? pensa-t-elle. Qu'on se mette promptement à leurs trousses[1] afin de les rattraper. Elle envoya trois valets à leur poursuite avec l'ordre de courir et de ramener les enfants.

Cependant, les enfants étaient assis à l'orée de la forêt et lorsqu'ils virent de loin les trois valets venir au pas de course, Madelon dit à Dénichet :

– Si tu ne me quittes pas, je ne te quitterai pas non plus.

– Au grand jamais, répondit Dénichet.

– Deviens un petit rosier, lui dit-elle, et moi je serai une petite rose dessus.

Quand les trois valets arrivèrent à l'orée de la forêt, il n'y avait là qu'un rosier portant une petite rose tout en haut, et aucune trace des enfants, nulle part. Alors ils rentrèrent et déclarèrent à la cuisinière qu'ils n'avaient absolument rien vu, si ce n'est un petit rosier avec une petite rose tout en haut.

– Nigauds, les réprimanda la vieille cuisinière, vous auriez dû couper en deux le rosier et cueillir la petite rose pour la rapporter ici. Courez vite le faire.

Pour la seconde fois, il leur fallut donc partir à la recherche des enfants. Mais lorsque ceux-ci les virent venir de loin, Madelon dit :

– Si tu ne me quittes pas, je ne te quitterai pas non plus.

– Au grand jamais, répondit Dénichet.

– Alors deviens une chapelle, dit Madelon, et moi, je serai la couronne à l'intérieur.

Je comprends

1 Pourquoi la cuisinière envoie-t-elle les valets rattraper les enfants ?

2 Quelles différentes apparences Dénichet prend-il dans cette partie du conte ?

3 Quelle sorte de couronne peut-on trouver à l'intérieur d'une chapelle ?

4 Pourquoi les valets n'ont-ils pas attrapé les enfants ?

5 Sur quel ton la cuisinière parle-t-elle aux valets ? Justifie ta réponse.

6 Quand la cuisinière part avec les valets, lignes 33 à 36, est-elle devant ou derrière eux ?

7 Qui est la « sorcière » (ligne 46) ? Qui l'a noyée ?

Quand les trois valets approchèrent, il n'y avait là qu'une chapelle avec une couronne à l'intérieur.

– Que faut-il faire maintenant ? se dirent-ils entre eux. Rentrons à la maison.

Dès qu'ils arrivèrent, la cuisinière leur demanda s'ils n'avaient rien trouvé. Ils répondirent que non, qu'ils n'avaient vu qu'une chapelle qui contenait une couronne.

– Nigauds, gronda la cuisinière, pourquoi n'avez-vous pas démoli la chapelle et rapporté la couronne ici ?

Alors la cuisinière elle-même se mit en route et partit avec les trois valets à la poursuite des enfants. Mais ceux-ci virent de loin les trois valets avec la cuisinière qui clopinait sur leurs talons[2].

– Si tu ne me quittes pas, je ne te quitterai pas non plus.

– Au grand jamais, répondit Dénichet.

– Deviens un étang, dit Madelon, et moi, je serai le canard qui nage dessus.

Or, quand la cuisinière arriva et qu'elle vit l'étang, elle se pencha au-dessus et voulut le boire entièrement. Mais le canard nagea promptement vers elle, la saisit par la tête avec son bec et l'entraîna au fond de l'eau : la vieille sorcière s'y noya forcément.

Alors les enfants rentrèrent ensemble à la maison et ils furent profondément heureux. Et s'ils ne sont pas morts, ils vivent encore.

D'après un conte de Grimm.

1. **promptement à leurs trousses :** rapidement à leur poursuite.
2. **clopiner sur les talons :** boiter en avançant juste derrière quelqu'un.

Je lis à haute voix

Lis le texte de la ligne 24 à la ligne 32.
En lisant, prends un ton différent pour le récit et pour les dialogues.

Je donne mon avis

D'après toi, qu'est-ce qui rend les enfants plus forts que la sorcière ?

Je transforme une phrase de l'histoire

Écris une phrase pour dire la même chose que la phrase suivante, mais avec d'autres mots :
« Qu'on se mette promptement à leurs trousses afin de les rattraper. » (ligne 6)

6 Pour mieux lire

Repérer l'idée principale d'un paragraphe

Je réfléchis

1 Lis ces phrases. Laquelle reprend l'information la plus importante du deuxième paragraphe du texte page 66 ?

a. Le garde forestier grimpe à l'arbre.
b. Le garde recueille le bébé et l'élève avec sa fille.
c. Les enfants sont tristes quand ils sont séparés.

2 Lis le dernier paragraphe de la page 67. Relève la phrase qui donne l'information la plus importante pour la suite.

3 Indique à quelle partie du conte correspond chaque phrase. Donne le numéro des lignes.

1. La cuisinière veut se débarrasser de Dénichet.
2. Les deux enfants se sauvent.
3. Les enfants échappent aux valets en se transformant en étang et en canard.
4. Les enfants vivent à nouveau en paix.

Conseil **Quand je lis,** je repère **les informations importantes** de l'histoire. Je garde en mémoire l'ordre de ces informations.

Je m'entraîne

1 * **Quelle est l'information la plus importante dans cet extrait de conte ?**

[…] Abandonnée par son père, la pauvre fille s'assit sous un pin à la lisière de la forêt et se mit à pleurer. Soudain, elle entendit un léger bruit. C'était le roi Gel qui sautait d'un arbre à l'autre en faisant craquer ses doigts. Il atteignit enfin le pin, vint se poser à côté d'elle avec un crépitement sec et contempla son ravissant visage.

L'histoire du roi Gel, d'après un conte russe.

2 ** **Lis ce texte.**

Jeannot courut vers la chambre d'où les appels s'échappaient. La porte résistait. Il se souvint alors des paroles de la femme du géant : « L'objet dont tu auras besoin sera recouvert d'eau. » Apercevant une cruche, il y plongea la main et ses doigts sentirent un objet métallique. C'était une clé… et elle s'adapta parfaitement à la serrure, libérant enfin le prisonnier. Il était temps ! Le sol commençait à trembler sous les pas du géant. Jeannot et son frère prirent leurs jambes à leur cou.

Quel titre lui choisirais-tu ?

Jeannot et son frère • Le retour du géant • La délivrance • La clé perdue

Mots en fête

Les mots cachés

Une princesse prisonnière d'un ogre envoie un message à son prince.
Mais ses larmes ont effacé des lettres. Sauras-tu aider le prince à lire le message ?

Vie -vite mon prince, m sois pru ent. Au pied d'une h ute mont gne, il y a un pa age gardé par qua dr g s. Tu eux les dormir en jouant du vio . La de ma p ison est accr chée au ou du plus gros.

Les étapes du conte

Je me souviens

- **Dans le conte *Dénichet* :**
  - Où se passe l'histoire ?
  - Quels sont les personnages au début du conte ?
  - Qui veut du mal à Dénichet ? Que veut faire ce personnage ?
  - Qui va aider Dénichet ?
  - Qui aide la méchante cuisinière ?
  - Comment les enfants réussissent-ils à déjouer le mauvais sort que leur réserve la sorcière ?
  - Qu'arrive-t-il finalement à la sorcière ?
  - Quelle est la fin du conte ?

Je retiens

1 **La situation de départ :** elle présente les personnages et leur environnement.

2 **L'événement qui change la situation :** il s'agit généralement d'un malheur, d'un danger.

3 **La recherche d'une solution :** c'est l'étape la plus longue du conte. Elle raconte ce que font les personnages pour retrouver le bonheur, la paix...

4 **Le dénouement :** tout se termine pour le mieux.

Je m'entraîne

*
1 Remets dans l'ordre les étapes de ce conte résumé.

a. Le loup, ami du chien, a l'idée d'une ruse pour sauver le chien de la mort. Il fait semblant d'attaquer le fils du paysan et le chien, complice, fait fuir le loup.

b. Un paysan possède un chien si vieux qu'il ne peut plus défendre la ferme.

c. Le paysan, reconnaissant, promet à son chien de le garder toujours.

d. Le paysan décide qu'il tuera bientôt son chien.

D'après *Le vieux sultan*, Grimm.

**
2 À quelles étapes d'un conte correspondent ces passages ?

a. Un jour qu'il était assis, selon son habitude sur le ponton de la rivière, l'eau se mit à bouillonner. Dans la profondeur des bulles, un corps blanc semblait monter vers la surface. Un visage sortit de l'eau et s'adressa au pêcheur éberlué en chantant : « Tu as pris les poissons de mon étang, tu dois à présent me donner tes enfants… »

b. Enfin, Ivan allait pouvoir rentrer chez lui. Il était épuisé mais heureux : maintenant que tout était fini, il pourrait vivre en paix avec toute sa famille jusqu'à la fin de ses jours.

***
3 Quelles étapes du conte *Dénichet* ont été oubliées ?

- Le garde forestier recueille un bébé et l'élève avec sa fille.
- Les deux enfants se sauvent.
- La cuisinière envoie trois valets à la poursuite des enfants.
- Les enfants échappent aux valets en se transformant en chapelle et en couronne.
- Les enfants vivent à nouveau en paix.

6 Vocabulaire

Des mots pour dire quand se passent les actions

Je réfléchis

1 Dans ce passage du conte *Dénichet*, relève les mots et les expressions qui indiquent quand se passent les actions.

Le garde forestier avait une vieille cuisinière qui, un soir, remplit plusieurs seaux d'eau. Madelon vit son manège et lui dit :

– Dis donc, vieille Suzon, pourquoi portes-tu tant d'eau ?

– Si tu ne le répètes à personne, je veux bien te le dire.

Alors Madelon promit de n'en dire mot à personne et la cuisinière lui dit :

– Demain matin, quand le garde forestier sera à la chasse, je mettrai l'eau à chauffer, et lorsqu'elle sera bouillante dans le chaudron, je jetterai dedans Dénichet et je le ferai cuire.

Le lendemain, le garde forestier se leva à l'aube et partit à la chasse, tandis que les enfants étaient encore au lit.

2 À quelles étapes d'un conte correspond chacune de ces phrases ? Aide-toi des mots ou des expressions des débuts de phrase.

a. À la fin, le tailleur est mort de vieillesse.

b. Un jour que le mari de la princesse était allé à la chasse, son vilain frère se présenta au château.

c. Alors, la grenouille redevint le beau prince qu'elle avait été.

d. Dès le lendemain, ils allèrent tous trois la demander en mariage.

e. Il y a longtemps, vivait un seigneur puissant et riche.

f. Plus jamais ils ne reçurent de menaces.

3 Lis cette liste de mots et d'expressions puis réponds aux questions.

il y a longtemps, très longtemps • en ce temps-là • à la nuit tombée • par une sombre nuit d'hiver • aussitôt • le lendemain • un jour • autrefois • depuis ce jour • c'est ainsi que • enfin • alors • bientôt • jadis • désormais

a. Quels mots ou expressions de la liste pourrais-tu utiliser au début d'une histoire ?

b. Quels mots ou expressions conviennent pour la dernière étape d'un conte ?

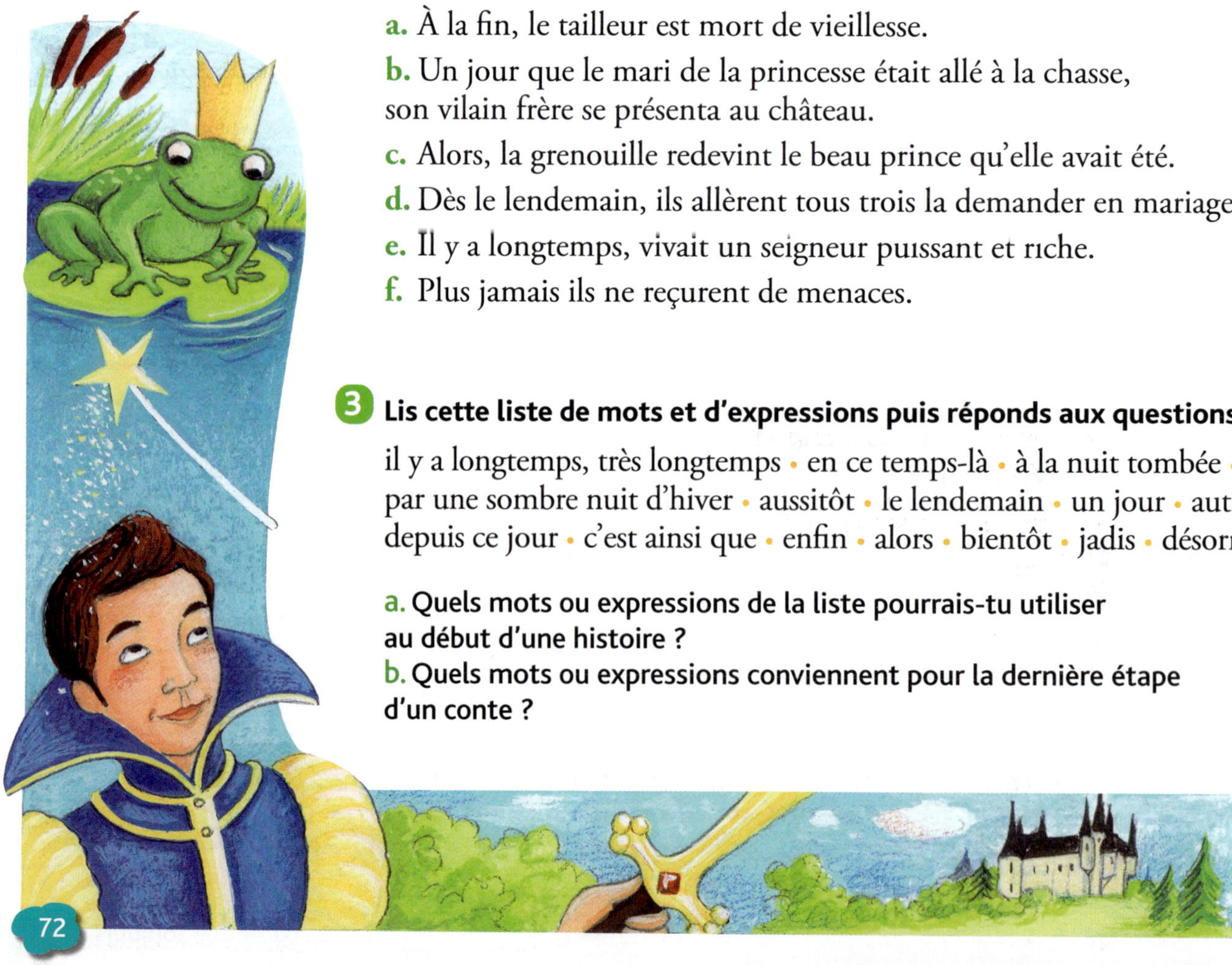

Je retiens

Des mots pour dire...

Quand se passe l'action

- il y a longtemps, très longtemps • jadis • en ce temps-là • autrefois • par une sombre nuit d'hiver • ce matin-là • tard dans la nuit • un jour • le lendemain

Que quelque chose va changer

- tout à coup • soudain • c'est alors que • mais voilà que • bientôt • et alors • brusquement

Que le conte se termine

- depuis ce jour • à partir de ce jour • depuis • et depuis • maintenant • c'est ainsi que • dorénavant • plus jamais • à la fin

Je m'entraîne

*

1 Dans quelle rubrique du « Je retiens » rangerais-tu les mots suivants ?

à la nuit tombée • or • à ce moment-là • aussitôt • à l'aube • finalement • enfin

**

2 Lis ce conte en remplaçant les numéros par des mots du « Je retiens ».

1 quatre brigands habitaient une caverne dans la forêt. Ils avaient de l'or, de l'argent, mais ils ne savaient pas faire le ménage. La cuisinière était éteinte, la marmite était vide, et leurs vestes avaient tant de trous que le vent soufflait à travers. 2 ils décidèrent de chercher une belle fille qui s'occuperait d'eux.

3, donc, ils se cachent derrière un buisson et ils attendent. 4 arrive une fille qui va faire ses courses dans le village voisin. Ils la saisissent et ils la traînent dans leur caverne en braillant : « Qui ose et entreprend, attrape la belle à brigands. »

5 la pauvre fille est obligée de travailler.

Margret et Rolf Rettich, *La belle à brigands*, 40 petits contes © Bayard éditions.

***

3 Améliore ce texte en utilisant tous les mots de cette liste. Souvent ces mots commencent une phrase.

désormais • chaque matin • un jour • alors • jadis • les jours suivants • enfin • à partir de ce jour

Une très vieille femme vivait seule loin du village. Elle préparait son repas avant d'aller aux champs. En rentrant des champs, elle ne trouva que la moitié de son souper. La part de nourriture continuait à diminuer.

Elle décida de se cacher pour observer ce qui se passait. Elle attendit longtemps.

La porte s'ouvrit et de minuscules personnages s'installèrent autour de l'assiette. Elle prépara deux plats, un pour elle, l'autre pour les lutins.

Ils n'eurent plus jamais faim et remercièrent la vieille en lui rendant de nombreux services.

6 Écrire…

Pour écrire un conte, je dois :
1. dire quand et où se passe l'histoire ;
2. présenter les personnages ;
3. introduire un problème, un malheur ou un danger ;
4. indiquer les actions des personnages ;
5. imaginer une solution au problème ;
6. préciser comment se termine l'histoire.

* J'écris la fin d'un conte

Étape 1 **Mets les paragraphes dans l'ordre de l'histoire.**

Le château du diable

a Un jour qu'il se lamentait sur sa pauvre demeure, le diable apparut et lui proposa un marché :
– Je te construirai un château cette nuit mais, en échange, tu me donneras la première personne qui franchira le pont-levis !
Le roi accepta.

b Il y avait, jadis, un pays fait de sable et de terre où on ne trouvait ni cailloux, ni pierres. Le roi, comme ses sujets, vivait dans des maisons faites de boue séchée.
Le roi rêvait, nuit et jour, de pouvoir bâtir un château comme ceux des livres, avec d'épaisses murailles et des tours crénelées !

c Le lendemain, au lever du jour, le château était construit. Un château magnifique ! Tout le monde se précipitait et voulait être le premier à entrer dans ce palais !

d La nuit venue, le roi, très inquiet, ne put dormir. Il regrettait son marché avec le diable. Qui allait franchir le premier le pont-levis ? Un homme ? Une femme ? Un enfant peut-être ?

Étape 2 **Relève les mots qui t'ont aidé(e) à retrouver l'ordre de l'histoire.**

Étape 3 **Voici le début du dernier paragraphe. Écris une fin à ce conte.**

Mais le roi s'avance, repousse les curieux, ouvre une toute petite cage…

** J'écris une partie d'un conte

Étape 1 **Lis ce texte puis réponds aux questions.**

La petite armoire en verre

Il était une fois une armoirette qui était faite entièrement en verre, de sorte que l'on voyait à travers par tous les côtés, y compris par-dessus. Et même si cette armoirette semblait vide, on pouvait toujours y trouver tout ce que l'on voulait. Si l'on désirait, par exemple, un sac d'or, il fallait juste ouvrir l'armoire et tendre la main. La seule chose dont il importait de se souvenir, c'est que, à chaque fois que l'on sortait un objet de l'armoire, il devait être remplacé par un autre.

Naturellement, une merveille comme l'armoirette en verre ne pouvait appartenir qu'à un roi riche et puissant.

Un jour, le roi dut partir pour un long voyage, et, pendant son absence, des voleurs s'introduisirent dans son palais.

Terry Jones, Michael Foreman, « *La petite armoire en verre, Contes de fées et histoires fantastiques* »
© Jeunesse éditions du Rocher, 2008.

a. **Quel est l'objet important présenté au début du conte ?**

b. **Des voleurs interviennent. Décris-les en quelques lignes et dis ce qu'ils font.**

Étape 2 **Termine le conte. Fais intervenir un héros et raconte ce qui va se passer.**

*** J'écris un conte

Voici les images d'un conte connu.
Écris ta version du conte en t'aidant de celles-ci.

6 Écrire et parler

J'améliore mon texte

Je vérifie mon histoire

*J'écris la fin d'un conte
- J'ai indiqué qui a traversé le pont-levis.
- J'ai trouvé une solution au problème.

**J'écris une partie d'un conte
- J'ai décrit les voleurs et dit ce qu'ils font.
- J'ai introduit un héros qui a rétabli la situation.

***J'écris un conte
- J'ai raconté ce qui se passe sur chaque image.
- J'ai présenté les personnages principaux.
- J'ai respecté l'ordre des étapes du conte.
- J'ai utilisé des mots pour dire quand se passe chaque action.

Je vérifie comment j'ai écrit

- J'ai écrit des compléments pour dire où et quand se passe l'histoire.
➡ Grammaire (page 169)
- J'ai utilisé des adverbes de temps et de lieu.
➡ Grammaire (page 161)
- J'ai choisi mes mots pour décrire les personnages.

Je prends la parole

Raconte à tes camarades l'histoire que tu as écrite, sans la lire, à la manière d'un conteur.

Pour te préparer

- Lis et relis le conte.
- Apprends bien l'enchaînement des actions.
- N'apprends pas ton texte par cœur.
- Essaie de retenir quelques formules importantes.

Pour bien raconter

Tu dois repérer les moments qui te semblent importants pour chercher comment les dire :
- en prenant une intonation particulière qui attire l'attention de l'auditeur ;
- en variant les intonations pour exprimer les émotions des personnages.

D'autres contes à découvrir

Contes de Grimm, Auzou.

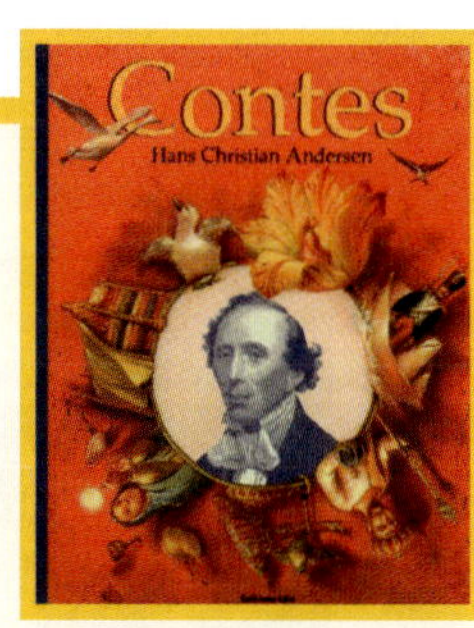

Contes d'Andersen, Éditions Lito.

Contes de Perrault, Éditions Lito.

Unité 7

Des contes d'ailleurs

- Reconnais-tu les personnages de ces contes ?
- Où se passent leurs aventures ?
- Connais-tu d'autres contes de différents pays?

Dans ce chapitre, tu vas :

Lire des contes et en découvrir les différents personnages.

Écrire un conte ou une partie de conte.

Parler d'un conte.

7 Lire…

À partir de ces images, imagine ce qui va se passer dans le conte que tu vas lire.

Histoire complète

Les trois cognées

Il était une fois un pauvre bûcheron qui, avec sa vieille cognée en fer, coupait du bois, du matin au soir. Un jour qu'il s'était enfoncé loin, loin dans la forêt, il arriva à une rivière bordée de chênes magnifiques. Aussitôt, il donna des coups de cognée contre un des arbres. Des coups si forts que sa cognée se détacha du manche… Et plouf, elle tomba au fond de la rivière.

Le bûcheron se prit la tête entre les mains et il gémit : « Ah ! Cognée, ma vieille cognée ! Que vais-je devenir sans toi ? »

Soudain surgit de l'eau un très vieil homme à la longue barbe grise. Il lui dit doucement : « Qu'as-tu donc à gémir, bûcheron ? »
« J'ai perdu ma cognée et je suis trop pauvre pour en acheter une autre. Comment vais-je nourrir ma famille ? »

Le très vieux lui dit : « Reste là. Je vais t'aider ! »
Il plongea au fond de l'eau, et il réapparut en brandissant une cognée en or étincelant :
« Voilà ta cognée, bûcheron ! »
« Hélas non, répondit le bûcheron. Ma cognée est en fer… »

Je comprends

1. Quels sont les personnages de l'histoire ?
2. Pourquoi le bûcheron est-il tellement désolé au début du conte ?
3. Relève les différents mots qui désignent celui qui ramène la cognée.
4. En quelle matière est la cognée du bûcheron ?
5. Pourquoi le bûcheron refuse-t-il de prendre les cognées d'or et d'argent ?
6. Comment expliques-tu que le vieillard trouve trois cognées au fond de la rivière ?
7. Pourquoi le vieil homme donne-t-il la cognée d'or et celle d'argent au bûcheron ?

Alors le vieux replongea et il réapparut avec une superbe cognée d'argent. « Est-ce là ta cognée ? »

« Hélas non, ma cognée est en fer ! »

Une troisième fois, le vieux plongea. Il remonta à la surface avec la cognée en fer rouillée du bûcheron. Celui-ci s'écria : « Ah, comme je suis heureux, tu as retrouvé ma cognée ! Merci ! » Et il prit sa cognée.

Le bûcheron s'éloignait, quand le vieillard le rappela : « Bûcheron, tu es honnête. Pour te récompenser, prends donc la cognée d'or et celle d'argent. Vends-les ! Ta famille ne manquera plus jamais de rien ! »

D'après un conte de Lituanie,
dans *Histoires à raconter*, Nata Caputo © Nathan.

Je lis à haute voix

Lis le texte de la ligne 7 à la ligne 17.
Quels tons choisiras-tu pour dire les paroles du bûcheron ? Et pour celles du vieil homme ?
Pour t'aider, repère les mots du texte qui indiquent comment parlent les personnages.

Je donne mon avis

D'après toi, que se serait-il passé si le bûcheron avait accepté de prendre la cognée d'or ?

J'ajoute une phrase à l'histoire

Écris ce que pourrait penser le bûcheron à la fin du conte.

7 Lire…

À partir de ces images, imagine ce qui va se passer dans le conte que tu vas lire.

Histoire complète

La lune et les étoiles

Jadis, un monstre hideux, à la peau couverte de grosses écailles grises, avala la lune et les étoiles. Les nuits devinrent noires, très noires, encore plus noires que ces nuits sans lune qu'on connaissait parfois avant l'arrivée du monstre. Privé du scintillement des étoiles, le ciel semblait inexistant.

Tous les animaux étaient très contrariés par cette situation inhabituelle. Ils tinrent conciliabule[1] et décidèrent d'attaquer le monstre pour récupérer les joyaux de la nuit et les replacer sur le velours noir de leur écrin. Il fallut trouver quelqu'un d'assez courageux pour assurer cette dangereuse mission. […]

L'oryx se présenta.

– Je vais m'occuper de ce monstre et lui reprendre ce dont il nous a privés, dit-il avec fermeté.

Tous les animaux applaudirent à ses paroles et l'encouragèrent à partir sans attendre. L'oryx parcourut rapidement le chemin menant à la forêt, un long couteau entre les dents. Il y pénétra et entendit le monstre pousser d'horribles grognements et proférer des menaces. Glacé de peur, il eut un malaise et il tomba raide mort.

Quelque temps après, le chat sauvage voulut prendre le relais.

– Pour réussir […], expliqua-t-il avec beaucoup de conviction, je profiterai de la nuit et de ma vue perçante. Mais j'ai besoin au préalable

Je comprends

1 Quel problème se pose au début du texte ?

2 Que décident les animaux ?

3 Que sont « les joyaux de la nuit » ?

4 Qu'est-ce que « le velours noir de leur écrin » ?

5 Qu'est-ce qu'un oryx ?

6 Quel animal réussit à résoudre le problème ?

7 Comment s'y prend-il ?

8 Qu'est-ce qui a été le plus difficile pour le chat sauvage : aller chercher les étoiles ou aller chercher la lune ? Pourquoi ?

de reprendre des forces. Offrez-moi donc un grand plat de riz à la sauce d'arachide, et je vous rapporterai la lune et les étoiles.

Les paroles du félin firent sourire tout le monde et personne ne le prit au sérieux. Il se trouva pourtant un animal qui, après avoir réfléchi, voulut le satisfaire et lui servit une grande calebasse de riz. À peine restauré, le chat sauvage courut vers la forêt. Il était si pressé qu'il partit sans couteau. Le monstre grogna et menaça en l'entendant approcher. Le félin imita sa voix et lui renvoya les mêmes paroles, ce qui rendit l'autre fou de colère. Quand ils furent face à face, le chat sauvage prit conscience du danger qu'il courait et fut saisi de tremblements convulsifs. Il tenta un saut pour prendre la fuite. Mais il se montra si maladroit qu'il retomba dans l'immense gueule du monstre. Il pénétra dans son ventre, s'empara des étoiles et ressortit par son derrière. Dans sa précipitation, il oublia la lune. Une fois à l'air libre, il jeta les étoiles en l'air. Elles reprirent leur place dans la voûte céleste et étincelèrent à nouveau dans la nuit.

Le monstre, qui s'était retourné, ouvrit son immense gueule pour happer le félin. Mais ce dernier avait retrouvé son courage.

Il sauta dans le gouffre lui faisant face et ressortit par le derrière du monstre avec cette fois la lune sous le bras. Il la jeta vers le ciel, où elle reprit sa place parmi les étoiles.

Les animaux réservèrent au chat sauvage un accueil triomphal et le proclamèrent prince de la savane. Quant au monstre, il devint la risée de tous. Il en éprouva une telle honte qu'il finit par émigrer[2] vers d'autres contrées[3].

D'après un conte du Sénégal, « La lune et les étoiles »
dans *15 contes du Sénégal*, Jean Muzi © Castor poche Flammarion.

1. tenir conciliabule : mener une conversation secrète, à voix basse.
2. émigrer : quitter son pays pour aller vivre dans un autre pays.
3. une contrée : une région.

Je lis à haute voix

Lis le premier paragraphe.
Repère les mots et les phrases que tu mettras en valeur pour que tes camarades ressentent la peur.

Je donne mon avis

Où se passe ce conte ? Quelles informations permettent de le savoir ? Aurait-il pu se passer dans ta région ? Pourquoi ?

J'ajoute une phrase à l'histoire

Écris comment étaient les nuits avant l'arrivée du monstre. Commence par :
« En ces temps-là, les nuits... ».

7 Pour mieux lire

Repérer les mots qui désignent des personnages

Je réfléchis

1 Lis les phrases et indique quels mots désignent le bûcheron.

Un bûcheron coupait du bois. Un jour qu'il s'était enfoncé dans la forêt, il arriva près d'une rivière.

2 Lis les phrases. Quels sont les deux personnages ? Par quels mots sont-ils désignés ?

Le vieux plongea. Il remonta à la surface avec la cognée du bûcheron. Celui-ci le remercia.

3 Lis le texte et repère les différents personnages. Par quels mots sont-ils désignés ?

Le chat sauvage courut vers la forêt.
Il était si pressé qu'il partit sans couteau.
Le monstre grogna en l'entendant approcher.
Le félin imita sa voix et lui renvoya
les mêmes paroles, ce qui rendit l'autre fou
de colère.

Conseil

Pour bien comprendre une histoire, je dois savoir de **qui** on parle.
Quand je rencontre un **pronom**, je dois chercher à **quel personnage il correspond** : *il* désigne *le chat sauvage*. Parfois un personnage est désigné par des **noms différents** : *le félin* désigne *le chat sauvage*.
Je dois toujours savoir de qui on parle.

Je m'entraîne

1 * **Lis le début de ce conte et réponds aux questions.**

Il y a bien longtemps [...] vivait un pauvre cordonnier nommé Mustapha. Cet homme travaillait sans relâche du matin jusqu'au soir [...] mais jamais il n'était parvenu à sortir de la misère dans laquelle il était né. Alors que ses cheveux avaient blanchi, son épouse lui donna un fils qu'ils prénommèrent Aladin.

D'après *Aladin et la lampe merveilleuse*, adaptation d'Anne Jonas, © Éditions Milan Jeunesse.

a. De qui parle ce paragraphe ?

b. Combien de fois est écrit le mot « cordonnier » ? Par quels autres mots est-il remplacé ?

2 ** **Lis la suite du conte et réponds aux questions.**

Hélas, tous les espoirs que ses parents avaient fondés sur **lui** furent déçus. **L'enfant** poussa comme une herbe folle et rien ne put **le** contraindre à l'obéissance. Lorsqu'**il** atteignit l'âge d'apprendre un métier, **son père** voulut **lui** enseigner le sien, mais jamais **il** ne parvint à **le** faire rester devant l'établi. À peine **Mustapha** avait-il le dos tourné que **le garçon** s'échappait dans la rue.

Classe les mots en gras en deux colonnes : ceux qui désignent le cordonnier, ceux qui désignent le fils.

Mots en fête

Le personnage mystère

Matamo est partie dans la jungle, décidée à retrouver la sagaie magique.

À quelle image correspond la phrase ?

Le rôle des personnages dans un conte

Je me souviens

- **Dans le conte *Les trois cognées* :**
  - Qui est le personnage principal ?
  - Quel problème rencontre-t-il ?
  - Y a-t-il un personnage qui l'aide ?
- **Dans le conte *La lune et les étoiles* :**
  - Quel personnage rétablit la situation ?
  - Quelles difficultés rencontre-t-il ?
  - Qui veut l'empêcher de réussir ?
  - Y a-t-il un personnage qui l'aide ?

Je retiens

- **Dans un conte, de nombreux personnages agissent :**

1 le personnage principal, appelé le **héros**, rencontre un problème et cherche à le résoudre ;

2 des personnages peuvent l'aider ou au contraire l'empêcher de réussir.

Je m'entraîne

1 * **Lis le texte et repère les différents personnages. Trouve le héros, les personnages qui l'aident et les personnages qui veulent l'empêcher de réussir.**

Aujourd'hui, c'est jour de fête. Le petit village de Bandasa accueille les habitants de Kapur. Les hommes, les femmes, les enfants et les vieillards vont s'enivrer de joie. Ce soir, Balaku, le plus vaillant des jeunes guerriers de Bandasa, demandera en mariage Karumbu, la plus jolie fille du village de Kapur.

Mais le terrible génie du fleuve a décidé qu'il n'en sera pas ainsi. Il lui faut en effet s'emparer de Karumbu pour recouvrer sa liberté. Il oblige Balaku à se battre contre lui, sûr de remporter le combat. Mais c'est sans compter avec le courage de Balaku et la ruse de Karumbu et de sa grand-mère. À eux trois, ils parviennent à déjouer les projets diaboliques de l'affreux génie.

2 ** **Lis le texte suivant. Repère les personnages et indique leur rôle. D'après tes réponses, trouve la phrase avec des personnages qui viennent d'une autre histoire.**

Le prince Ivan avait perdu son épouse et s'était remarié. Sa nouvelle femme n'était pas une bonne mère, c'était une marâtre. Elle détestait la fille de son mari. Un jour elle lui dit :

– Irina, va compter les pommes d'or de ton père. Tant que tu n'auras pas terminé, tu dormiras dans l'isba qui se trouve au fond du verger.

Le loup affamé se jeta alors sur la pauvre chevrette.

Des mots pour exprimer les actions des personnages

Je réfléchis

1 Dans le texte *Les trois cognées*, pages 78-79 :

a. relève les verbes qui indiquent que le bûcheron se déplace ;
b. relève les verbes qui introduisent les paroles des personnages.

2 Parmi les verbes surlignés, qui indiquent les actions des personnages, trouve deux verbes qui montrent que les personnages se déplacent et deux verbes qui montrent qu'ils parlent.

[…] La vieille femme alla à son coffre, y prit une natte en paille de riz, la présenta à Yu Li et lui dit :
– Quand tu auras faim ou que tu voudras boire, tu n'auras qu'à étendre cette natte devant toi et prononcer ces mots : « Par le pouvoir de ce tapis de riz que vienne ici de quoi manger » et tu seras servie aussitôt.
Yu Li prit la natte, remercia fort la Veuve de la Montagne et partit rassurée. […]

3 Lis ces phrases. Imagine que tu joues cette scène. Fais-tu la même action ? Joues-tu de la même façon ? Explique ce qui change.

Yu Li prit la natte.
Yu Li arracha la natte.
Yu Li attrapa la natte.

Je retiens

Des verbes pour exprimer des actions :

- **Pour décrire les actions d'un personnage, on utilise des verbes. Certains verbes très courants, comme *prendre*, *partir* ou *dire*, peuvent être remplacés par d'autres verbes qui ont un sens plus précis.**

Prendre

- saisir • empoigner • agripper • tirer • arracher • capturer • voler • s'emparer de • intercepter • ramasser • recueillir • puiser • enlever • emmener • emporter

Partir

- s'en aller • s'éloigner • s'éclipser • fuir • s'enfuir • filer • battre en retraite • déguerpir • se retirer • disparaître • déménager • quitter • émigrer

Dire

- parler • déclarer • clamer • chuchoter • hurler • expliquer • raconter • annoncer • exprimer • répliquer • demander • insinuer • prononcer • murmurer • articuler • répéter • souffler

Je m'entraîne

*

1 Ces trois verbes indiquent l'idée de *prendre*. Associe chacun à sa définition précise. Puis écris une phrase avec chaque verbe.

emmener • emporter • enlever

a. Prendre quelque chose avec soi quand on s'en va.

b. Prendre quelqu'un par la main pour aller d'un lieu à un autre.

c. Prendre une chose pour la changer de place, la retirer d'un endroit.

*

2 Indique dans quelle liste du « Je retiens » tu peux ranger ces expressions ou ces verbes.

prendre ses jambes à son cou • décamper • avouer • mettre la main sur • répéter • affirmer

**

3 Une action peut se réaliser de manière plus ou moins intense. Choisis les verbes du « Je retiens » qui correspondent aux définitions suivantes :

dire très fort • dire très doucement • partir doucement • partir en vitesse • prendre délicatement • prendre violemment

**

4 Remplace le verbe surligné par un autre verbe de sens voisin qui donne plus de précisions. Aide-toi des mots du « Je retiens ».

a. Très en colère, l'empereur prit le parchemin et le piétina.

b. L'incendie gagnait la savane. Il fallait partir.

c. Avec délicatesse, il prit l'antilope blessée.

d. « J'ai une bonne nouvelle », dit Mustapha à son épouse.

***

5 Dans cette liste, choisis un verbe qui convient pour chaque phrase.

poser • glisser • encastrer • accrocher • ranger • suspendre • loger • introduire

a. Fleur de Cendre ...1... délicatement le kimono sur le lit.

b. Le sultan ...2... la Pierre bleue dans son coffre.

c. Kahalim ...3... la clé dans la serrure.

d. Elle ...4... son écharpe d'azur aux branches du manguier.

e. Amesmar ...5... la dernière pièce du puzzle, il avait gagné l'épreuve.

Pour écrire un conte, je dois :

1. présenter le héros et ses actions ;
2. introduire un ou plusieurs personnages qui s'opposent au héros ;
3. introduire un ou plusieurs personnages qui aident le héros ;
4. respecter les étapes d'un conte (voir unité 6).

* Je prolonge un conte

Lis ce texte.

Moitié de Poulet

Un petit coq, appelé Moitié de Poulet, se rend chez le roi pour lui réclamer les cent écus qu'il lui doit. En chemin, il rend service au renard, au loup et à la rivière en les transportant dans son cou. Il arrive chez le roi. Celui-ci refuse de le recevoir et le fait jeter dans le poulailler. Mais les poules commencent à le poursuivre et à lui donner des coups de bec…

Moitié de Poulet se trouva bien effrayé au milieu de tant d'ennemis. Il courut se blottir dans un coin et cria de toutes ses forces :
– Renard ! renard ! sors de mon cou, ou je suis un petit poulet perdu.
Le renard sortit de son cou et croqua toutes les poules.

Jean Macé, *La Moitié de Poulet*,
in *On raconte* © Éditions Bourrelier.

Le roi, en colère, le fait alors enfermer dans la bergerie.

Qui Moitié de Poulet va-t-il appeler maintenant ?
Écris cette partie du conte.

* * J'écris une partie de conte

Étape 1 **Lis ce texte.**

Le serpent et le hérisson

Par un jour de malédiction, un affreux serpent s'installa à l'entrée d'une vallée où vivait paisiblement une tribu de hérissons.
Or ce serpent ne se contentait pas de barrer le chemin, mais il poussait la cruauté jusqu'à dévorer ceux qui voulaient entrer dans la vallée ou en sortir.

Un étranger arrive et propose une solution pour se débarrasser du serpent. Écris ce passage du conte qui présente le héros.

Étape 2 **Lis ce texte.**

Le fils du chef de la tribu des hérissons, jaloux, va tout essayer pour empêcher l'étranger de réussir.

Écris un passage du conte qui explique pourquoi le fils du chef est jaloux et comment il va s'opposer au héros.

* * * J'écris un conte

Écris un conte à partir des éléments suivants :

- **Le héros** : un enfant (une fille ou un garçon).
- **Le lieu** : la forêt.
- **Le problème** : en jouant, l'enfant s'est perdu.
- **Le but** : l'enfant veut retrouver ses parents.
- **Une aide** : un animal qui peut parler.
- **Un obstacle** : un être malfaisant de la forêt.

7 Écrire et parler

J'améliore mon texte

Je vérifie mon histoire

*Je prolonge un conte
- J'ai fait intervenir le loup.
- L'action de ce personnage a aidé Moitié de Poulet.

**J'écris une partie de conte
- J'ai décrit chaque personnage qui intervient.
- J'ai expliqué ce que chacun allait faire.

***J'écris un conte
- J'ai utilisé tous les éléments donnés.
- J'ai présenté les différents personnages.
- J'ai décrit les actions des personnages principaux.
- J'ai respecté les étapes d'un conte.

Je vérifie comment j'ai écrit

- J'ai utilisé des pronoms ou d'autres noms pour désigner les personnages et éviter les répétitions.
- J'ai utilisé des verbes d'action précis et variés.
  ➡ Grammaire (page 155)
- J'ai accordé les verbes avec leur sujet.
  ➡ Orthographe (page 225)
- J'ai bien présenté les dialogues en utilisant des tirets.

Je prends la parole

Pense à un conte connu.
Fais trouver le titre de ce conte à tes camarades en leur donnant des informations sur les différents personnages, sans les nommer. Explique bien ce qu'ils font.

Pour te préparer

- Fais la liste des personnages du conte que tu as choisis.
- Cherche ce qui permet de les reconnaître : aspect physique, caractère, actions, etc.

Pour guider tes camarades

- Commence par les personnages principaux.
- Utilise des phrases courtes pour les décrire.
- Donne une ou deux informations par phrase.

D'autres contes à découvrir

Le poil de la moustache du tigre, Muriel Bloch, Aurélia Grandin, Albin Michel Jeunesse.

30 contes du Maghreb, Jean Muzi, Castor Poche, Flammarion.

Contes de la forêt vierge, Horatio Quiroga, Loustal, Seuil Jeunesse.

Des journaux pour les enfants

le Petit Quotidien
Numéro photos du lundi
Lire chaque jour un vrai journal dès 6 ans
Lundi 29 novembre 2010
n° 3 317 - 0,44 €
Lauréat du Grand Prix des médias
Tous les jours sauf le dimanche
Des Français ont plongé sous la glace du pôle Nord !
8 Français sont partis explorer l'océan Arctique... sous la banquise. Ghislain, leur chef d'expédition, nous raconte cette aventure.
Sur et sous la banquise pp. 2-3
Ce journal est imprimé sur du papier respectant la forêt.

le Petit Quotidien
Jeudi 11 mai 2006
La météo de demain
Lire chaque jour un vrai journal, dès 7 ans
Tous les jours sauf dimanche et lundi
n° 2022
www.playbacpresse.fr
Il y a 25 ans mourait la star de la musique reggae
Le 11 mai 1981, Bob Marley mourait d'une grave
connaître le reggae dans le monde entier. Il est
Un dauphin s'est échou

JdE le Journal des Enfants
www.jde.fr
Monde 4 Vers un monde sans arme nucléaire ?
Sport 6 Badminton : les as du volant à Paris
Dossier 10-11 Motordu fait valser la langue française
Des merveilles sous les mers
Alors que le film « Océans » triomphe dans le monde entier, les chercheurs estiment qu'il y a un million d'espèces à découvrir sous les mers. 12

- Que peut-on lire tous les jours pour être informé des dernières nouvelles du monde ?
- À qui ces journaux s'adressent-ils ?
- Quels sont les autres moyens de connaître les nouvelles ?

Dans ce chapitre, tu vas :

Lire des journaux.

Écrire un fait divers.

Parler pour donner des nouvelles comme à la radio ou au journal télévisé.

Où peux-tu trouver ce document ? À quoi sert-il ?
Comment appelle-t-on ce type de document ?

le Petit Quotidien

ISSN 1288-6947

Mardi
10 avril 2007

La météo de demain

Grand prix des médias 1999 | Lire chaque jour un vrai journal, dès 7 ans | Tous les jours sauf dimanche et lundi | n° 2 272 - 0,40 €

www.playbacpresse.fr
Blog du rédacteur en chef : www.playbacpresse.fr/blogdurec

Un volcan de l'île de La Réunion en éruption

La semaine dernière, le piton de la Fournaise, à La Réunion (île française dans l'océan Indien), a craché de la lave. Une éruption très spectaculaire.

AFP

Ce journal est imprimé sur du papier respectant la forêt.

L'éruption en photos page 2

Des sextuplés fêtent leurs 10 ans page 3

Le Petit Quotidien, le quotidien d'actualité dès 7 ans, www.playbac.fr

Je comprends

1 De quand date ce journal ?
2 Combien coûte-t-il ?
3 Quels jours peut-on l'acheter ?
4 À partir de quel âge peut-on le lire ?
5 Cite d'autres noms de journaux.
6 Qu'apprend-on en lisant cette page ?
7 Où se trouve la Réunion ?
8 Quand la lave est-elle sortie ?
9 Comment s'appelle le volcan ?
10 Quelles informations nous donne la carte de France ?

Je lis à haute voix

Lis haut et fort le titre de l'article du journal pour annoncer que le volcan est entré en éruption.
Imagine que tu cherches à vendre ce journal dans la rue.
Tu peux ajouter des expressions comme : « Éruption spectaculaire ! », « Achetez *le Petit Quotidien !* »...

Je donne mon avis

Et toi, aimerais-tu approcher d'un volcan ? Pourquoi ?

J'ajoute un titre au journal

Écris un titre qui pourrait apparaître à la UNE (la première page) d'un journal en pensant à un événement important qui vient de se passer.

8 Lire…

De quels documents ces textes ont-ils été tirés ? Comment appelle-t-on ces documents ?

Une tortue « disparue » depuis plus de 100 ans

Une bonne nouvelle peut parfois en cacher une autre !
Il y a peu, des spécialistes du WCS, un groupe de protection de la nature, ont trouvé des tortues jaunes et des cyclémydes dentelées, dans une forêt de Birmanie (Asie). Il s'agit de 2 espèces rares. Mais, plus belle surprise encore, ils ont découvert 5 tortues de l'Arakan. On croyait cette espèce éteinte à l'état sauvage ! Les reptiles se trouvaient au cœur d'une dense forêt de bambous, dans un sanctuaire pour éléphants. Ces tortues de petite taille ont une carapace marron clair marquée par une ligne en relief.

Des études vont être menées sur le terrain pour savoir combien sont ces tortues

En birman, leur nom signifie « tortue qui mange des excréments de rhinocéros ».

Quelques tortues de cette espèce avaient été vues sur un marché alimentaire chinois *(lire encadré)*, en 1994. Mais aucune n'avait été observée dans la nature depuis 1908. Des études sur le terrain vont être menées pour connaître leur nombre. Pour un membre du WCS, la priorité est claire : « *Il faut tout faire pour protéger ces derniers animaux.* » N. P.

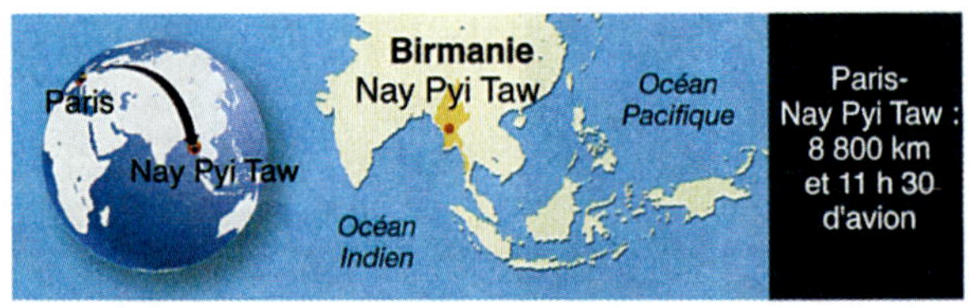

Comment dit-on « tortue » en anglais ?
Tortoise pour une tortue terrestre, *turtle* pour une tortue aquatique.

GRATUIT POUR LES ABONNÉS ! Reçois un mini-journal par e-mail le dimanche : http://www.minijournal.com

1 *Le Petit Quotidien n°3857*, 12 septembre 2009, le quotidien d'actualité dès 7 ans, www.playbac.fr

Je comprends

1 Précise dans quel pays se passe chaque article. Qu'est-ce qui te l'indique ?

2 Comment appelle-t-on la partie du texte écrite en grand et en gras (en noir foncé) ? À quoi sert-elle ?

3 **Dans l'article 1 :**
- Qu'a-t-on découvert ?
- Qu'est-ce qu'une espèce éteinte ?
- À l'aide du texte, explique l'expression « Une bonne nouvelle peut parfois en cacher une autre ! ».
- À la fin du texte, à quoi servent les initiales « N. P. » ?

4 **Dans l'article 2 :**
- Pourquoi les institutrices ne peuvent-elles pas quitter l'école ?
- Que font griller les parents dans la cour de l'école ?
- Est-ce que la classe a finalement été fermée ?
- Qui a écrit cet article ?

5 Pourquoi les articles 3 et 4 vont-ils ensemble ?

6 Quels sont les noms des lionceaux ?

7 Les articles 2, 3 et 4 sont des faits divers. En quoi sont-ils différents de l'article 1 et de la UNE de la page 90 ?

3 institutrices bloquées à l'école par des parents

De mardi à mercredi soir, une trentaine de parents d'élèves ont retenu 3 institutrices à l'école primaire de Laroque-d'Olmes (09). Ils protestaient contre la fermeture d'une classe de CM1/CM2, annoncée après la rentrée des classes. *« Tout s'est passé dans le calme. On a fait des grillades dans la cour et on a dormi sur des matelas dans la salle de sport »*, explique Jean-Charles Sutra, un représentant de la mairie.

*« **C'est inadmissible de fermer une classe** juste après la rentrée*, poursuit-il. *Les enfants vont être répartis dans d'autres classes, qui seront surchargées. Les maîtresses pourront moins bien s'occuper des élèves, dont beaucoup sont en grande difficulté. »* La suppression de la classe a finalement été confirmée et les enseignantes ont été libérées. C. Hallé

2 *Le Petit Quotidien n°3857*, 12 septembre 2009, le quotidien d'actualité dès 7 ans, www.playbac.fr

L'histoire du jour

2 bébés lions volés dans un cirque

Chimène et Bagheera *(photo)*, 2 lionnes de 5 mois, ont été volées samedi soir à Blois, dans le centre de la France. Les verrous de leurs cages ont été cassés. Mardi, malgré les recherches des gendarmes, les félins n'avaient pas été retrouvés. Leur propriétaire a rappelé que ces animaux, même petits, peuvent être agressifs, en particulier avec des enfants.

3 *Le Petit Quotidien n°2962*, 24 sept. 2009.

L'histoire du jour

Les 2 lionceaux volés ont été retrouvés en bonne santé

Après 6 jours de recherches, les 2 petites lionnes qui avaient disparu du cirque Zavatta *(lire n° 2 962)* ont été retrouvées jeudi. Chimène était dans un bois et Bagheera, dans la nature à 100 kilomètres de là. Leurs propriétaires pensent que ceux qui les ont volées ont fini par les relâcher. Elles sont toutes les 2 en bonne santé et ont repris leurs jeux !

4 *Le Petit Quotidien n°2966*, 29 sept. 2009.

Je lis à haute voix

Lis l'article de ton choix comme si tu le présentais au journal télévisé ou à la radio.

Je donne mon avis

Pourquoi les lionceaux ont-ils été volés, selon toi ?

J'écris un titre

Imagine que Chimène et Bagheera se soient sauvées encore une fois.

Écris le titre de l'article qui sera alors écrit.

8 Pour mieux lire

Repérer les mots-clés d'un texte

Je réfléchis

1 Lis ce texte. Deux mots, dont un répété cinq fois, manquent. Indique lesquels parmi les mots suivants : iceberg • bateau • cinéma • réchauffement climatique

Un ... à Paris !

L'association Greenpeace a installé un ... illuminé sur la Seine.

Depuis le 8 juillet, Greenpeace a fait installer sur la Seine un faux ... illuminé pour inciter les gouvernements des pays les plus riches à prendre rapidement des mesures pour lutter contre le ... .
L'... a dérivé toute la journée du 8 juillet avant de s'arrêter à deux pas de la tour Eiffel.
L'... a émerveillé des badauds surpris par la présence insolite de ce gros objet flottant.

Conseil **Pour bien comprendre un texte**, je repère les mots les plus importants, qu'on appelle **mots-clés**. Je dois connaître leur signification.

Je m'entraîne

1* Lis ce texte et réponds aux questions.

Des chats errants ont envahi un village !

À Raze (70), il y a presque autant de chats que d'humains ! En effet, ce village compte 318 habitants et près de 200 félins errants. Et cela pose des problèmes : les chats entrent dans les maisons, à la recherche de nourriture. Ils renversent et pillent les poubelles. Des habitants disent avoir peur d'être griffés ou mordus s'ils chassent eux-mêmes les envahisseurs à 4 pattes. […]

N. P., *Mon Quotidien n° 3878.*

a. Pourquoi les chats renversent-ils les poubelles ?
b. Parmi les mots proposés, quel est celui qui te semble le plus important ?
peur • chats errants • poubelles • village

2 Lis ce texte et réponds aux questions.**

La musique des Beatles remastérisée

Les Beatles ont formé un groupe de chanteurs très célèbre. Ils se sont séparés en 1970. Toutes leurs chansons de l'époque viennent d'être remastérisées. Elles sont vendues dans le monde entier depuis mercredi.

a. Quels sont les mots importants répétés ?
b. Que signifient-ils ?
c. Recopie la troisième phrase en utilisant le mot qui convient à la place du mot « remastérisées » :
supprimées • réenregistrées • confisquées

Mots en fête

Complète ces phrases avec des mots qui se prononcent de la même façon mais qui s'écrivent différemment.

Nous avons bien vérifié nos calculs. Le ... est bon.
Demain, nous lirons un nouveau ... .
Tous les petits mammifères boivent le ... de leur mère.
Ce manteau est vraiment ... ; je ne veux pas le porter.

Le fait divers

Je me souviens

- **Choisis un article parmi les articles 2, 3 et 4 des pages 92-93, puis rappelle-toi :**
  - De qui parle-t-il ?
  - Qu'est-ce qui se passe ?
  - Où se déroule le fait rapporté ?
  - Quand se déroule-t-il ?
  - Pourquoi s'est-il produit ?
  - Y a-t-il une illustration ? Si oui, donne-t-elle des informations ?

Je retiens

- **Les petits articles de journaux que tu as lus s'appellent des *faits divers*.**

1 Il y a toujours un **titre**.

2 Le journaliste qui raconte le fait divers doit toujours répondre à quatre questions de référence : **qui ? quoi ? où ? quand ?**

3 Le journaliste doit aussi expliquer **comment** et **pourquoi** l'événement est arrivé. Il doit aussi préciser **la conséquence** (le bilan, le résultat).

4 On peut ajouter une **photo** pour préciser, montrer, illustrer.

- **Le fait divers est raconté dans l'ordre chronologique.**

Je m'entraîne

1 * **Les réponses aux quatre questions de référence ont été mélangées. Remets-les dans l'ordre.**

Qui ? En France.
Quoi ? Le 18 septembre 2009.
Où ? Le chanteur.
Quand ? Sortie d'un nouvel album (nouveau disque).

2 ** **Lis cet article puis réponds aux questions de référence : *qui ? quoi ? où ? quand ?***

Exemple : *Qui ?* Une maman et une petite fille.

Une petite fille est née dans un Train à Grande Vitesse !

Lundi, une fillette est née dans un train peu avant son arrivée en gare de Bruxelles, la capitale de la Belgique. La maman a senti les premiers signes de la naissance quand le train roulait encore à plus de 300 km/h ! Elle s'est allongée dans le couloir. Deux médecins et deux infirmières qui étaient à bord l'ont aidée à accoucher.

Le Petit Quotidien, jeudi 17 septembre 2009 © Playbac.

3 ** **Trouve un titre à chacun de ces articles :**

a. Une tempête de sable rouge a perturbé la ville de Sydney en Australie (Océanie), mercredi. Ce sable vient du désert, à des centaines de kilomètres de là. Il est transporté par le vent. Ce phénomène est très rare.

b. Jeudi, cinquante personnes ont nettoyé la mer de Glace, le plus grand glacier de France, dans les Alpes. Elles ont ramassé des centaines de kilos d'ordures, laissées par les visiteurs, comme des canettes de boisson ou de vieux morceaux de câbles de téléphérique, qui remontent quand la glace fond.

8 Vocabulaire

Des mots pour mettre de l'ordre dans les événements

Je réfléchis

1 Ordonne dans le temps ces quatre événements, puis relève les mots qui t'ont aidé(e).

a. Hier matin, une averse orageuse est tombée sur un village près de Tours et a causé de nombreux dégâts.

b. Les experts des assurances passeront dans le courant de la semaine prochaine afin d'évaluer le coût des dégâts.

c. Les pompiers ont pu intervenir dans la soirée pour dégager les rues et les caves inondées.

d. La météo l'avait prévu dès le début de la semaine.

Une rue inondée

2 Relève les mots et les expressions qui indiquent quand se déroulent les différentes actions dans le texte ci-dessous.

On a frôlé le pire hier, dans un village près de Bègles, où un homme est resté bloqué dans un puits en construction, enseveli pendant plus de trois heures. À 14 h 30, alors qu'il venait de finir de creuser, M. X est descendu placer une buse* lorsque les bords ont lâché et un amas de terre s'est effondré sur lui. Aussitôt, un de ses collègues est descendu pour tenter de le dégager alors que les autres prévenaient les secours. Très vite sur les lieux, les pompiers ont pris en main les opérations. M. X est finalement extrait de la fosse à 17 h 50, épuisé et souffrant de fractures. Le Samu l'a alors transporté à l'hôpital de Bordeaux, où il reste aujourd'hui en observation, désormais sain et sauf.

*__une buse :__ un tuyau.

3 Recopie cet article en insérant les mots suivants :

soudain • enfin • depuis • après • c'est alors • hier

...(1), une collégienne de 15 ans, Jaymie-Anne, est tombée dans un égout.

Vers 17 h 30, l'adolescente, venue chercher son petit frère à l'école, a voulu lui faire traverser un égout, mais ...(2) le niveau des eaux a augmenté en raison d'un orage. ...(3) que la jeune fille a été emportée par le courant.
Ce n'est qu'...(4) avoir parcouru les quatre kilomètres qui séparent Le Cannet de Cannes qu'elle a pu agripper une pierre sur le rebord grâce à son parapluie et reprendre pied.
Elle a été hospitalisée pour des examens, avant de ressortir ...(5) entourée de sa famille.
...(6) elle ne cesse d'être interviewée par les journalistes.

Je retiens

Des mots pour indiquer l'ordre des événements dans le temps...

- **Dans un article, certains mots ou certaines expressions indiquent comment s'ordonnent les événements dans le temps.**

Le début

avant • il y a quelque temps • au commencement • le mois dernier • il y a une semaine • avant-hier • hier

Les étapes suivantes

alors • c'est alors que • la semaine prochaine • le lendemain • un peu plus tard • juste après • dans quelques jours

Après

depuis • et depuis • maintenant • ensuite • finalement • demain • désormais • dès lors

Je m'entraîne

1 * **Dans quelle rubrique du « Je retiens » rangerais-tu les mots suivants ?**

auparavant • au siècle dernier • c'est à ce moment-là • soudain • subitement • enfin

2 ** **Recopie cet article en choisissant à chaque fois le mot en italique qui convient.**

En haut du mont Blanc, sauvés par... un SMS

Alors qu'ils entamaient *(avant, mercredi)* l'ascension du mont Blanc, deux jeunes Britanniques se sont trouvés bloqués *(subitement, désormais)* par un brusque changement de temps. *(après, dès lors)* avoir pu donner l'alerte par l'envoi d'un SMS, ils ont été secourus *(auparavant, in extremis)* sur le massif. Ils sont *(demain, maintenant)* hors de danger.

3 *** **Complète cet article en remplaçant les mots qui manquent par des mots du « Je retiens ».**

Kwanza, femelle gorille de 8 ans, a été opérée ...1... avec succès d'une fracture du col du fémur par des chirurgiens du CHU de Poitiers, a indiqué dans un communiqué le parc animalier la Vallée des singes à Romagne (Vienne) où la jeune opérée est ...2... en convalescence.

Tombée d'un arbre ...3... avoir grimpé pour manger des feuilles, Kwanza avait fait une mauvaise chute qui lui a causé une fracture. Grâce à une plaque en acier inoxydable de 15 cm fixée sur la face externe du fémur et à une grosse vis de 8 cm dans le col du fémur, Kwanza a ...4... pu se remettre à quatre pattes. Elle se repose ...5... dans un local isolé du public.

Kwanza devait partir fin août pour le zoo de Belfast. Son départ est reporté.

8 Écrire…

Pour écrire un fait divers, je dois :

1. trouver un sujet ;
2. répondre aux questions : **qui ? quoi ? où ? quand ? pourquoi ? comment ?**
3. préciser les conséquences, le résultat ;
4. trouver un titre.

* J'écris un titre de fait divers

Situation 1 **Trouve un titre à ce fait divers.**

La semaine dernière, une femme a été arrêtée dans un aéroport, en Thaïlande. Les policiers ont trouvé dans sa valise un tigre de deux mois. La femme voulait le ramener chez elle. Elle l'avait endormi avec un médicament et caché entre des tigres en peluche. Mais il a été repéré par les machines de sécurité. Les tigres sont protégés : en acheter ou en vendre est interdit.

Situation 2 **Lis ce fait divers dont les paragraphes sont dans le désordre.**

Étape 1 **Remets dans l'ordre les paragraphes du fait divers.**

a Les pompiers sont alors rejoints par les policiers qui ont ouvert une enquête afin de déterminer les causes exactes de ce sinistre. Prévenus, les services techniques d'EDF et GDF se sont rendus sur place afin de mettre en sécurité l'établissement.

b Hier matin à Saint-Quentin, vers 11 heures, le centre de secours reçoit un appel d'urgence pour un incendie au 33, rue du Pont. Il s'agit d'un café-brasserie où un feu s'est déclaré, pour des raisons inconnues, dans la cuisine. Les soldats du feu interviennent et l'incendie est vite maîtrisé.

c L'établissement devrait rester ouvert mais une forte odeur de brûlé risque d'être gênante durant quelques jours…

Étape 2 **Trouve un titre à ce fait divers.**

** J'écris un fait divers

Situation 1 **Rédige un article à partir des éléments suivants :**

- **Qui ?** Un alpiniste allemand, Peters Hollman, 32 ans.
- **Quoi ?** Il est tombé.
- **Où ?** En escaladant la « Dent parrachée » dans les Alpes.
- **Quand ?** Samedi matin.
- **Pourquoi ?** Il n'était pas encordé. La neige était fraîche.
- **Comment ?** Il n'a pas vu une crevasse, il a glissé jusqu'en bas. Il a fait une chute de 300 m.
- **Résultats, conséquences :** Il est légèrement blessé. Il a seulement quelques bleus et une entorse à la cheville.

La Dent Parrachée, parc National de la Vanoise (73).

Situation 2 **Rédige un article à partir des éléments suivants :**

- **Qui ?** Un automobiliste.
- **Quoi ?** Il roulait à contresens.
- **Où ?** Sur l'autoroute.
- **Quand ?** Dimanche dernier.
- **Pourquoi ?** Il est tombé en panne d'essence.
- **Comment ?** Il a décroché son vélo du porte-vélo qui était sur sa voiture et il est parti chercher du carburant à la station-service. Il est ensuite revenu à sa voiture.
- **Résultat :** Heureusement, avant qu'un accident se produise, il a été interpellé par les gendarmes.

*** J'invente un fait divers

Situation 1 **Un incident s'est produit dans la cour de récréation de ton école (chute, dispute...). Raconte-le sous la forme d'un article de fait divers. Trouve un titre. Tu peux aussi ajouter une photo et la légender.**

Situation 2 **Rappelle-toi ou invente un fait divers, puis réponds aux questions :** Qui ? Quoi ? Où ? Quand ? Pourquoi ? Comment ?

Ensuite, rédige ton article. N'oublie pas le titre.

J'améliore mon texte

Je vérifie mon fait divers

***J'écris un fait divers

- J'ai indiqué dans mon texte les réponses aux questions **qui ? quoi ? où ? quand ? pourquoi ? comment ?**
- Le titre concorde bien avec mon texte.

****J'invente un fait divers

- Le fait divers que j'ai raconté répond bien à chacune des questions ci-dessus.

Je vérifie comment j'ai écrit

- J'ai employé la troisième personne pour rédiger mes faits divers.
  ➡ Conjugaison (page 177)
- J'ai employé des temps du passé lorsque j'ai décrit les actions.
  ➡ Conjugaison (pages 191 à 198)
- J'ai utilisé des compléments d'objets et des compléments circonstanciels pour répondre aux questions.
  ➡ Grammaire (pages 165 à 170)

Je prends la parole

Expose à tes camarades une information qui t'a particulièrement frappé(e) ces derniers jours.

Pour te préparer

- Choisis une information dans un journal écrit, à la radio ou à la télévision.
- Entraîne-toi à la raconter en répondant aux questions *qui, quoi, ou, quand* et eventuellement *comment* et *pourquoi*.
- N'hésite pas à changer l'ordre des questions en fonction de l'information que tu donnes.
- Écoute à la radio ou regarde à la télévision la manière dont un journaliste présente les nouvelles.

Pour bien présenter une information

- Rappelle-toi les questions de référence pour n'oublier aucun élément.
- Lorsque tu présentes ton information, marque un petit temps d'arret entre chaque etape de ton texte.
- Garde un ton et une expression neutres. Articule bien.

Des magazines à découvrir

Science et vie découvertes, Kilia/Marie Docher/Troll/DR SVD n° 119.

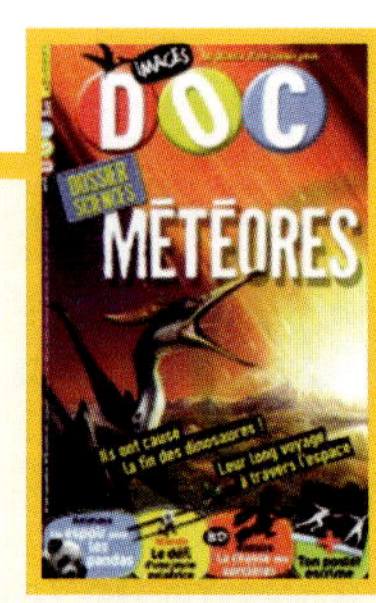

Images Doc, Bayard Presse.

Astrapi, Bayard Presse.

Unité
9

Du théâtre pour rire

- À ton avis, que font ces personnes ?
- Comment sont-elles habillées ?
- Où peut-on les voir ?

Dans ce chapitre, tu vas :

Lire deux textes de théâtre.

Écrire des répliques pour le théâtre.

Jouer ces textes.

9 Lire...

Sais-tu où se passe cette scène ?

Le jugement de Renart

Tibert, le chat, lit l'acte d'accusation de Renart, qui est debout, les mains liées.

TIBERT : Renart, vous comparaissez devant ce tribunal à la demande d'un grand nombre de plaignants qui en ont fait la requête[1] auprès de Sa Majesté le Roi. Vous êtes accusé d'avoir troublé l'ordre de notre bon pays à de nombreuses reprises…

LE LION : Mon ami, si prrrreuve de tes vilenies est faite, mon jugement serrrra terrrrrrible !

RENART, *suppliant* : Je suis innocent, Votre Grâce, aussi blanc que l'agneau qui vient de naître.

LE LION : On va voirrrr ça ! Grrrreffier[2], faites entrrrrer les témoins.

Entrent successivement une poule, un lapin, un ours et un loup. Quand un témoin a fini sa déposition, le témoin suivant s'avance.

LA POULE, *en larmes* : Il m'a mangé tous mes œufs… mes petits, mes chers petits…

L'ASSISTANCE, *avec réprobation* : Hooo !

QUELQU'UN DANS L'ASSISTANCE : C'est une honte, il faut le pendre au grand chêne.

LE LAPIN : Il a poursuivi mes lapinots dans la basse-cour… Et si le fermier n'était pas arrivé à temps, ce diable en aurait fait son déjeuner…

L'ASSISTANCE : Hooo !

QUELQU'UN DANS L'ASSISTANCE : C'est un scandale, il faut lui couper la tête.

LE ROI LION, *tapant avec son sceptre[3] sur l'accoudoir du trône* . Silence, ou je fais évacuer la salle… sacrrrrebleu !

L'OURS : Il m'a emmené chercher du miel… lui, il a eu le miel, moi j'ai eu les piqûres d'abeilles…

Je comprends

1 Combien y a-t-il de personnages dans cette scène ?

2 Quel est le rôle de chaque personnage dans la scène ?

3 Quels animaux se plaignent de Renart ? Que lui reprochent-ils ?

4 Explique ce qu'est l'assistance dans un tribunal. Quel rôle a-t-elle ?

5 À quel châtiment pense le lion après avoir entendu les plaintes des animaux ?

6 Qui est Monsieur du Corbeau présent dans l'assistance ?

7 Pourquoi Renart ne s'écrit-il pas ici avec un « d » à la fin du mot ?

8 Laquelle des actions de Renart te semble-t-elle la plus condamnable ?

L'Assistance, *ricanant* : Eh eh eh !

L'Ours, *l'air bougon* : C'est pas drôle !

Quelqu'un dans l'assistance : Tu as raison, compère Ours, ce n'est pas drôle !

Un autre : Mais ça fait rire !

Un autre : Tiens donc, ça te fait rire… qui sait si demain ce ne sera pas ton tour !

L'Assistance : Oui… Oui…

Le Lion : Silence, morrrrbleu ! Je vous écoute Messirrre Loup !

Ysengrin : Ce Renart est un brigand de la pire espèce. Il m'a joué tant de tours qu'il y aurait de quoi en faire un Roman…

Une voix dans l'assistance, *criant* : Raconte-nous un peu, Ysengrin ! Raconte !

Le Loup : Il m'a enfermé dans un puits, il m'a volé les poissons que j'avais pêchés, il m'a fait rosser[4] par les hommes… Regardez, j'y ai perdu le bout de ma queue. *(Il se tourne et montre à l'assistance une queue courte enveloppée de sparadraps. Cela fait frémir l'assistance.)*

Une voix dans l'assistance : Et à moi, Monsieur du Corbeau, il m'a piqué mon calandos !

Une autre voix dans l'assistance : Qu'est-ce que c'était comme fromage ?

Le Corbeau : Un camembert bien coulant, moelleux à souhait.

L'Assistance : Humm !

Le Lion : Assez ! Cela suffit ! Il y a de quoi l'envoyer dix ans aux galèrrrres !

Gérard Moncomble, Michel Piquemal, *17 pièces humoristiques pour l'école*, pièce « Le jugement de Renart », extraits p. 64 à 66, © Éditions Magnard, 2002.

1. une requête : une demande pressante.
2. un greffier : personne qui s'occupe des dossiers d'un procès.
3. un sceptre : grand bâton décoré, que les rois tiennent à la main et qui représente le pouvoir.
4. rosser : battre.

Je lis à haute voix

Lis le texte de la ligne 5 à la ligne 8.
Observe comment les mots avec un « r » sont écrits dans les paroles du lion. Comment vas-tu les dire ?

Je donne mon avis

Cette scène te semble-t-elle humoristique, comme le dit le titre du recueil ?

J'ajoute une réplique

Écris ce que pourrait dire un personnage de l'assistance en voyant le bout de la queue d'Ysengrin.

Combien de personnages y aura-t-il dans cette saynète ?

Histoire complète

Un sacré carrosse

La sorcière, qui ressemble à n'importe quelle jeune fille, se prépare à revêtir son costume « professionnel ».

SORCIÈRE : Qu'on m'apporte mon faux nez.

GNOME 1 : Voilà, Votre Horreur.

SORCIÈRE : Qu'on m'apporte mes griffes.

GNOME 2 : Voici les plus crochues de votre collection.

SORCIÈRE : Mes faux cheveux maintenant.

GNOME 3 : Les voici, Votre Horreur !

SORCIÈRE : Et mon chapeau ! Allons, pressons !

GNOME 4 : Voilà, voilà. Il vous va à vomir !

SORCIÈRE : Mes fausses dents à présent.

GNOME 5 : Prenez celles-ci, elles sont toutes cariées !

SORCIÈRE : Il ne me manque plus que ma cape.

GNOME 6 : Certainement, Votre Horreur, la voici.

SORCIÈRE : Bon, j'ai tout ce qu'il me faut. Allez préparer mon carrosse !

GNOME 1 : Euh… Votre Horreur… Pardonnez-nous, mais…

GNOME 2 : Les carrosses, c'est pour les fées !

GNOME 3 : D'habitude, vous prenez un balai.

SORCIÈRE : Eh bien, justement, ça suffit. Il n'y a aucune raison pour que les fées roulent en carrosse, alors que je suis à cheval sur mon misérable balai. Moi aussi je veux un carrosse !

GNOME 1 : Mais… puis-je vous faire remarquer, Votre Vilainie, que les carrosses sont magnifiques, et que vous n'aimez que les choses horribles.

SORCIÈRE : Vous n'avez qu'à me fabriquer un vilain carrosse.

GNOME 2 : D'accord, d'accord, Votre Harpie, si vous voulez un carrosse, vous aurez un carrosse.

GNOME 3 : On va vous en trouver un tout de suite.

Les gnomes sortent. Pendant leur absence, la sorcière se pare de tous ses accessoires. Ils reviennent en tirant une espèce de carrosse fait de cartons assemblés et décorés.

GNOME 4 : Et voilà, le carrosse de Votre Horreur est avancé.

SORCIÈRE : Hum… c'est un carrosse, ça ? Je croyais que les carrosses étaient tirés par des chevaux !

GNOME 5 : Normalement oui, mais nous avons pensé que les chevaux étaient trop beaux. Nous mettrons des rats.

SORCIÈRE : Oh oui, des rats. Je les adore !

GNOME 6 : Quant aux roues… sont-elles bien nécessaires ?

SORCIÈRE : Ne serait-ce pas plus vilain, sans roues ?

GNOME 1 : Certainement. Un carrosse sans chevaux et sans roues, c'est très vilain.

GNOME 2 : Et sans dorures, c'est encore pire !

SORCIÈRE : Alors, enlevez les dorures. Qu'il devienne aussi laid que moi.

Les gnomes retirent les tissus qui entourent les cartons.

GNOME 3 : Il me semble que les sièges, à l'intérieur, sont de trop, dans un vilain carrosse. Qu'en dites-vous Votre Vilaine ?

SORCIÈRE : Bien sûr, qu'ils sont de trop. Je veux un carrosse de sorcière, pas un carrosse de fée !

Les gnomes retirent les coussins qui garnissent l'intérieur des cartons.

GNOME 4 : Si je peux me permettre, à mon avis, les carrosses de sorcière n'ont ni toit, ni parois, ni fenêtres, ni sol.

SORCIÈRE : C'est évident, un vrai carrosse de sorcière n'a ni chevaux, ni roues, ni dorures, ni sièges, ni rien. Ôtez-moi tout ça !

Les gnomes démolissent ce qu'il reste de « carrosse ».

GNOME 5 : Moi, j'ai une idée. Pour faire un vrai carrosse de sorcière, il faudrait, tout d'abord, un bâton.

SORCIÈRE : Exactement. Un bâton pour s'asseoir à califourchon. Une sorcière ne s'assoit pas sur un siège.

GNOME 6 : Et moi, j'ajouterais bien une touffe de branches, derrière ce bâton, pour qu'il soit réellement affreux.

SORCIÈRE : Oui, oui, une touffe de branches accrochées au bâton. Voilà tout à fait le carrosse de sorcière qu'il me faut. Je le veux tout de suite !

Je comprends

1. Qu'est-ce qu'un gnome ?
2. Quel genre de carrosse veut la sorcière ?
3. Quel carrosse obtient-elle finalement ?
4. Comment les gnomes appellent-ils la sorcière ? Pourquoi ?
5. Qu'est-ce qu'une « harpie » (ligne 23) ?
6. Que retirent les gnomes du carrosse ? Pourquoi ?
7. Pourquoi la sorcière remplace-t-elle le mot « magnifique » par le mot « horrible » pour remercier les gnomes (ligne 66) ?
8. Qu'est-ce qui est amusant dans ce texte ?

Les gnomes sortent et reviennent en portant triomphalement un balai de sorcière.

LES GNOMES : Voici votre carrosse, Votre Horreur !

SORCIÈRE : Oh, magnifique ! Je veux dire, horrible, il est horrible. Bravo, mes petits chéris ! Je veux dire, mes petits monstres. Je vais être la première sorcière à voyager sur ce carrosse d'un modèle tout à fait spécial. Je vais sûrement avoir un article dans notre magazine Sorcio-Hebdo. C'est la gloire, c'est la gloire ! Au revoir ! Le monde des sorcières m'attend !

Corinne Albaut, *1,2,3 coups... Gare au loup !*
10 saynètes pour découvrir le théâtre, Les petits répertoires, collection Spectacles,

Je lis à haute voix

Lis les répliques de la sorcière de la ligne 1 à la ligne 23 avec six camarades qui feront les gnomes. Repère tous les mots qui indiquent la laideur et insiste sur ces mots en lisant.

Je donne mon avis

Est-ce que la fin de l'histoire peut être devinée à un moment du texte ?

J'ajoute des répliques à la pièce

Écris une ou plusieurs répliques dans lesquelles les gnomes disent ce qu'ils pensent du « carrosse » après le départ de la sorcière.

9 Pour mieux lire

Différencier le texte à dire du texte à lire

Je réfléchis

1 Ce passage du *Jugement de Renart* comporte des mots qu'il ne faut pas dire quand on joue la pièce. Comment sont-ils écrits ?

LE LION : On va voirrr ça ! Grrrreffier, faites entrrrrer les témoins.

Entrent successivement une poule, un lapin, un ours et un loup. Quand un témoin a fini sa déposition, le témoin suivant s'avance.

LA POULE, *en larmes* : Il m'a mangé tous mes œufs… mes petits, mes chers petits…
L'ASSISTANCE, *avec réprobation* : Hooo !

2 Dans la pièce *Un sacré carrosse* (pages 104-107), relève les parties du texte qui ne se disent pas si l'on joue la pièce.

3 Dans la pièce *Un sacré carrosse*, indique ce que tu pourrais ajouter en italique :

– pour expliquer de quelles différentes façons parle la sorcière ;
– pour indiquer, à la fin de la scène, les mouvements que peut faire la sorcière en disant la dernière réplique.

Conseil

Certaines parties des textes pour le théâtre ne doivent pas être prononcées : titre, noms des personnages, mots ou phrases écrits en italique. Ces derniers apportent des indications pour la mise en scène : voix, mouvements des acteurs. On les appelle des **didascalies.**

Je m'entraîne

1 * Indique quelles parties du texte doivent être écrites en italique.

LE LION : Ton cousin ? Et où se cache-t-il donc ce bougrrrre ?
RENART, faisant signe avec le doigt : Chhhhtttt !
Il s'approche du Roi Lion et lui murmure quelque chose à l'oreille.
LE LION, interloqué : Tout prrrrès d'ici, dis-tu ? (criant) Garrrrdes, fouillez l'assistance !

Gérard Moncomble, Michel Piquemal, *17 pièces humoristiques pour l'école* © Magnard, 2002.

2 ** Complète la suite du texte avec les didascalies suivantes :

grommelant • suppliante • sur un ton grave • tandis que Tibert lui enlève ses chaînes

LE ROI LION : Justice a été rendue !
LE CHAT : Paix à son âme !
L'OURS : Tout de même, c'était un fieffé coquin…
RENART : Et dire que ce bandit voulait me faire accuser à sa place !
LA POULE : Pauvre Renart, pardonne-nous !

Mots en fête

De qui s'agit-il ?

Cherche trois mots qui peuvent faire penser à un personnage d'une des deux pièces de théâtre. Dis-les un par un à tes camarades pour les aider à deviner de quel personnage il s'agit.

Le texte de théâtre

Je me souviens

- **Pour chaque texte de cette unité :**
  - Comment peut-on connaître la liste des personnages sans lire le texte ?
  - Faut-il lire tout le texte quand on joue la pièce ?
  - Comment sont écrites les indications qui servent à la mise en scène ?

Je retiens

- **Une pièce de théâtre est un texte écrit pour être mis en scène et joué.**

1 Les **noms** des personnages sont souvent écrits en lettres **majuscules**.

2 Les **paroles** des personnages sont en **minuscules** et sans guillemets. C'est la partie du texte qui est à dire.

3 Les indications de mise en scène (**didascalies**) sont en **italique**.

Je m'entraîne

1 * **Recopie cet extrait en respectant les règles de présentation d'un texte de théâtre. Tu placeras entre parenthèses les mots qui doivent s'écrire en italique.**

Le touriste désignant du doigt la direction d'où il vient C'est à vous le champ près du pommier, là-bas ? Le paysan Oui, mais ce n'est pas un pommier, c'est un sapin. Pourquoi ? Le touriste Parce qu'il y a une vache dedans qui a l'air vraiment bizarre. Le paysan amusé Ah oui ? Qu'est-ce qu'elle a de bizarre cette vache ?

François Fontaine,
Des sketches à lire et à jouer pour les 5-8 ans © Retz, 2004.

2 ** **Repère les indications données par le texte pour jouer le personnage de la mère.**

BÉBÉ, *assis sur le tapis* : Ouin !!!!
LA MÈRE : Bon, je vais te donner ton goûter. *Elle le porte dans une chaise pour bébé, lui tend un biscuit.*
LE CHIEN, *regardant le biscuit en salivant* : Ouaf, ouaf !
LA MÈRE, *se tournant vers le chien* : Et qu'est-ce qu'il a le beau toutou ? Il a faim, le beau toutou ? Il veut ses croquettes ?

a. De quels accessoires as-tu besoin ?
b. Quelles actions vas-tu faire ? Vas-tu te déplacer ?
c. Quelle voix prendras-tu ?

3 *** **Avec tes camarades, joue la scène du deuxième exercice. Chaque acteur doit choisir la voix qui correspond le mieux au personnage qu'il joue.**

Recherche les caractéristiques des différentes voix.

9 Vocabulaire

Des mots pour dire les émotions

Je réfléchis

1 Le jeu théâtral accorde une grande place à l'expression des émotions.
Dans ces lignes, repère les mots qui expriment des émotions.

a. L'AUTRUCHE, *en larmes* : Je ne retrouve plus mes œufs…
b. LE MAÎTRE, *avec réprobation* : Hooo !
c. LA MARÂTRE, *interloquée* : Plus belle que moi ?
d. MARGOT, *sanglotant* : Beuheuheu ! Je suis une gourde !
e. LE GRAND-PÈRE : Mais où ai-je mis mes lunettes ?
Il se gratte la tête une nouvelle fois d'un air soucieux.

2 **Joue plusieurs fois cette réplique en choisissant des émotions différentes : la joie, la peur, l'excitation.**

Demain, c'est la fête de l'école. Je vais jouer dans une pièce de théâtre pour la première fois et j'ai un long texte à dire !

3 **Classe ces indications (didascalies) en deux colonnes :**
– une qui regroupera les mouvements que doivent faire les personnages,
– une autre qui regroupera les émotions qu'ils doivent exprimer.

se tournant vers son voisin • s'asseyant • hésitant • triste • regardant le public • soupirant • se fâchant • étonné • sortant ses mains de ses poches • se levant • rêveur • surpris • s'essuyant le front • mangeant sa soupe • souriant

4 **Relève dans *Le jugement de Renart*, pages 102-103, les mots ou les expressions marquant les émotions.**

Je retiens

Des mots pour évoquer des émotions

La joie

- **des adjectifs** : souriant • ravi • heureux • comblé • content • satisfait • gai • joyeux
- **des verbes** : sourire • rire • exulter • rayonner
- **des expressions** : éclater de rire • se tordre de rire • exploser de rire • rire aux éclats • rire à gorge déployée • sauter de joie • l'air heureux • de bonne humeur

La peur

- **des adjectifs** : inquiet • soucieux • effrayé • blême • tremblant • épouvanté • terrorisé • pétrifié • horrifié
- **des verbes** : trembler • se recroqueviller • s'affoler • s'enfuir • craindre • redouter
- **des expressions** : trembler de peur • prendre ses jambes à son cou • l'air effrayé • vert de peur

La tristesse

- **des adjectifs** : peiné • triste • malheureux • abattu • découragé • accablé • désespéré • désolé
- **des verbes** : pleurer • gémir pleurnicher • se plaindre • se désespérer • sangloter
- **des expressions** : en larmes • avec désespoir • l'air abattu • pleurer à chaudes larmes

Je m'entraîne

1 * **Classe ces expressions dans les rubriques du « Je retiens ».**

être aux anges • avoir le cœur brisé • être blanc comme un linge • claquer des dents • avoir froid dans le dos • se tenir les côtes

2 * **Utilise les mots du « Je retiens » pour indiquer les émotions de chaque personnage.**

a. La Poule (...) : Non, non, ne tuez pas mes poussins ! Ayez pitié !

b. Renart (…) : Je les ai bien eus ! Ils cherchent encore mon cousin au fond du puits !

c. Le Voleur (...) : Nous avons réveillé le chien, il arrive !

d. Le Petit Poucet (…) Les oiseaux ont mangé les miettes de pain que j'avais laissées sur le chemin !

3 ** **Dans le « Je retiens », relève l'adjectif qui te semble le moins fort et celui qui te semble le plus fort pour exprimer chaque sentiment.**

4 *** **Trouve les mots du « Je retiens » qui correspondent à ces définitions :**

a. Manifester de la gaieté par des mouvements de la bouche accompagnés de petits bruits.

b. Avoir le corps agité de petits mouvements que l'on ne peut pas contrôler.

c. Se plaindre d'un ton geignard en parlant comme si on allait pleurer.

5 *** **Ajoute une rubrique au « Je retiens » et propose des adjectifs, des verbes et des expressions pour évoquer la colère ou la honte.**

9 Écrire…

Pour écrire une saynète, je dois :

1. choisir les personnages et leur donner un rôle ;
2. inventer une courte histoire ;
3. écrire les répliques des personnages à la suite de leurs noms et aller à la ligne à chaque réplique ;
4. apporter des indications scéniques pour préciser éventuellement les sentiments, les déplacements, le lieu, le décor, les accessoires…

* J'écris des répliques supplémentaires

Souviens-toi de la pièce *Un sacré carrosse*, pages 104-107.
Écris de nouvelles répliques entre la sorcière qui demande qu'on lui apporte sa robe, son sac à main, ses chaussures et les gnomes qui lui répondent.

Souviens-toi que tout doit être très laid pour plaire à la sorcière.
Si ce n'est pas assez laid, les gnomes doivent apporter des transformations.

** Je transforme un récit en saynète

Situation 1 **Écris cette petite histoire sous la forme d'un texte de théâtre et invente un dénouement.**

Timéo et sa grande sœur font un pique-nique. Timéo demande du sel pour mettre sur ses carottes râpées, puis sur ses saucisses, puis sur ses frites. À chaque fois, sa grande sœur refuse. Elle sort les yaourts du sac. Pour rire, Timéo demande encore du sel…

Situation 2 **Écris sous une forme théâtrale la partie en couleur du texte ci-dessous, qui résume un épisode du *Roman de Renart*.**

Personnages : RENART le renard, YSENGRIN le loup et cousin de Renart.

Ysengrin rencontre Renart qui porte un panier plein de poissons. Il lui demande comment faire pour avoir lui aussi de si beaux poissons. Renart veut lui jouer un tour. Il explique qu'il est allé sur l'étang gelé et qu'il a creusé un trou pour y plonger un seau attaché à sa queue. Il lui dit de suivre ses conseils et d'attendre que les poissons mordent à cet hameçon.
Au bout de quelques heures, Ysengrin est gelé. Il veut partir mais il s'aperçoit que sa queue est prisonnière de la glace. Au loin, on entend les chasseurs. Pris de panique, Ysengrin coupe sa queue pour pouvoir se sauver.

*** J'écris une saynète

Écris une saynète à partir des indications ci-dessous :

- **Les personnages** : les membres d'une famille.
- **La situation** : les enfants veulent faire une promenade mais les parents préfèrent rester à table.
- **La solution** : un des enfants entrebâille la porte du jardin et le chien se sauve.
  Toute la famille part à sa poursuite.

– Fais la liste des personnages.
– Pense à indiquer combien les enfants sont impatients et les adultes de mauvaise volonté.
– Le dénouement de la situation doit faire apparaître un changement : tous sont contents ou les enfants félicitent le chien de les avoir aidés, par exemple.

J'améliore mon texte

Je vérifie ma saynète

*J'écris des répliques supplémentaires

- J'ai fait parler la sorcière.
- J'ai fait répondre le gnome.
- J'ai évoqué la laideur de l'objet.

**Je transforme un récit en saynète

- **Situation 1 :** À chaque moment du repas, j'ai fait parler Timéo.
- À chaque fois, la réponse de sa sœur est négative.
- J'ai écrit ce qui s'est passé au moment du dessert.
- **Situation 2 :** J'ai fait parler les personnages en reprenant toutes les informations du texte.

***J'écris une saynète

- J'ai présenté les personnages et la situation de départ.
- J'ai trouvé une solution au problème, un dénouement.

Je vérifie comment j'ai écrit

- J'ai respecté la mise en forme d'un texte théâtral.
- J'ai donné des indications sur la façon de jouer les scènes : émotions, déplacements…
- J'ai utilisé les pronoms personnels qui conviennent pour faire parler mes personnages.
  ➡ Conjugaison (page 177)

- **Situation 1 :** Les phrases dites par Timéo sont des phrases interrogatives.
  ➡ Grammaire (page 151)
- Les phrases dites par sa sœur sont des phrases négatives.
  ➡ Grammaire (page 149)

Je prends la parole

Je joue avec des camarades l'une des saynètes que j'ai écrites.

Pour te préparer

- Je choisis un personnage.
- J'apprends mon texte par cœur.
- Je mémorise les indications de mise en scène.
- Je me souviens de l'enchaînement des répliques.

Pour bien jouer

- J'ai bien en tête le caractère de mon personnage.
- Je donne le ton et les attitudes qui conviennent à mon personnage.
- Je parle haut et fort en articulant bien.

D'autres textes de théâtre à découvrir

Le théâtre de Motordu, Pef, Gallimard Jeunesse.

Les trois jours de la queue du dragon, Jacques Rebotier, Actes Sud.

Cent vingt-trois, Eddy Pallaro, Actes Sud.

Unité 10

Des animaux en bandes dessinées

- Quelles différences fais-tu entre ces animaux et ceux de l'unité 4 ?
- Qu'est-ce que ces images ont de particulier ?
- Dans quel genre de livre les rencontres-tu ?

Dans ce chapitre, tu vas :

Lire des bandes dessinées et en découvrir les différents éléments.

Écrire une bande dessinée.

Parler pour donner le point de vue d'un personnage.

Quels sont les personnages de cette histoire ? Où cette histoire se passe-t-elle ?

L'ours Barnabé, Philippe Coudray © Mango Jeunesse.

Je comprends

1 Quelle est l'invention de Barnabé ?

2 Dans la vignette 3, Barnabé pose son bateau sur l'eau avec beaucoup de précaution. Qu'est-ce qui te l'indique dans le dessin ?

3 Dans quelles vignettes voit-on le bateau se déplacer ?

4 Comment sais-tu que le bateau se déplace sur l'eau ?

5 Généralement, que met-on dans un moteur de bateau pour qu'il avance ?

6 Que transportait le bateau coulé dans la dernière vignette ?

7 Qu'est-ce qui fait fonctionner le moteur du bateau de Barnabé ?

8 Explique la phrase : « L'eau de mer s'est beaucoup enrichie... ».

Je lis à haute voix

Lis les paroles prononcées par les personnages de la bande dessinée.
Prends en compte les différentes sortes de points. Exagère leurs effets.

Je donne mon avis

– Sais-tu ce qu'est une marée noire ?
– As-tu déjà vu des images de marée noire ou es-tu déjà allé(e) dans une région qui a connu ce type de pollution ?
– Quels sentiments as-tu éprouvés ?

J'ajoute une phrase à l'histoire

Écris ce que pourraient dire la mouette et le lapin dans la vignette 3.

10 Lire...

Comment s'appelle le personnage principal de cette bande dessinée ?
Cette histoire sera-t-elle triste ou drôle ?

En plein Brouillard

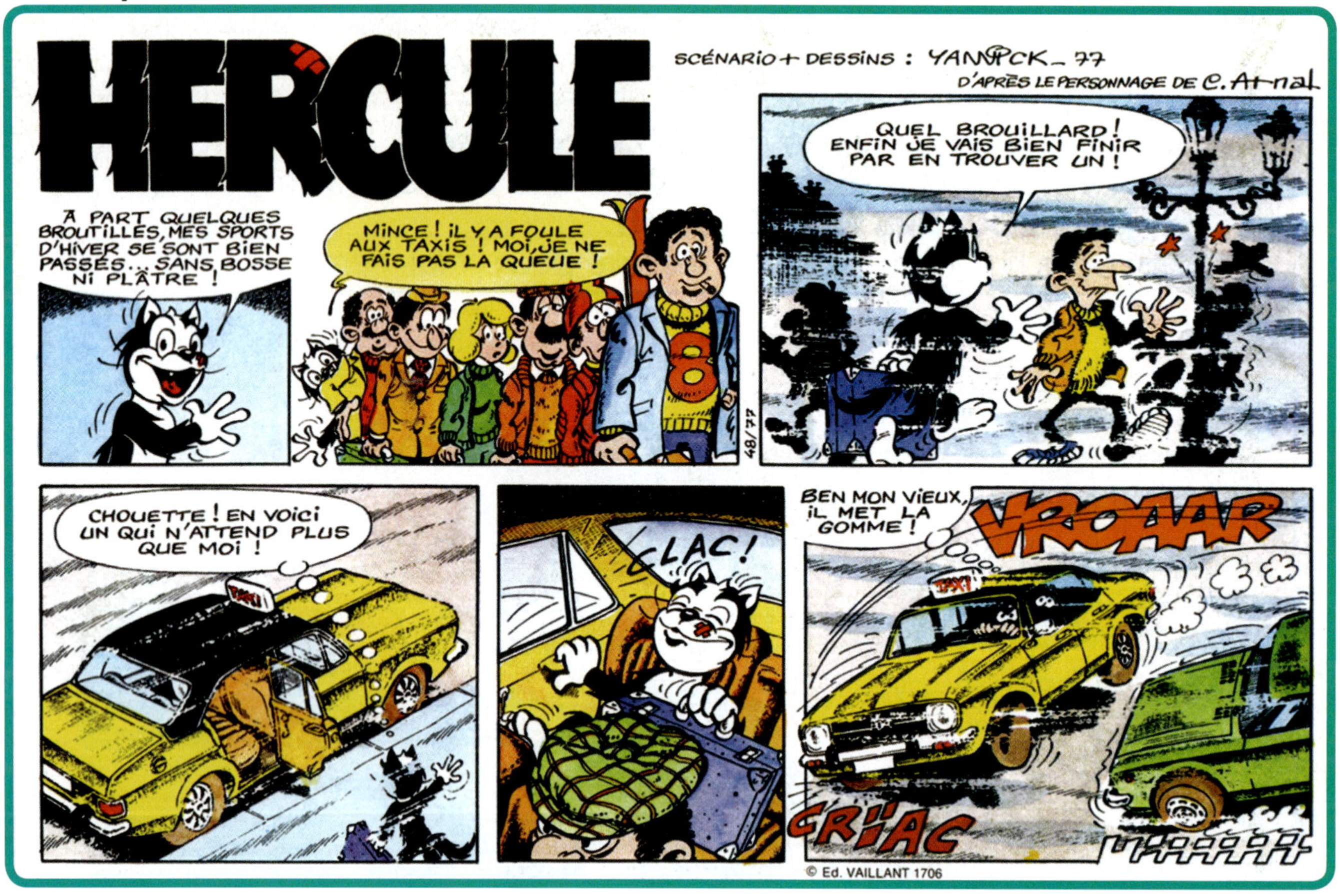

Je comprends

1 Que cherche Hercule dans les trois premières vignettes ?

2 Dans la vignette 4, pourquoi la porte du taxi est-elle ouverte ?

3 Comment voit-on que le taxi démarre rapidement ?

4 Comment sait-on que les événements des vignettes 7 et 8 se passent en même temps ?

5 Au moment où le taxi démarre, que fait l'homme au chapeau marron ?

6 Dans la vignette 9, pourquoi le chauffeur de taxi est-il surpris ?

7 Que font les policiers dans la chambre d'hôpital ?

8 En quelle saison se passe l'histoire ?

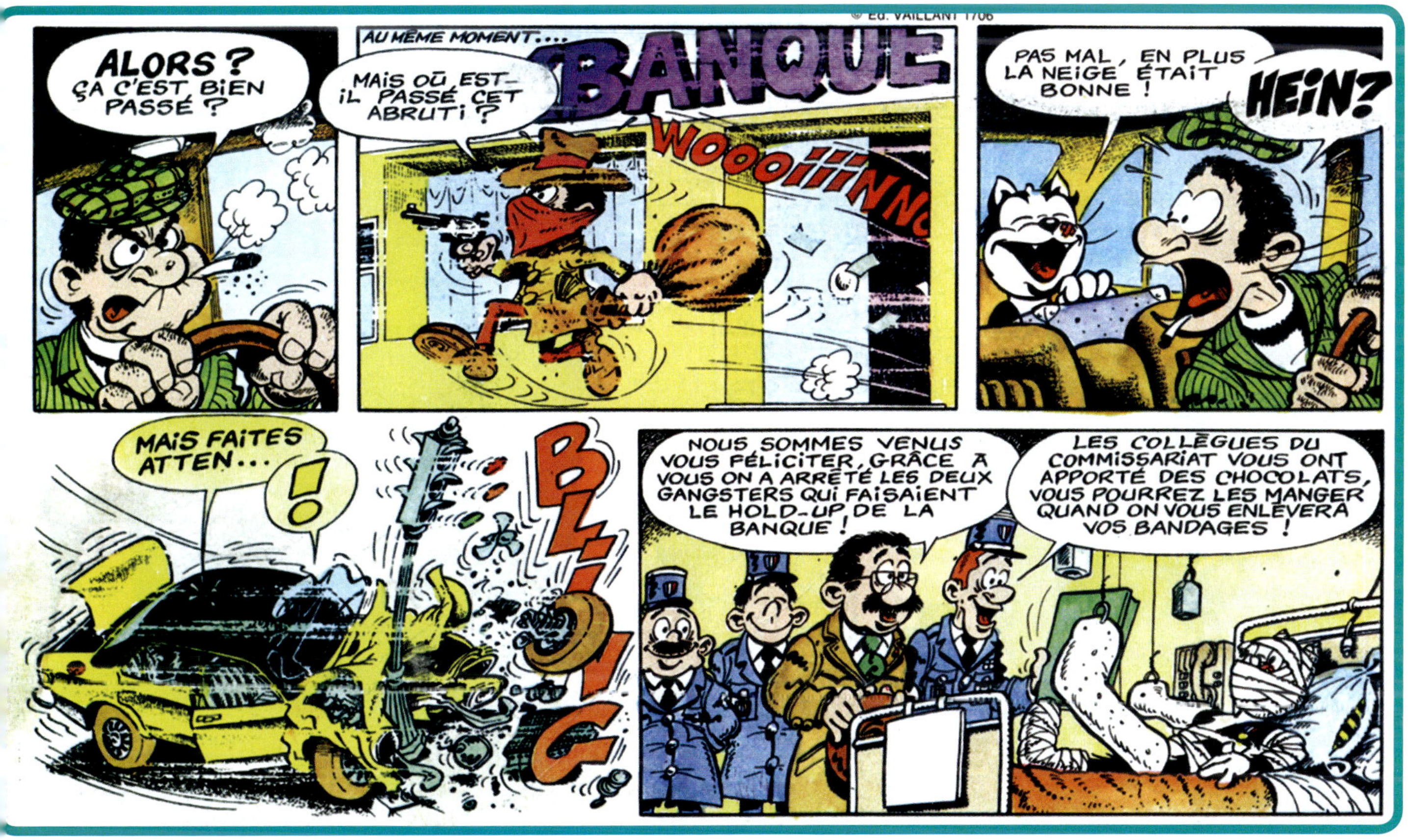

© Yannick.

Je lis à haute voix

Dans les vignettes, les bruits sont évoqués par des mots qui les imitent : des **onomatopées**. Repère-les. Puis exerce-toi à les prononcer comme si tu jouais la scène.

Je donne mon avis

Penses-tu qu'il faut féliciter Hercule ?

J'ajoute des phrases à l'histoire

Sur la vignette 8, on peut lire « Au même moment » : cette zone de texte s'appelle un **cartouche**.

Écris ce que tu mettrais dans un cartouche sur la vignette 3.
Choisis une autre vignette pour écrire un nouveau cartouche.

10 Pour mieux lire

L'ordre des événements dans une bande dessinée

Je réfléchis

Si une vignette supplémentaire était ajoutée dans chaque bande dessinée, indique entre quelles vignettes tu placerais :

- Dans la BD de Barnabé : « Barnabé fixe son moteur à l'arrière de son bateau. »
- Dans la BD d'Hercule : « La police arrive sur les lieux de l'accident et interpelle le chauffeur de taxi. »

Conseil

Pour bien repérer l'ordre des événements dans une bande dessinée (BD), je dois respecter le sens de lecture des vignettes, généralement de **gauche à droite** et de **haut en bas**.

Je m'entraîne

Remets les vignettes dans l'ordre de l'histoire.

Mots en fête

Les émotions

Pour chaque image, trouve le mot qui désigne ce que ressent la souris.

Les différents éléments d'une bande dessinée

Je me souviens

- **Dans chaque BD :**
  - Combien comptes-tu de vignettes ?
  - Comment sais-tu qu'un personnage parle ?
  - Quels signes indiquent que les véhicules sont en mouvement ?
- **Dans la BD *En plein brouillard*, comment sais-tu :**
  - Qu'Hercule pense ?
  - Qu'un personnage s'est fait mal ?

Je retiens

- **Une bande dessinée (BD) est une histoire racontée en images. Une page de BD s'appelle une planche.**

1 Les images se trouvent dans des **vignettes** qui se lisent généralement de gauche à droite et de haut en bas.

2 Les **paroles** et les **pensées** des personnages sont écrites dans des **bulles**.

3 Des **onomatopées** signalent les bruits.

4 Des **signes graphiques**  indiquent les sentiments et les réactions des personnages. Ils indiquent aussi les mouvements.

5 Les informations qui ne peuvent pas être dessinées sont apportées par des **cartouches**.

Je m'entraîne

1 * **Retrouve le texte de chaque bulle.**

a. Vite ! Je vais le savonner.
b. Super, ça a marché !
c. Bob, viens jouer à colin-maillard, mon toutou.
d. Je ne vois plus rien !
e. PLOUF !

2 ** **Il manque cette vignette à la BD ci-dessus. Où la placerais-tu ?**

3 *** **Parmi ces signes graphiques, lesquels pourraient convenir à Bob dans la vignette 4 de l'exercice 1 ? Pourquoi ?**

10 Vocabulaire

Des mots particuliers : les onomatopées

Je réfléchis

1 Qu'est-ce qu'une onomatopée ? Relève-les dans les dessins.

2 Recopie ce tableau. Puis range les onomatopées de l'exercice 1 dans la bonne colonne.

Bruits de choses	Cris ou bruits d'animaux	Cris ou bruits d'humains
PLOC !	OUAH OUAH !	AÏE !

3 Associe chaque vignette à l'onomatopée qui correspond :

1. clac · 2. criiiiii · 3. woooiiinn woooiiinn · 4. bling · 5. VROUM

4 Associe chaque onomatopée à la bonne vignette.

a. 

b. 

c. 

e. 

Un singe très farceur

La vengeance ratée du chat

Je retiens

Des mots pour imiter les bruits

Les bruits de choses

TIC TAC • WOOOIIINN • PLOUF • GLOUGLOU • DRING • POUET POUET • CLAC • BOING • VROUM • CRIIIII • CRAC • BLING • PLOC

Les cris des animaux

HI-HAN • MIAOU • OUAH OUAH • COA COA • GROIN GROIN • COCORICOOOOOOOO • MEUH • CUI-CUI • KAÏ KAÏ

Les cris ou bruits d'humains

AÏEUH • OUIIING • CLAP CLAP CLAP • AREU AREU • AH AH AH • TOC TOC • PIF PAF • WHOUAH • SCRUNCH • MIAM-MIAM • BOUHOUHOU • HEIN • OUILLE

Je m'entraîne

1 * **Recopie chaque onomatopée et associe-la à ce qu'elle veut dire.**

1. HEIN ! • 2. AÏEUH ! • 3. CLAP CLAP CLAP

a. des applaudissements • b. une surprise • c. une douleur

2 ** **En t'aidant des onomatopées du « Je retiens », indique celle que tu utiliserais dans chaque dessin.**

3 *** **Recopie et complète ce tableau.**

AH AH AH !	›	
VROUM !	›	
	›	une claque
	›	de l'eau qui s'écoule.

10 Écrire…

Pour écrire une BD, je dois :

1. raconter une histoire en la découpant en plusieurs scènes : une scène par vignette ;
2. dans chaque vignette :
   - dessiner le contenu (le paysage, les personnages) ;
   - ajouter des signes graphiques pour indiquer certaines réactions ;
   - ajouter des bulles en écrivant d'abord le texte puis en dessinant le contour des bulles ;
   - utiliser des onomatopées ;
   - ajouter, si nécessaire, des informations dans des cartouches.

* Je complète une BD

Regarde cette bande dessinée. Que manque-t-il ?

Reproduis les trois vignettes et complète-les selon les indications ci-dessous.

1re vignette : indique par des signes graphiques que l'enfant se déplace.

2e vignette : dans une bulle, écris une onomatopée qui montre que l'enfant se fait mal.

3e vignette : indique par des signes graphiques que l'enfant est étourdi.

* * J'écris les bulles d'une BD

Complète les bulles de cette BD en inventant ce que disent les personnages.
Quels signes graphiques ou onomatopées pourrais-tu ajouter ?

* * * J'écris une BD

Situation 1 **Imagine que tu présentes cette histoire sous forme de BD. Indique de combien de vignettes tu aurais besoin pour raconter cette histoire. Écris ce que tu mettrais dans chaque vignette.**

Dans une classe, pendant que le maître dicte une dictée aux élèves, une petite fille se met à crier. Elle a les cheveux pris dans le taille-crayon de son camarade. Le maître intervient alors et confisque l'objet. Il y trouve un morceau de papier. Il s'aperçoit que c'est le texte de la dictée.

Situation 2 **Construis une BD à partir des éléments donnés.**

Prévois un dessin par étape. Avant de dessiner, rédige les textes que tu mettras dans chaque vignette. Quand tu dessineras, n'oublie pas de laisser de la place pour les bulles qui doivent être suffisamment grandes pour contenir les textes.

Insère quelques signes graphiques ou onomatopées.

1. Deux enfants jouent dans la neige et font une bêtise (casser un carreau, envoyer une boule de neige sur quelqu'un, etc.).
2. Leur maman les gronde et leur dit de faire un bonhomme de neige.
3. Les deux enfants font un bonhomme de neige.
4. En fondant, la tête du bonhomme se détache et tombe sur le chat qui passe par là.

10 Écrire et parler

J'améliore mon texte

Je vérifie mon histoire

*Je complète une BD
- Les onomatopées choisies et les signes graphiques sont en relation avec l'image.

**J'écris les bulles d'une BD
- Mon texte ne déborde pas des bulles.
- J'ai utilisé des signes graphiques et des onomatopées.

***J'écris une BD
- **Situation 1 :** J'ai prévu de représenter chaque étape de l'histoire (il y a au moins trois vignettes).
- **Situation 2 :** J'ai réalisé 4 vignettes.
- Mon texte ne déborde pas des bulles.
- J'ai utilisé des onomatopées.
- J'ai ajouté des signes graphiques.

Je vérifie comment j'ai écrit

- J'ai écrit les dialogues au présent.
  ➡ Conjugaison (page 175)
- J'ai utilisé des phrases affirmatives et négatives dans les dialogues.
  ➡ Grammaire (page 149)
- J'ai utilisé des pronoms personnels.
  ➡ Conjugaison (page 177)
- Je n'ai pas écrit ce qui est dessiné.
- J'ai ajouté des cartouches pour préciser des éléments de l'histoire.
- J'ai utilisé des signes de ponctuation variés (..., ?, !).

Je prends la parole

Raconte l'histoire de l'activité « J'écris les bulles d'une BD », page125, du point de vue d'un des personnages.

Pour te préparer

- Imagine que tu racontes cette histoire à quelqu'un comme si tu étais l'un des personnages de la BD. Où es-tu ? Que penses-tu ? Que fais-tu ?
- Tu dois ne faire parler que ton personnage.

Pour bien dire ton texte

Tu peux modifier ta voix pour qu'elle devienne celle du personnage.

Des BD à découvrir

Garfield en roue libre,
Jim Davis,
Dargaud.

Boule et Bill,
Mon meilleur ami,
Laurent Verron, Cric,
Pierre Veys,
Dargaud.

Tom-Tom et Nana,
Les vacances infernales,
Jacqueline Cohen,
Bernadette Desprès,
Bayard Jeunesse.

Des poèmes sur l'enfance

Unité
11

- Que représente cette image ?
- Les poèmes te font-ils rêver ?
- Connais-tu un poème que tu pourrais dire ?

Dans ce chapitre, tu vas :

Lire des poèmes sur l'enfance.

Écrire un poème.

Réciter devant tes camarades un poème que tu aimes.

11 Lire…

Parmi ces images, laquelle semble être une intruse ?

Ma parole

Que dis-tu ? demande le père
– Moi, rien… répond l'enfant.
Que dis-tu ? demande la mère
– Moi, rien… répond toujours l'enfant.
Que dis-tu ? demande le frère
– Cela ne te regarde pas.
Que dis-tu ? demande la sœur
– Rien, c'est mon secret.

Alors quel est ton secret ?
Demande l'oiseau
– Eh bien c'est que toi tu me parles…

Et là-dessus ils s'en vont
Bras dessus ailes dessous
… Pour une de ces prises de bec…

Claude Haller, *Poèmes du petit matin*,
Coll. Fleurs d'encre © Hachette Jeunesse, 2010.

Je comprends

1 Dans *Ma parole*, quels personnages interviennent ? Que veulent-ils ?

2 Quel est le secret de l'enfant ?

3 Que veut dire l'auteur dans la dernière strophe ?

4 Dans *l'Enfant*, à quel animal l'enfant fait-il penser certains jours ?

5 Selon toi, à quoi joue l'enfant ? T'arrive-t-il de jouer de cette façon ?

6 Dans *Poème pour un enfant lointain*, quels mots sont répétés dans chaque strophe ?

7 Ce poème propose-t-il vraiment des jeux ?

8 Quels points communs peux-tu trouver entre les trois poèmes ?

L'enfant

À quoi jouait-il cet enfant ?
Personne n'en sut jamais rien.
On le laissait seul dans un coin
Avec un peu de sable blanc

On remarquait bien, certains jours,
Qu'il arquait* les bras, tels des ailes
Et qu'il regardait loin, très loin,
Comme du sommet d'une tour.

Mais où s'en allait-il ainsi
Alors qu'on le croyait assis ?
Lui-même le sut-il jamais ?

Dès qu'il refermait les paupières,
Il regagnait le grand palais,
D'où il voyait toute la mer.

Maurice Carême, *L'enfant*,
extrait de « Mer du Nord »
© Fondation Maurice Carême.

*__arquer :__ placer en forme d'arc.

Poème pour un enfant lointain

Tu peux jouer au caillou :
il suffit de ne pas bouger,
très longtemps, très longtemps.

Tu peux jouer à l'hirondelle :
il suffit d'ouvrir les bras
et de sauter très haut, très haut.

Tu peux jouer à l'étoile :
il suffit de fermer l'œil,
beaucoup de fois, beaucoup de fois.

Tu peux jouer à la rivière :
il suffit de pleurer,
pas très fort, pas très fort.

Tu peux jouer à l'arbre :
il suffit de porter quelques fleurs
qui sentent bon, qui sentent bon.

Alain Bosquet, *Le cheval applaudit*
© Éditions ouvrières / Éditions de l'Atelier,
1978.

Je lis à haute voix

Avec un ou deux camarades, choisissez un de ces poèmes. Réfléchissez à la façon de le lire à haute voix à plusieurs. Puis lisez-le devant toute la classe.

Je donne mon avis

T'arrive-t-il de jouer seul et sans jouet ?
Aimes-tu cela ?

J'ajoute trois vers à un poème

Écris une strophe supplémentaire au poème *Poème pour un enfant lointain*. Dans cette strophe, tu garderas les mots que le poète répète.

11 Lire...

Que vois-tu sur cette couverture ?

À partir de quels mots est formé le mot du titre ?

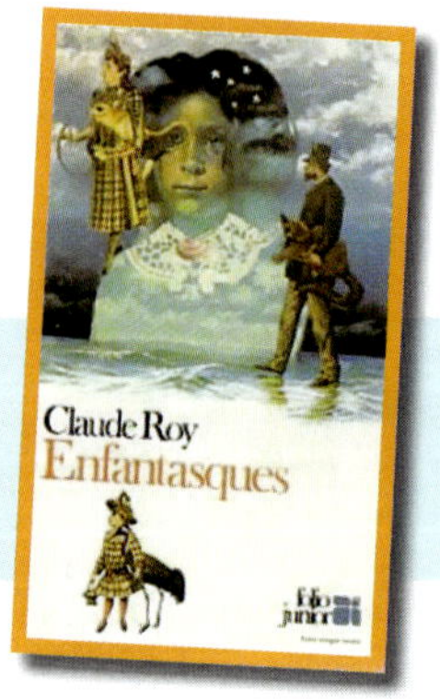

L'enfant qui battait la campagne

Vous me copierez deux cents fois le verbe :
Je n'écoute pas. Je bats la campagne.

Je bats la campagne, tu bats la campagne,
Il bat la campagne à coups de bâton.

La campagne ? Pourquoi la battre ?
Elle ne m'a jamais rien fait.

C'est ma seule amie, la campagne.
Je baye aux corneilles, je cours la campagne.

Il ne faut jamais battre la campagne :
on pourrait casser un nid et ses œufs.

On pourrait briser un iris, une herbe,
On pourrait fêler le cristal de l'eau.

Je n'écouterai pas la leçon.
Je ne battrai pas la campagne.

Claude Roy, *Enfantasques*

L'enfant qui est dans la lune

Cet enfant, toujours dans la lune,
s'y trouve bien, s'y trouve heureux.

Pourquoi le déranger ? La lune
est un endroit d'où l'on voit mieux.

Claude Roy, *Enfantasques*

Je comprends

1. Dans *L'enfant qui battait la campagne*, cherche ce que signifie l'expression « battre la campagne ». Qui parle dans les deux premiers vers ?
2. Que reproche-t-il à l'enfant ?
3. Quel sens l'enfant donne-t-il au verbe « battre » ?
4. Pourquoi ne veut-il pas battre la campagne ?
5. Dans *L'enfant qui est dans la lune*, le poète donne-t-il le même sens au mot « lune » dans le vers 1 et dans le vers 3 ?
6. Que signifie l'expression « être dans la lune » ?
7. Dans *Les corridors où dort Anne...*, quelles questions se pose le poète ?
8. De combien d'enfants ce poème parle-t-il : un ou deux ? Justifie ta réponse.

Les corridors où dort Anne qu'on adore

La petite Anne, quand elle dort,
où s'en va-t-elle ?
Est-elle dedans, est-elle dehors ?
et que fait-elle ?

Pendant la récré du sommeil
à pas de loup,
entre la terre et le soleil
Anne est partout.

Les pieds nus et à tire-d'aile
Anne va faire
les quatre cents coups dans le ciel.
Anne s'affaire.

La petite Anne, quand elle dort,
qui donc est-elle ?
Qui dort ? Qui court par-dessus bord ?
Une autre, et elle.

L'autre dort et l'une a des ailes,
Anne dans son lit, Anne dans le ciel.

Claude Roy, *Nouvelles Enfantasques*

Je lis à haute voix

Lis l'un de ces poèmes à tes camarades. Choisis le ton qui te paraît le mieux correspondre au texte.

Je donne mon avis

Tu viens de lire trois poèmes de Claude Roy. As-tu envie d'en lire d'autres du même auteur ? Pourquoi ?

J'écris des phrases

Écris une ou deux phrases que tu aimerais envoyer à l'auteur, s'il était toujours en vie, pour lui dire ce que tu as pensé de ses poèmes.

11 Pour mieux lire

Respecter la musique du poème

Je réfléchis

Relis ces vers du poème *L'enfant* de Maurice Carême, page 129 :

À quoi jouait-il cet enfant ?
Personne n'en sut jamais rien.
On le laissait seul dans un coin
Avec un peu de sable blanc.

On remarquait bien, certains jours,
Qu'il arquait les bras, tels des ailes
Et qu'il regardait loin, très loin,
Comme du sommet d'une tour.

1 **Chaque vers compte huit syllabes. Lis les vers en séparant les syllabes pour les compter. À quoi faut-il faire attention dans les vers 2, 4 et 8 ?**

2 **À quels endroits du poème vas-tu marquer une pause ? Lis les vers 5 à 8 en prononçant bien chaque syllabe et en respectant les pauses.**

3 **Quels mots riment à la fin des vers ? Quel mot ne rime avec aucun autre ?**

Conseil

Pour bien lire à haute voix un poème en vers et respecter son rythme, il faut **prononcer distinctement les syllabes** de chaque vers. Il faut aussi **marquer les pauses** à l'intérieur des vers en respectant la ponctuation et bien faire **entendre les rimes**.

Je m'entraîne

1 * **Relis cette partie de poème d'Alain Bosquet, page 129.**

Tu peux jouer au caillou :
il suffit de ne pas bouger,
très longtemps, très longtemps.

a. Combien de syllabes comptes-tu dans chaque vers ?

b. Lis ces trois vers lentement pour bien faire entendre les syllabes.

2 ** **Relis le poème *L'enfant qui est dans la lune* page 130. Chaque vers contient 8 syllabes.**

Quels sont les « e » que l'on doit prononcer ? Lesquels ne prononce-t-on pas ?

3 *** **Lis cette partie de poème de Jacques Charpentreau.**

Dans notre ville, il y a
Des tours, des maisons par milliers,
Du béton, des blocs, des quartiers,
Et puis mon cœur, mon cœur qui bat
Tout bas.

Dans mon quartier, il y a
Des boulevards, des avenues,
Des places, des ronds-points, des rues,
Et puis mon cœur, mon cœur qui bat
Tout bas.

a. Quelles sont les rimes dans ces vers ?

b. D'autres sonorités sont-elles répétées à l'intérieur des vers ?

Mots en fête

Dans un poème de Claude Roy, l'expression « battre la campagne » est utilisée dans deux sens différents. Lesquels ?

À ton tour, trouve deux sens différents aux expressions suivantes. Puis invente deux petites histoires pour une de ces expressions.

- donner sa langue au chat
- avoir la tête dans les nuages
- tomber dans les pommes
- marcher sur des œufs

Le poème

Je me souviens

- Comment appelle-t-on chaque ligne d'un poème ?
- Quel poème de l'unité ne contient que deux strophes ?
- Dans quels poèmes de l'unité trouves-tu des rimes ?
- Dans quels poèmes y a-t-il des mots qui se répètent ?
- Pourquoi est-ce important de prononcer distinctement toutes les syllabes d'un vers ?
- Quelles images imagines-tu en lisant *Les corridors où dort Anne qu'on adore* ?

Je retiens

- **Un poème est un texte particulier :**

1 par sa disposition :
- il est souvent écrit en **vers** ;
- les vers sont souvent groupés en **strophes** ;
- ils peuvent se terminer par des **rimes** ;
- des mots peuvent être **répétés**.

2 par les mots utilisés :
- ils font imaginer des **images** inattendues ;
- ils font entendre une **musique**, un **rythme**.

Je m'entraîne

1 * **Compte les syllabes des vers suivants et repère les rimes.**

Il a mis le veston du père,
Les chaussures de la maman
Et le pantalon du grand frère
Il nage dans ses vêtements.

Jacques Charpentreau, *Poèmes pour peigner la girafe*

2 ** **Recopie la suite du poème de Jacques Charpentreau en le disposant en vers. Tu dois obtenir deux strophes de quatre vers chacune.**

Il nage, il nage à perdre haleine. Il croise des poissons volants, des thons, des dauphins, des baleines... Que de monde, dans l'océan ! Écume blanche et coquillages, il nage depuis si longtemps qu'il aborde enfin au rivage du pays des rêves d'enfants.

3 *** **Replace les mots suivants au bon endroit dans ce poème de Maurice Carême.**

effacer • l'enfant • malheurs • mère • vivants

Ma gomme

Avec ma gomme, dit l'enfant
– La gomme que j'ai dans le cœur –
Je puis rayer tous les (1) .

Avec ma gomme, dit (2) ,
Je pourrais faire disparaître
L'univers et tous ses (3) .

Mais qui jamais, sur cette terre
– Fût-il le dieu le plus futé –
Serait capable d'(4)

Avec sa gomme de lumière
Le beau visage de ma (5)
Du livre de l'éternité !

Maurice Carême, *Au clair de la lune,*

Pour créer une image

Je réfléchis

1 Regarde l'image et lis ce poème.

C'était dans la nuit brune
Sur un clocher jauni
La lune
Comme un point sur un i.
Alfred de Musset

a. Quels rapports trouves-tu entre eux ?

b. À quoi le poète compare-t-il la lune ? Qu'est-ce qui permet cette comparaison ?

c. Quel est le mot qui indique qu'il y a une comparaison ?

2 Voici comment Jules Renard, écrivain du 19e siècle, présente certains animaux.

Fais correspondre la présentation imagée avec le nom de l'animal qui convient.
l'écureuil • la puce • l'âne • le ver luisant • l'araignée

Puis explique pourquoi les mots choisis par l'auteur évoquent ces animaux.

a. Une petite main noire et poilue crispée sur des cheveux.

b. Leste allumeur de l'automne, il passe et repasse sous ses feuilles la petite torche de sa queue.

c. Le lapin devenu grand.

d. Cette goutte de lune dans l'herbe.

e. Un grain de tabac à ressort.

3 Compare ces phrases.

Les nuages avancent rapidement, comme une armée en marche.	→	L'armée des nuages avance rapidement.
La forte pluie ressemble à des barreaux qui enferment le paysage.	→	Les barreaux de la pluie enferment le paysage.
La lune est comme une bouche qui sourit. Cela me rassure.	→	Le sourire de la lune me rassure.

a. Les phrases décrivent-elles la même chose dans les deux séries ?

b. Quels mots, dans les phrases de gauche, indiquent qu'il y a une comparaison ?

c. Trouves-tu ces mots dans les phrases de droite ?

Je retiens

Des mots pour évoquer, pour créer une image...

Une comparaison

- **avec des mots de comparaison : comme • pareil à • semblable à • ressembler à • faire penser à • évoquer**
- Le fleuve est **pareil** à une route jaune.
- La silhouette de l'arbre **évoque** une sorcière immobile.
- Le rire de l'enfant résonne **comme** le chant du rossignol.
- Les flocons dansent, **semblables à** des duvets délicats.

Une métaphore

- **sans mots de comparaison :**
- Nous naviguons sur **la route jaune du fleuve**.
- L'arbre, **sorcière immobile**, veille à l'entrée.
- L'enfant éclate d'un **rire de rossignol**.
- Les flocons, **délicats duvets**, dansent gaiement.

Je m'entraîne

1 * **Relève les comparaisons dans les extraits suivants. Quels points communs trouves-tu entre les choses comparées ?**

La mer brille
comme une coquille ;
on a envie de la pêcher.

Paul Fort, *Ballades* © Flammarion.

Au marché

Les joues de la fruitière
sont en peau d'abricot
La grande charcutière
est ronde comme un jambonneau
La petite marchande de fleurs
fine comme un pois de senteur...

Armand Monjo, in *La nouvelle guirlande de Julie* © Éditions ouvrières.

2 * **Complète les comparaisons à l'aide des mots proposés.**

un linge • un agneau • un pou • l'éclair • une couleuvre • une pie • un pinson • un singe • un roc

- bavard comme ~~~
- malin comme ~~~
- paresseux comme ~~~
- curieux comme ~~~
- blanc comme ~~~
- gai comme ~~~
- rapide comme ~~~
- doux comme ~~~
- solide comme ~~~

3 ** **Relève les métaphores dans ces phrases. Peux-tu les expliquer ? Laquelle transformes-tu le mieux en image dans ta tête ?**

La terre est la maison de tout ce qui vit.

Certains beaux soirs
Le doux visage de la lune
me sourit et me souhaite
une bonne nuit.

Les aiguilles de l'horloge
sont des moissonneurs
qui fauchent les minutes et les heures.

Sous la direction du vent,
L'orchestre des peupliers commence
son concert.

La longue route traverse la plaine,
long ruban accroché à l'infini.

4 *** **Invente une comparaison ou une métaphore pour présenter le soleil couchant, les yeux d'un chat, l'eau qui coule du robinet, des feux tricolores à un croisement...**

11 Écrire…

Pour écrire un poème, je dois :

1. choisir une organisation en vers et éventuellement en strophes ;
2. choisir les mots que je répète ;
3. créer un rythme dans les vers par le nombre de syllabes ;
4. utiliser des comparaisons ou des métaphores ;
5. employer les mots de façon inhabituelle ;
6. faire imaginer et entendre ce que je ressens ou ce que je veux dire.

* J'écris un poème sur une construction

Écris un poème en commençant tes vers par les mots suivants.

Mes rêves d'enfant

Si j'étais…
J'irais (ou je ferais, je voudrais…)

Tu peux répéter ces deux vers plusieurs fois.
Essaie d'avoir souvent le même nombre de syllabes.
Tu finiras par :
Mais je suis…

** J'écris un poème selon une règle

Situation 1 **Je me présente en utilisant des images.**

Complète les phrases en utilisant des métaphores ou des comparaisons.

Choisis tes images dans un même thème : vocabulaire du paysage, de la nature, des animaux, des éléments naturels…
Tu peux écrire plusieurs strophes en utilisant plusieurs thèmes.

Mes yeux sont… (*ou* ressemblent à)
Mon nez est… (*ou* fait penser à)
Ma bouche est…
Mes oreilles sont…
Mes cheveux sont…
Mon visage est…

Situation 2 **J'écris un poème à partir d'une question.**

Où s'en vont ... ? Pourquoi faut-il ... ? Que diras-tu ... ? Comment ... ? Qui ... ?

Choisis une de ces questions ou poses-en une autre.

Choisis de quoi ou de qui tu aimerais parler dans un poème.
Tu peux essayer de parler à ton tour des enfants ou de l'enfance.

Pose plusieurs fois sur ce sujet la question que tu as choisie en la complétant de différentes façons.

Pour finir, si tu le veux, écris une réponse.

Situation 3 **J'écris un poème à partir de l'alphabet.**

Mon alphabet

Le A est…
Le B est…

Regarde chaque lettre de l'alphabet en majuscule.
À partir de la forme de chaque lettre, écris une phrase.
Tu peux changer de verbe. Par exemple : *Le C ouvre grand sa bouche*...
Tu peux écrire ce poème avec un ou deux camarades.

*** Je prolonge un poème

Lis ce poème d'Alain Bosquet.

Un enfant m'a dit :
« La pierre est une grenouille endormie. »
Un autre enfant m'a dit :
« Le ciel, c'est de la soie très fragile. »

Le cheval applaudit - Enfance heureuse

Continue :

Un troisième enfant m'a dit :
…
Un dernier enfant m'a dit :
…

J'améliore mon texte

Je vérifie mon poème

*J'écris un poème sur une construction

- J'ai bien utilisé plusieurs fois la structure « Si j'étais… J'irais (ou Je ferais, Je voudrais…) ».

**J'écris un poème selon une règle

- **Situation 1 :** J'ai parlé des éléments de mon visage.
- J'ai trouvé des images thématiques amusantes, émouvantes ou surprenantes.
- **Situation 2 :** J'ai posé la question plusieurs fois.
- J'ai complété cette question en parlant à chaque fois de choses différentes.
- **Situation 3 :** Chaque image correspond bien à la forme de la lettre.

***Je prolonge un poème

- J'ai utilisé des métaphores que je peux expliquer : il y a un point commun entre les deux éléments comparés.

Je vérifie comment j'ai écrit

- J'ai disposé mon poème en vers.
- J'ai utilisé le plus souvent possible le même nombre de syllabes dans les vers.
- Au besoin, j'ai divisé mon poème en strophes.
- J'ai utilisé des mots de comparaison.
  ➡ Vocabulaire (page 245)
- J'ai fait attention aux accords.
  ➡ Orthographe (pages 223 et 225)

Je prends la parole

Dis à toute la classe un poème que tu aimes.

Pour te préparer

- Relis plusieurs fois le poème à voix haute.
- S'il n'est pas trop long, apprends-le par cœur.
- Vérifie si les vers ont le même nombre de syllabes.
- Cherche quel sentiment tu vas communiquer : de l'amusement, de la tendresse…

Pour bien dire

- Regarde souvent tes camarades.
- Ne parle pas trop vite.
- Arrête-toi un peu entre chaque strophe.
- Si tu récites le poème par cœur, tu peux faire quelques gestes qui correspondent à ce que tu dis.

D'autres livres de poésie

Farandoles et fariboles, Claude Roy, Gallimard Jeunesse.

Poèmes de Claude Roy, Gallimard Jeunesse.

Si je donne ma langue au chat, est-ce qu'il me la rendra ? Bayard Jeunesse.

D'autres poèmes

Le petit poème

Il faut caresser le petit poème
D'une main légère et qui pèse à peine,
Toujours dans le sens des plumes des ailes,

Pour l'apprivoiser, lui dire qu'on l'aime
Que le ciel immense est son vrai domaine,
Qu'il est tendre et beau, que la vie l'appelle…

Il hésite un peu, l'attente est si belle,
Il frémit encor, le désir l'entraîne
Et s'envole alors le petit poème.

© Jacques Charpentreau, *Ce que les mots veulent dire.*
Vie ouvrière, Bruxelles, 1986.

Bien placés bien choisis

Bien placés bien choisis
quelques mots font une poésie
les mots il suffit qu'on les aime
pour écrire un poème
on sait pas toujours ce qu'on dit
lorsque naît la poésie
faut ensuite rechercher le thème
pour intituler le poème
mais d'autres fois on pleure on rit
en écrivant la poésie
ça a toujours kékchose d'extrême
un poème.

Raymond Queneau, *L'instant fatal*

Sur la terre

Ah ! que la terre est belle

pour Isabelle

Ah ! que la terre est belle
Crie une voix, là-haut,
Ah ! que la terre est belle
Sous le beau soleil chaud !

Elle est encor plus belle,
Bougonne l'escargot,
Elle est encor plus belle
Quand il tombe de l'eau.

Vue d'en bas, vue d'en haut,
La terre est toujours belle,
Et vive l'hirondelle
Et vive l'escargot !

Pierre Manteneau,
Pour un enfant poète (*Bestiaire*, 1953),
© Hachette, 1997.

L'hiver et l'été

Hiver, vous n'êtes qu'un vilain.
Été est plaisant et gentil,
En témoin de Mai et d'Avril
Qui l'accompagnent soir et matin

Été revêt champs, bois et fleurs
De sa livrée de verdure
Et de maintes autres couleurs
Par l'ordonnance de Nature.

Mais vous, Hiver, trop êtes plein
De neige, vent, pluie et grésil ;
On vous devrait bannir en exil.
Sans vous flatter, je parle plein,
Hiver, vous n'êtes qu'un vilain.

Charles d'Orléans, poète du XVe siècle.

Le plus important dans la vie

Le plus important dans la vie,
mon garçon,
c'est l'air pour respirer,
c'est l'eau pure pour boire,
c'est le lait pour se nourrir,
c'est la terre pour y marcher,
c'est le temps pour bien le remplir.
Mon garçon, parfois,
l'air s'appelle liberté,
l'eau pure est synonyme d'amitié,
le lait est pour tous ceux qu'on aime,
la terre est un devoir,
le temps est une conscience.

Alain Bosquet, *Un jour après la vie*,
Poésie du monde pour l'école,
© DR.

Sur les animaux

Le chat et le soleil

Le chat ouvrit les yeux,
Le soleil y entra.
Le chat ferma les yeux,
Le soleil y resta.

Voilà pourquoi, le soir,
Quand le chat se réveille,
J'aperçois dans le noir
Deux morceaux de soleil.

Maurice Carême, *L'arlequin*

Le lézard

Lézard des rochers,
Lézard des murailles,
Lézard des semailles,
Lézard des clochers,

Tu tires la langue,
Tu clignes des yeux,
Tu remues la queue,
Tu roules, tu tangues,

Lézard bleu-diamant,
Violet reine-claude
Et vert d'émeraude,
Lézard d'agrément !

Robert Desnos,
Chantefables et Chantefleurs,

L'escargot

Il passe comme un paquebot
dans l'herbe tremblante de pluie
quand les araignées essuient
leurs toiles car il fait beau.

J'ai toujours aimé l'escargot
son pas frais luisant et sans bruit
sa navigation dans la nuit
le long des murs, vivant cargo.

On en retrouve le sillage
le matin, brillant au soleil
Où va l'escargot qui voyage

dans le noir cornes en éveil ?
En haut du fenouil, en équilibre
il médite sur les étoiles libres.

Jacques Roubaud,
Les Animaux de tout le monde,

Sur les contes

Conte de fée

Enfant
Je ne savais pas lire
Maman était ma bibliothèque

Je lisais maman –

Un jour
Le monde sera en paix
L'homme sera capable de voler
Le blé poussera en pleine neige
L'argent ne servira à rien…

L'or servira à faire des tuiles
Le papier-monnaie à tapisser les murs
Les pièces à faire des ronds sur l'eau…

Je serai un jour le voyageur
chevauchant une grue rose venant d'Egypte
Muni d'une pomme dorée
et d'une bougie aux cheveux argentés
Je traverserai les pays de conte
pour demander la main de la princesse
de la Ville des friandises

Mais en attendant
Dit maman
On doit beaucoup travailler

Lü yuan, *Tour de terre en poésie*,

Le petit Poucet

Le petit Poucet
A semé
Tant de cailloux
Un peu partout,
Des gris, des bleus,
Des sans-couleur,
Des pailletés,
Des pour toute heure…

Qu'on en a fait
La Voie Lactée

Jacqueline et Claude Held,
Chat botté, Chaperon rouge et compagnie,
Lo Païs d'Enfance, mars 2002.

La prisonnière

Plaignez la pauvre prisonnière
Au fond de son cachot maudit !
Sans feu, sans coussin, sans lumière…
Ah ! maman me l'avait bien dit !

Il fallait aller chez grand-mère
Sans s'amuser au bois joli,
Sans parler comme une commère
Avec l'inconnu trop poli.

Ma promenade buissonnière
Ne m'a pas réussi du tout :
Maintenant je suis prisonnière
Dans le grand ventre noir du loup.

Je suis seule, sans allumettes,
Chaperon rouge bien puni :
Je n'ai plus qu'un bout de galette,
Et mon pot de beurre est fini !

Prête-moi ta plume, Livre de Poche Jeunesse,
Fleurs d'encre, Hachette, 1990.

Les sept nains

La princesse Blanche-Neige,
Chez les sept nains qui la protègent,

Lave, nettoie, époussette,
Sept fois un, sept…

… Lorsqu'une vieille aux jambes torses,
Sept fois deux, quatorze,

Lui dit : « Prends ce beau fruit, tiens ! »
Sept fois trois, vingt et un,

Mais un des nains frappe à la vitre,
Sept fois quatre, vingt-huit,

Et lui dit : « Garde-toi bien »,
Sept fois cinq, trente-cinq,

« De mordre à ce fruit dangereux »,
Sept fois six, quarante-deux,

« C'est un poison qu'elle t'offre ! »
Sept fois sept, quarante-neuf,

La vieille, dans les airs, s'enfuit…
Sept fois huit, cinquante-six.

Et la Princesse des bois,
Sept fois neuf, soixante-trois,

Est sauvée par ses amis,
Sept fois dix, soixante-dix.

Jean Tardieu, *Je m'amuse en rimant,*

Marchands d'histoires

– Quand je serai grand,
– Quand je serai grande,
– Je serai marchand,
– Je serai marchande.

– Nous serons tous deux
Des marchands d'histoires :

– Du dragon sans feu,
– De l'ogre au miroir,
– Du monstre à trois yeux,
– Du fantôme noir.

– Quand je serai grand,
– Quand je serai grande,
– Nous serons tous deux

Marchands de légendes.

Pierre Coran, *J'y suis, j'y rêve,*
Lo Païs d'Enfance,

Sur l'école

Dans notre ville

Dans notre ville, il y a
Des tours, des maisons par milliers,
Du béton, des blocs, des quartiers,
Et puis mon cœur, mon cœur qui bat
Tout bas.

Dans mon quartier, il y a
Des boulevards, des avenues,
Des places, des ronds-points, des rues,
Et puis mon cœur, mon cœur qui bat
Tout bas.

Dans notre rue, il y a
Des autos, des gens qui s'affolent,
Un grand magasin, une école.
Et puis mon cœur, mon cœur qui bat
Tout bas.

Dans cette école, il y a
Des oiseaux chantant tout le jour
Dans les marronniers de la cour.
Mon cœur, mon cœur, mon cœur qui bat
Est là.

Je voulais dans mon cartable

Je voulais dans mon cartable
Emporter mes châteaux de sable,
Mon cerf-volant, des coquillages
Et le portique de la plage.

Maman m'a dit
Ce n'est pas permis
Et puis tout ça
Ça ne rentre pas !

Alors j'ai pris un beau stylo
Pour le goûter quelques gâteaux
Et que des choses raisonnables.
Plus trois petits grains de sable !

Autour du pot

Je tourne autour du pot,
Je n'ose pas le lui dire,
Je suis vraiment idiot,
Car me taire, c'est bien pire.
Ça y est, je prends mon élan,
Les mots sortent sur mes lèvres,
Maman, au secours maman
Je ne suis pas un bon élève !
J'ai eu cinq en dictée,
Zéro en poésie,
J'avais tout oublié
En leçon de géométrie…
Ça y est, j'ai réussi
Me voilà soulagé,
Maintenant je l'ai dit…
… Au miroir de la cheminée !

Michel Boucher,
Manger comme un ogre,

Étude de la langue

Grammaire

Conjugaison

Orthographe

Vocabulaire

SOMMAIRE

GRAMMAIRE

CONJUGAISON

ORTHOGRAPHE

VOCABULAIRE

La phrase

Je découvre

Étape 1 Lis le début de ce conte.

Le rêve de Tao

Tao vivait dans un petit village de Chine. C'était un jeune homme pauvre mais très généreux. Il était toujours prêt à aider son prochain.

Un jour, alors qu'il dormait sur une paillasse à l'ombre d'un arbre, Tao fut réveillé brutalement par un inconnu. Surpris, il ouvrit les yeux et vit devant lui un homme vêtu de rouge.

– Tao, réveille-toi, la reine t'attend !

– De quelle reine me parles-tu ? Je ne connais pas de reine !

– Mais elle, elle te connaît. Elle m'a envoyé te chercher de toute urgence. Viens avec moi !

Tao ne posa plus de questions. Il replia rapidement sa paillasse et suivit l'inconnu.

D'après un conte chinois.

1. Combien y a-t-il de phrases dans ce texte ? À quoi reconnais-tu le début et la fin de chaque phrase ?
2. Relève les différents points que tu vois à la fin des phrases.
3. Lis le texte à haute voix en respectant l'intonation pour chaque phrase.

Étape 2 Lis ces quatre lignes.

a. L'inconnu et Tao marchèrent un long moment.
b. salle dans immense arrivèrent ils une.
c. La reine portait.
d. Une femme très belle était assise sur un trône majestueux.

1. Retrouve les phrases. Pourquoi les mots de certaines lignes ne forment-ils pas des phrases ?
2. Dans la phrase **a**, pourquoi y a-t-il une majuscule au milieu de la phrase ?
3. Recopie les mots de la ligne **b** de façon à former une phrase.
4. Complète la suite de mots de la ligne **c** pour former une phrase.

Je retiens

- Dans une **phrase**, les mots sont organisés pour que la phrase ait un **sens**.
- À l'écrit, une phrase commence par une **majuscule** et se termine par un **point**.
  C'était un jeune homme pauvre mais très généreux.

Je m'entraîne

1 * **Lis la suite du conte *Le rêve de Tao*. Indique le nombre de phrases. Recopie la sixième phrase, entoure la majuscule et le point.**

Tao fit un profond salut devant la reine. « Un monstre menace le royaume. Il empêche ma fille de bâtir une capitale dans le royaume, dit doucement la reine. Je te présente ma fille, Fleur de Lotus. »

Une jeune fille, très belle, entra dans la pièce. Son visage était pâle et ses cheveux noirs descendaient en cascade le long de son dos. Quel air triste, elle avait ! Elle alla s'asseoir près de la reine, sur une chaise en or.

2 * **Forme une phrase avec les mots ou les groupes de mots de chaque série.**

a. clowns • les • cirque • enfants • au • admirent • les

b. un petit chien • dans ses bras • prend • Roméo • au chenil

3 * **Recopie seulement les phrases.**

a. La porte de la classe se referme brusquement.
b. Ma sœur aime cet acteur de cinéma.
c. Où vas-tu ?
d. Pierre sa sœur l'école quittent ensemble et.

4 * **Associe les groupes de mots de chaque colonne pour former des phrases.**

a. Hier, la pluie	1. ferons du ski.
b. Ma tante	2. a fait des dégâts.
c. Cet hiver, nous	3. jouent aux billes.
d. Ces enfants	4. travaille à l'hôpital.

5 ** **Forme deux phrases différentes avec ces groupes de mots.**

son maître • les enfants • dans le parc • suit • vont • le chien • fidèlement • avec leur mère

6 ** **Complète ces groupes de mots pour former des phrases.**

a. Nous avons ramassé …
b. J'aime …
c. Les enfants emportent …
d. Vous construisez …

7 *** **Recopie ce texte en ajoutant les points qui manquent.**

Le mercredi, je me lève tard Je prends mon petit déjeuner À dix heures, mon ami Maxime arrive Nous jouons jusqu'à midi Puis Maxime rentre chez lui

8 *** **Recopie ces textes en mettant les points et les majuscules qui manquent.**

a. le matin, les élèves jouent dans la cour le maître arrive les élèves se rangent et vont dans la classe

b. tous les samedis, Karim va au judo il met un kimono et va sur le tatami il salue son adversaire avant le combat

9 *** **Écris une ou plusieurs phrases pour dire ce que tu vois sur ce dessin. Pense aux *majuscules* et aux *points*.**

La phrase affirmative, la phrase négative

Je découvre

Étape 1 **Lis ce texte.**

Déménager

Madelief, Roos (deux filles) et Jan-Willem (un garçon) sont des amis inséparables.

Jan-Willem, Roos et Madelief sont assis sur un tas de sable de chantier. Madelief a l'air tout drôle. **Elle ne rit pas.** Elle garde les yeux baissés.

– Nous allons déménager, dit-elle.

Personne ne répond.

– Déménager ? fait enfin Jan-Willem.

– Pourquoi ? demande Roos.

Ils sont vraiment choqués. Non, mais, vous imaginez tout à coup Madelief partie ?

Elle n'a pas l'air gai.

Jan-Willem et Roos ne savent pas quoi dire. Ils ne peuvent pas le croire. Déménager !

Déménager dans *Les bonbons sont faits pour être mangés*
de Guus Kuijer, trad. de Louise van Kammen, Pocket Jeunesse.

1. **Recopie les phrases affirmatives ci-dessous. Puis recopie chaque phrase négative en gras dans le texte en face de la phrase affirmative qui correspond.**
   a. Elle rit.
   b. Elle a l'air gai.
   c. Jan-Willem et Roos savent quoi dire.
   d. Ils peuvent le croire.
2. **Dans les phrases négatives que tu as recopiées, entoure les mots qui marquent la négation.**

Étape 2 **Lis ces phrases à la forme négative.**

a. Roos n'a jamais vu Madelief aussi triste.
b. Roos et Jan-Willem ne répondent rien.
c. Tu ne vas plus vivre ici ?

1. **Récris chaque phrase à la forme affirmative.**
2. **Entoure ce qui change dans chaque phrase.**

GRAMMAIRE

Je retiens

- Une phrase est à la forme **affirmative** ou à la forme **négative** :
  – forme affirmative : *Elle rit.* • *Elle a l'air gai.*
  – forme négative : *Elle **ne** rit **pas**.* • *Elle **n'**a **pas** l'air gai.*
- Pour marquer la négation, on peut utiliser :
  ne (n') ... pas • *ne (n') ... jamais* • *ne (n') ... plus* •
  ne (n') ... rien • *ne (n') ... personne.*

Je m'entraîne

*

1 Lis la suite du texte *Déménager*. Recopie les phrases ou les parties de phrases négatives et entoure les mots qui marquent la négation.

Le soir, Madelief discute avec sa mère du déménagement. Elle lui dit qu'elle ne connaîtra personne dans sa nouvelle école.

Sa mère ne répond pas tout de suite. Que peut-elle bien dire ? Madelief a raison. Jan-Willem et Roos lui manqueront là-bas.

Après un long silence, la mère de Madelief dit :

– Tu sais ce que nous allons faire ? Nous allons réfléchir toutes les deux avant de nous décider.

– D'accord, fait Madelief.

[…] Le soir, Madelief ne peut pas s'endormir. Elle n'arrête pas de réfléchir.

Déménager dans *Les bonbons sont faits pour être mangés* de Guus Kuijer, trad. de Louise van Kammen, Pocket Jeunesse.

*

2 Recopie ces phrases négatives et entoure les mots qui marquent la négation.

a. La boulangerie n'est pas ouverte le lundi.
b. Cette table n'est jamais à sa place !
c. Martin ne parle plus à son frère.
d. Cette femme ne voit rien sans ses lunettes.

* *

3 Récris ces phrases à la forme négative en employant *ne ... pas* ou *n'... pas*.

a. Les enfants pleurent.
b. Samia aime le chocolat.
c. Le chat veut sortir.
d. Tu es drôle.

* *

4 Recopie ces phrases en ajoutant les mots de la liste qui marquent la négation.

ne (n') ... pas • *ne (n') ... jamais* •
ne (n') ... rien • *ne (n') ... plus*

a. Avec le bruit, je … entends … .
b. Nous … reverrons … cette personne.
c. Le bébé … veut … son biberon.
d. Autrefois, les voitures … existaient … .

* *

5 Récris ces phrases à la forme affirmative.

a. La voiture ne démarre pas.
b. Il ne parle plus de son accident.
c. Ce train n'est jamais en retard.
d. Rachel n'a rien mangé ce midi.

* * *

6 Réponds à chaque question par une phrase à la forme négative.

a. Veux-tu encore du fromage ?
b. Aimez-vous le café ?
c. Sont-ils toujours à l'heure ?
d. Entend-elle quelque chose ?

* * *

7 Écris un dialogue de quatre phrases entre une mère et son enfant. La mère explique qu'ils vont d'abord chez le dentiste et ensuite chez le marchand de chaussures. Utilise *une phrase à la forme affirmative* et *une phrase à la forme négative* dans les réponses de l'enfant.

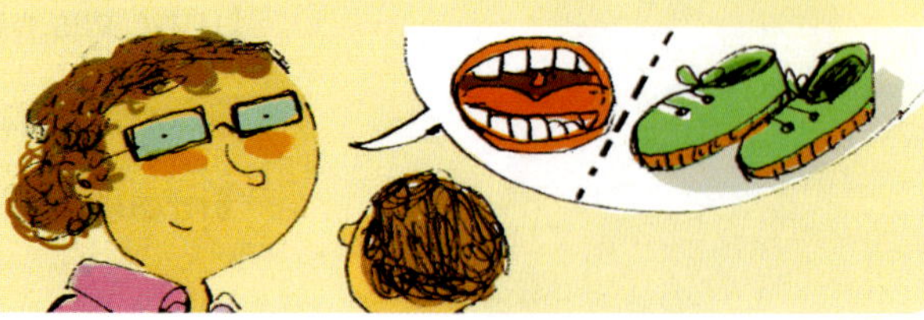

La phrase interrogative

Je découvre

Étape 1 Lis ce texte.

Retour de vacances

La famille Dutour quitte le village où elle a passé le mois d'août en vacances.

MONSIEUR DUTOUR – François, porte ces valises jusqu'à la voiture.
FRANÇOIS – **Est-ce que ma peau de mouton est dedans ?**
MADAME DUTOUR – Tu emportes la peau de mouton ? **Elle est à toi ?**
FRANÇOIS – Oui, le berger me l'a donnée. Il m'a appris à tanner des peaux. Je resterais bien avec lui.
MADAME DUTOUR – **Es-tu sûr qu'il aimerait te garder ?**

Histoires et dialogues © Armand Colin.

1 Sur quel ton lis-tu les trois phrases en gras ?
Quel point termine ces phrases ?

2 Quelles réponses peut-on donner à ces questions en gras ?

3 Explique pourquoi ces phrases en gras sont des phrases interrogatives.

4 Trouve une autre phrase interrogative dans le texte et récris-la de deux manières différentes.

5 Transforme cette phrase en phrase interrogative de trois manières différentes : Il a envie de rester avec le berger.

Étape 2 Lis ces phrases interrogatives.

a. Qui a donné une peau de mouton à François ?
b. Que doit porter François dans la voiture ?
c. Où la famille Dutour a-t-elle passé le mois d'août ?

1 Écris une phrase pour répondre à chaque question.
Dans chaque réponse, entoure les mots qui donnent le renseignement demandé.

2 Quel mot interrogatif trouve-t-on au début de chaque question ?

3 Trouve d'autres questions à poser sur le texte.

Je retiens

- Une phrase **interrogative** sert à poser une **question**. À l'écrit, elle se termine par un **point d'interrogation**.
- La phrase interrogative qui a pour réponse « oui » ou « non » peut être formulée de trois manières différentes.
  Elle est à toi ? • *Est-ce qu'elle est à toi ?* • *Est-elle à toi ?*
- Une phrase interrogative peut commencer par un **mot interrogatif**.
  Où *est-il ?* • ***Que*** *fait-il ?* • ***Quand*** *vient-il ?* • ***Pourquoi*** *veut-il rester ?* • ***Comment*** *va-t-il ?*

GRAMMAIRE

Je m'entraîne

1 * **Lis un autre passage du texte *Retour de vacances*. Recopie seulement les phrases interrogatives.**

FRANÇOIS – Je commence à avoir faim.
MADAME DUTOUR – Veux-tu du pain avec du fromage ?
FRANÇOIS – Oui. Maman, est-ce que tu nous feras encore des pommes de terre cuites sous la cendre ?
FRANCINE – Tu feras aussi des brochettes ?
MADAME DUTOUR – Comment voulez-vous que j'en fasse ? Vous savez bien que dans notre appartement, il n'y a pas de cheminée.

Histoires et dialogues © Armand Colin.

2 * **Recopie seulement les questions auxquelles tu peux répondre par *oui* ou par *non*.**

a. Est-ce qu'elle a déjà eu la grippe ?
b. Pourquoi a-t-il vendu sa maison ?
c. Combien coûte cette veste ?
d. Tu as écrit à ta tante ?
e. Aimez-vous les huîtres ?

3 * **Transforme chaque phrase en phrase interrogative en suivant l'exemple.**

Exemple : **Ils vont** souvent au cinéma.
→ **Vont-ils** souvent au cinéma ?

a. Tu cherches tes lunettes.
b. Elle réunit ses amis ce soir.
c. Vous chantez dans une chorale.
d. Maintenant, il sait poser du papier peint.

4 ** **Récris chaque question de deux autres manières.**

a. Peux-tu m'aider ?
b. Est-ce que nous sommes invités ?
c. Elles ont peur de l'orage ?
d. Vous voulez venir avec nous ?

5 ** **Transforme chaque phrase en phrase interrogative, de trois manières différentes.**

a. Il pleut souvent.
b. Vous faites des travaux dans votre maison.
c. Elle prend sa voiture tous les jours.
d. Tu préfères le chocolat blanc.

6 *** **Écris toutes les questions possibles en utilisant les mots interrogatifs *qui*, *où*, *quand*, *comment*, *que*.**

Tous les soirs, dans sa chambre, Marie lit avec passion des documentaires sur les animaux.

7 *** **Écris** un dialogue entre deux enfants qui jouent aux devinettes : Léa doit trouver à quel animal pense Louis en posant des questions ; Louis ne peut répondre que par *oui* ou par *non*.
Écris les *questions* de Léa en utilisant différentes manières de les poser.
Écris aussi les *réponses* de Louis.

Le nom

Je découvre

Étape 1 **Lis ce texte.**

La villa d'en face

Ça fait bien une heure que Claudette regarde la télé, quand tout à coup elle se retourne vers Philippe :

– Tu sais quoi, Philou ? La télé, c'est comme si on regardait le monde avec des jumelles. Tout est beaucoup plus près !

Philippe répond machinalement :

– Oui, petite sœur.

Il est devant la fenêtre, emmitouflé dans une couverture, et il observe le village avec les jumelles de son père. C'est son jeu préféré depuis deux jours, depuis qu'il a attrapé une bronchite en tombant dans le puits du jardin. […]

Philippe dirige maintenant les jumelles sur la villa d'en face. Un grand type blond se promène avec un chien-loup dans le jardin. C'est un Hollandais. Il est venu habiter là récemment avec sa femme.

La villa d'en face de Boileau-Narcejac © Bayard Jeunesse.

1. **Relève les mots qui désignent une personne, une chose, un animal. Ces mots sont des noms.**
2. **Relève les noms qui commencent par une majuscule.**

Étape 2 **Lis ces groupes nominaux.**

des jumelles • les nouveaux voisins • une couverture • le monde • la fenêtre • son père • un jardin • l'heure • un Hollandais • sa femme

1. **Recopie chaque groupe nominal. Souligne le mot principal, c'est-à-dire le nom.**
2. **Classe les groupes nominaux dans deux colonnes suivant leur genre :** masculin / féminin.
3. **Classe les groupes nominaux dans deux colonnes suivant leur nombre :** singulier / pluriel.
4. **Quels déterminants indiquent le singulier ? Quels déterminants indiquent le pluriel ?**

Je retiens

- Un **nom** est un mot qui désigne une **personne**, un **animal**, une **chose**, un **lieu**.
  Il existe des **noms communs** et des **noms propres** :
  – noms communs : *sœur* • *chien* • *jumelles ;*
  – noms propres : *Philippe* • *Hollande* → Ils commencent par une majuscule.
- Le nom est le mot principal du **groupe nominal**. Le déterminant permet de connaître le **genre** (masculin ou féminin) et le **nombre** (singulier ou pluriel) des noms :
  – masculin : ***un*** *village* • ***le*** *jardin ;*
  – féminin : ***la*** *couverture* • ***une*** *fenêtre ;*
  – singulier : ***le*** *voisin* • ***la*** *sœur ;*
  – pluriel : ***des*** *voisins* • ***les*** *sœurs.*

Je m'entraîne

GRAMMAIRE

* **1** **Lis un autre passage du texte *La villa d'en face*. Recopie les mots et les groupes de mots en gras et souligne les noms.**

Claudette attrape **son cartable** et file dans **l'escalier** :

– N'oublie pas **ton sirop, Philou** !

Toute la journée, Philippe reste aux aguets. Il surveille **la villa**. À un moment, **le Hollandais** sort de chez lui avec le bras en écharpe et **un petit paquet** à la main.

La villa d'en face de Boileau-Narcejac © Bayard Jeunesse.

* **2** **Recopie les noms dans deux colonnes :** nom commun / nom propre.

l'Amérique • une robe • votre maison • Sophie • des vêtements • deux girafes • un bijou • cette tour • ton frère • la Loire

* **3** **Recopie ces groupes nominaux dans deux colonnes :** singulier / pluriel.

une main • vos poches • la promenade • mes ballons • des étiquettes • des chevaux • un œuf • le joueur • des motos • la ligne

** **4** **Recopie ces groupes nominaux dans deux colonnes :** masculin / féminin.

ma sœur • tes clés • ces avions • la région • ton pied • les océans • vos filles • dix canards

** **5** **Recopie les noms et indique leur genre : masculin ou féminin.**

l'armoire • l'horloge • l'oreille • l'abri • l'hiver • l'enquête • l'avion • l'heure • l'outil

** **6** **Recopie ces groupes nominaux dans un tableau comme celui-ci.**

	masculin	féminin
singulier		
pluriel		

les ours • deux lampes • l'étoile • cet arbre • une fée • des nuits • la barrière • cinq lits • l'animal • des éclairs • le bois • les chaises

*** **7** **Recopie ces phrases et souligne les noms.**

a. De gros nuages passent dans le ciel.
b. Au zoo de Vincennes, on a vu des tigres.
c. Julie écrit sur son cahier avec un stylo bleu.
d. Bilal monte un cheval noir.
e. Dans le stade, les sportifs se sont rassemblés.

*** **8** **Écris plusieurs phrases pour décrire ce paysage. Pense à varier *le genre* (masculin / féminin) et *le nombre* (singulier / pluriel) des noms.**

Le verbe et son infinitif

5

GRAMMAIRE

Je découvre

Étape 1 **Lis ce texte.**

Seul

Fabien est un jeune garçon. Seul chez lui, il ne dort pas.

Alors il se lève, enfile un anorak, des bottes, noue une écharpe autour de son cou. Il ouvre la porte de l'appartement, serre la clé dans son poing, allume la lumière sur le palier, appelle l'ascenseur, attend.

Répondeur dans *Nouvelles histoires pressées* de Bernard Friot © Milan Jeunesse, 2007.

1 Recopie les mots qui indiquent les actions de Fabien. Ces mots sont des verbes. Cherche d'autres verbes d'action.

2 Certains verbes indiquent un état comme *est* dans la phrase : Fabien **est** très jeune. Remplace *est* par d'autres verbes d'état.

Étape 2 **Lis ces phrases.**

a. Un jour, il ouvrit la porte, serra la clé, alluma la lumière, appela l'ascenseur, attendit.

b. Fabien et moi, nous ouvrons la porte, serrons la clé, allumons la lumière, appelons l'ascenseur, attendons.

1 Recopie les verbes de ces phrases. Que remarques-tu ? Qu'est-ce qui fait varier les verbes ?

2 Pour nommer un verbe, on utilise l'infinitif. Donne l'infinitif des verbes conjugués dans les deux phrases.

Étape 3 **Lis cet article de dictionnaire.**

> **serrer** **v.** (conjug. 1) 1. Tenir fort en pressant. *Elle lui a serré la main.* 2. Visser à fond. *Il serre les boulons de la roue.* 3. Comprimer. *Ces chaussures me serrent les pieds.* [...]

Le Robert Junior 8-11 ans © Le Robert, 2010.

1 Sous quelle forme trouve-t-on les verbes dans le dictionnaire ?

2 Quelle abréviation indique qu'il s'agit d'un verbe ?

Je retiens

- Le **verbe** indique une **action** ou un **état**.
  *Fabien **ouvre** la porte. Il **allume** la lumière. • Il **semble** seul. Il **reste** tranquille.*
  (ouvre → action ; allume → action ; semble → état ; reste → état)
- Le verbe **se conjugue**. Il varie avec le **temps** et le **sujet**.
  *Fabien **ouvrit** la porte. • Nous **ouvrons** la porte.*
- Pour nommer un verbe, on utilise **l'infinitif**.
  ouvrir • allumer • sembler • rester

GRAMMAIRE

Je m'entraîne

1 * **Lis la suite du texte *Seul*. Recopie les verbes.**

L'ascenseur ouvre ses portes. Fabien appuie sur le bouton « RDC ». […] Il traverse le hall, sort dans la rue. […] Il cherche dans la poche de son anorak une carte de téléphone. Il entre dans la cabine, compose le numéro.

Répondeur dans *Nouvelles histoires pressées* de Bernard Friot
© Milan Jeunesse, 2007.

2 * **Recopie, à la suite, les phrases qui contiennent le même verbe.**

a. Ils prendront le train.
b. Il roulait doucement.
c. Vous ramasserez des noix.
d. Je prends mon sac.
e. Nous ramassons les feuilles.
f. Tu roules trop vite !

3 * **Écris l'infinitif des verbes en gras.**

a. Tu **danses** bien !
b. Julie et son frère **sont** dans la même classe.
c. **Avez**-vous un grand jardin ?
d. Marie **va** à la piscine avec sa classe.

4 ** **Recopie ces phrases dans deux colonnes :** le verbe est un verbe d'action / le verbe est un verbe d'état. **Puis souligne les verbes.**

a. Papa arrose les fleurs.
b. Tu sembles triste.
c. Le garagiste répare la roue.
d. Le vent secoue les arbres.
e. Cet homme est calme.

5 ** **Recopie le verbe conjugué de chaque phrase et écris son infinitif.**

a. Le chat renverse son bol de lait.
b. Le vent souffle fort.
c. Où cours-tu ?
d. Vous mangez trop !
e. Les pompiers déroulent les tuyaux.

6 ** **Recopie les verbes conjugués de ce texte et écris leur infinitif.**

Mathilde a mal à la tête. Alors elle va chez le médecin. Elle sonne. Elle pousse la porte. Elle marche dans un long couloir. Elle présente ses papiers à la secrétaire. Dans la salle d'attente, elle prend un journal.

7 *** **Recopie ces phrases dans deux colonnes :** le mot en gras est un nom / le mot en gras est un verbe.

a. Papa **plante** un pommier.
b. La **plante** est fanée.
c. La **porte** du jardin est coincée.
d. Le petit âne **porte** de lourdes charges.
e. J'ai habité dans une **ferme**.
f. Le magasin **ferme** à 20 heures.

8 *** **Écris plusieurs phrases pour raconter ce que font ces enfants à la piscine. Utilise des *verbes d'action* et un *verbe d'état*.**

6

Les articles et les déterminants possessifs

GRAMMAIRE

Je découvre

Étape 1 Lis ce texte.

Le journal de Lison

Lundi 14 septembre

Ce matin, à **l'école**, on a trouvé **un chaton** blotti dans **les fleurs** de **la cour**. **Des garçons** et **des filles** de CP ont couru vers lui en criant. **Le chaton** est allé sous **le préau**. Il s'est caché derrière **les bancs**. **La maîtresse** l'a attrapé doucement. Elle a mis **l'animal** dans **une panière** et l'a donné au directeur.

1. Classe les groupes nominaux en gras suivant leur genre (masculin ou féminin) et leur nombre (singulier ou pluriel). Entoure les déterminants. Ce sont des articles.
2. Que constates-tu pour le genre des articles *des*, *les* et *l'* ?
3. Pourquoi dit-on *un chaton* dans la première phrase du texte, puis *le chaton* dans la troisième phrase ?

Étape 2 Lis la suite du journal de Lison.

Mardi 15 septembre

À l'école, ce matin, on sort **nos affaires**. Tina n'a pas **sa trousse**. Je lui dis : « Tu ne peux pas penser à **tes affaires** ? Moi, j'ai toujours **mes affaires**. » Elle me répond que **son frère** lui prend toutes **ses affaires**. Je suis obligée de lui prêter **mon crayon vert** et **ma gomme**.

Madame Delorme nous dit :

– Tina et Lison, rangez **vos affaires** dans **votre case** ! Tous les autres ont commencé **leur travail** et pas vous.

1. Trouve les déterminants dans les groupes nominaux en gras. Pourquoi les appelle-t-on des déterminants possessifs ?
2. Écris les déterminants possessifs dans un tableau comme celui-ci.

	à une seule personne			à plusieurs personnes		
	à moi	à toi	à lui/à elle	à nous	à vous	à eux
la trousse est	*ma trousse*					
le crayon est						
les affaires sont						

Je retiens

- Les **articles** sont : *le, la, les, l', un, une, des.*
« Le, la, les, l' » sont des **articles définis** ; « un, une, des » sont des **articles indéfinis**.
- Les **déterminants possessifs** sont : *ma, ta, sa, mon, ton, son, mes, tes, ses, notre, votre, leur, nos, vos, leurs.*
Ils indiquent qu'un animal ou qu'une chose appartient à quelqu'un.
***ma** chambre* (à moi) • ***ton** lit* (à toi) • ***ses** chats* (à lui ou à elle) • ***notre** livre* (à nous)
- Les articles et les déterminants possessifs sont du **même genre** et du **même nombre que le nom** qu'ils accompagnent.
mon frère → masculin singulier • *mes frères* → masculin pluriel • *ta sœur* → féminin singulier

Je m'entraîne

GRAMMAIRE

* **1 Lis la suite du journal de Lison.**

Jeudi 17 septembre

Ouf, ça y est ! On sait à qui est le chaton. C'est à un vieux monsieur qui a **son jardin** près de **mon école**. **Sa chatte** a fait **ses petits** dans l'abri de jardin. Pendant que **leur mère** chasse la nuit, les chatons sont seuls. Un des chatons a voulu explorer le jardin et il s'est perdu ! Maintenant, il a retrouvé **sa mère**.

Pour chaque groupe nominal en gras, écris une phrase en suivant l'exemple.
Exemple : son jardin → C'est le jardin du vieux monsieur.

* **2 Recopie ces groupes nominaux dans deux colonnes :** ceux avec un article / ceux avec un déterminant possessif.

la fusée • mon collier • des cerises • l'oie • ses affaires • un tracteur • l'étoile • nos chats • vos lunettes • ton bureau • le réveil • la lune

* **3 Recopie chaque nom ou groupe nominal en ajoutant un article.**

belle poupée • grands manèges • sapin de Noël • photo de classe • abeilles • gardien du zoo • chanteuse • tête • amis fidèles • petit chien

** **4 Recopie chaque phrase avec le déterminant possessif qui convient.**

a. Les enfants sont heureux, *(son / leur)* père les emmène au cinéma.
b. La poule vient de pondre, *(ses / tes)* œufs ont une belle couleur.
c. *(Mes / Tes)* chaussures sont usées ; tu devrais les changer.

** **5 Recopie chaque phrase avec le déterminant possessif qui convient.**

a. Il m'a prêté *(son / ses)* casque.
b. Le cahier est à faire signer par *(votre / vos)* parents.
c. Les filles ont attaché *(leur / leurs)* cheveux.
d. Les veaux tètent *(leur / leurs)* mère.

*** **6 Récris chaque phrase en changeant le nombre du déterminant possessif. Pense aux accords.**

a. La cliente essaie sa nouvelle robe.
b. Cindy a invité mes sœurs.
c. Vous prenez soin de vos rosiers.
d. Leur fille arrive demain.

*** **7 Écris un dialogue entre deux enfants : ils parlent des jouets qu'ils possèdent. Utilise des *articles* et des *déterminants possessifs*.**

Le lucane

Le geai

L'aigle royal

L'adjectif qualificatif

7

GRAMMAIRE

Je découvre

Étape 1 Lis ces textes documentaires.

Le lucane

Tout **petit**, mais très **costaud**, le lucane est un insecte aux mandibules **énormes**. Il peut soulever 200 fois son poids.

L'aigle royal

Les yeux **fascinants** de l'aigle royal sont aussi **grands** que les nôtres mais beaucoup plus **performants**. Il voit à l'œil nu ce que nous distinguons avec des jumelles grossissant 6 fois !

Le geai

Épaules **bleues**, moustache **noire** et croupion **blanc**, le geai remplit sa fonction de guetteur des forêts. Lorsqu'il y a un danger, il pousse un cri **rauque** pour avertir tous les habitants des bois.

Drôles d'animaux
de Claire Derouin
et Lucette Brossard
© Nathan.

1 Indique sur quel nom chaque mot en gras apporte des précisions. Ces mots en gras sont des adjectifs qualificatifs.

2 Classe les adjectifs qualificatifs en gras dans trois colonnes suivant les précisions apportées : taille / couleur / autre.

3 Ajoute un adjectif qualificatif au nom *danger*.

4 Dans la première phrase, remplace l'adjectif qualificatif *costaud* par un autre adjectif qualificatif de même sens.

Étape 2 Lis ces phrases.

a. Pierre court après son ballon.
b. Les joueurs sont sur le court de tennis.
c. Elle a mis un short court.

1 Dans quelle phrase le mot *court* est-il un adjectif qualificatif ?

2 Indique à quelles classes de mots appartient le mot *court* dans les deux autres phrases.

Je retiens

- Un **adjectif qualificatif** se rapporte à un nom.
- Il donne des **précisions** sur ce nom.
  *des yeux **fascinants** • une moustache **noire** • un cri **rauque***

Je m'entraîne

*
1 Recopie chaque adjectif en gras avec le nom sur lequel il donne des précisions.

Le poisson-empereur a une robe **bleue**, **orange**, **noire** et **jaune**, ornée de **fines** rayures. Cette **somptueuse** parure l'aide à passer inaperçu dans les massifs de corail.

Le crocodile du Nil mesure sept mètres de long. **Paresseux** mais **agile** malgré un poids d'une tonne, le crocodile laisse la proie approcher…

Drôles d'animaux de Claire Derouin et Lucette Brossard © Nathan.

*
2 Recopie ces phrases et entoure les adjectifs qualificatifs qui donnent des précisions sur les noms soulignés.

a. Le lion est féroce.
b. La grosse chatte grise surveille une petite souris.
c. Notre nouveau maître est arrivé hier.
d. Elsa peint des fleurs multicolores dans un grand vase bleu.

*
3 Recopie ces phrases en ajoutant les adjectifs qualificatifs qui conviennent.

rouge • longs • immense • gros • basse • plein • public • nouvelle

a. Ce ~~~ chien a des poils ~~~.
b. La ~~~ voiture de mon père est ~~~.
c. J'ai posé mon verre ~~~ sur la table ~~~.
d. Ce jardin ~~~ est ~~~.

**
4 Recopie ces mots et entoure ceux qui sont des adjectifs qualificatifs.

beau • petit • chapeau • voiture • joli • arbre • rapide • jaune • chien • oncle • immense

**
5 Recopie chaque phrase en ajoutant un adjectif qualificatif pour préciser le nom souligné.

a. Nous sommes allés visiter un musée.
b. La tempête a déraciné notre sapin.
c. Cette robe te va bien.
d. Voyez-vous ce nuage ?
e. Un camion s'est renversé dans un champ.

***
6 Recopie les trois phrases dans lesquelles le mot souligné est un adjectif qualificatif.

a. Ton exercice est faux.
b. J'ai cueilli une rose.
c. Les enfants font une ronde.
d. Autrefois, on fauchait le blé avec une faux.
e. Ma sœur a une robe rose.
f. Ce soir, la lune est ronde.

***
7 Recopie les adjectifs qualificatifs de ce texte.

L'autruche est un animal étrange. C'est un grand oiseau. Elle a un gros corps arrondi et de longues pattes musclées et puissantes. Ses ailes sont petites. Son poids important l'empêche de voler.
Dans les régions désertiques, elle boit l'eau qu'elle trouve dans les plantes grasses.

***
8 Écris plusieurs phrases pour décrire ce crocodile. Emploie des *adjectifs qualificatifs*.

Les adverbes

Je découvre

Étape 1 Lis ce texte.

Les drinns

Sur la planète Kruna, les Kohols dorment. L'un d'eux, Xour, entend du bruit. C'est Zéda la cabrette.

Xour s'approche **lentement** de la cabrette et voit le drinn. L'énorme bête est là, à cent pas, immobile. Ses larges pattes griffues et sa longue queue plate se confondent **presque** avec les pierres.

Xour ouvre la bouche pour crier. Non, s'il crie, la bête attaquera **peut-être**.

1 Relis le texte sans les mots en gras. Quelles précisions apportent ces mots ? Ces mots sont des adverbes et ils sont invariables.

2 Relis le texte en remplaçant les adverbes en gras par les adverbes suivants (dans l'ordre du texte) : rapidement • complètement • sûrement. Le sens de chaque phrase est-il le même ?

Étape 2 Lis la suite du texte *Les drinns*.

Pour se protéger des drinns, les Kohols entourent leur camp d'un mur de pierres.

Ils travaillent sous la lumière blanche des lunes Fa et Ma. **Bientôt**, les lunes pâlissent. **Puis** le ciel devient jaune, le jour se lève. **Maintenant**, un large mur de pierres entoure le camp des Kohols. Derrière le mur, plus de cinquante drinns attendent.

Soudain, le plus grand des drinns frappe le sol de sa large queue, alors Zéda s'affole.

D'après *Les drinns* de Marie-Hélène Delval, J'aime lire n° 52 © Bayard Presse.

1 Relis le texte sans les mots en gras. À quoi servent ces mots ? Ces mots invariables sont des adverbes.

2 Relis le texte en remplaçant les adverbes en gras par les adverbes suivants (dans l'ordre du texte) : peu après • ensuite • à présent • tout à coup. Le sens de chaque phrase est-il le même ?

Je retiens

- Les **adverbes** sont des mots **invariables**. Ils peuvent être formés d'un ou de plusieurs mots.
- Certains adverbes donnent des **précisions** sur les actions exprimées par le verbe.
  *Il avance **lentement**. • Il avance **rapidement**.*
- D'autres adverbes relient deux phrases ou deux parties d'une phrase. Ils donnent souvent des **indications de temps**.
  *Les lunes pâlissent. **Puis** le ciel devient jaune.*

Je m'entraîne

*

1 Lis un autre passage du texte *Les drinns*. Recopie les adverbes qui relient les phrases.

La mère drinn regarde Xour. Aussitôt elle lance un petit cri. Xour est sûr qu'elle l'invite à venir.

Alors Xour voit Zéda. La cabrette bondit comme une folle. D'abord, elle danse, elle se roule dans les ajas (sortes de ruisseaux). Puis elle se relève, elle repart, s'arrête. Ensuite, elle arrache une bouchée de délicieuses herbes bleues. Enfin, elle saute dans le liquide brillant qui court au milieu des ajas.

Les drinns de Marie-Hélène Delval, J'aime lire n° 52
© Bayard Presse.

*

2 Recopie chaque phrase et souligne le verbe précisé par l'adverbe en gras.

a. Elle range **vite** ses affaires.
b. Cet acteur vient **souvent** à Paris.
c. Le chevreuil traverse **brusquement** la route.
d. Je retournerai **peut-être** dans ce pays.
e. Il marche **lentement** sans faire de bruit.

**

3 Recopie les adverbes de ces phrases dans deux colonnes : adverbes en un mot / adverbes formés de plusieurs mots.

a. Des enfants venaient quelquefois chez elle.
b. Nous partirons tout à l'heure pour le mariage.
c. Il est sans doute absent.
d. Le vétérinaire opérera le cheval demain.
e. Il fait froid ici !
f. Les élèves n'ont pas tout à fait fini l'exercice.

**

4 Recopie chaque phrase en ajoutant l'adverbe qui convient. Entoure ceux qui donnent des indications de temps.

ensuite • parfois • pourtant • alors

a. J'étais loin, … je n'ai rien entendu.
b. Le facteur trie le courrier, … il fait sa tournée.
c. Marc est bizarre, … on ne le comprend pas.
d. Il pleut, … les promeneurs décident de sortir.

***

5 Récris chaque phrase en remplaçant l'adverbe souligné par un autre de même sens.

a. Le ciel est noir ; <u>tout à coup</u>, l'orage éclate.
b. Les voitures roulent <u>doucement</u>.
c. Elle rencontre <u>parfois</u> son cousin.
d. Nous sommes en retard, marche plus <u>vite</u> !

***

6 Recopie les adverbes de ce texte.

Le léopard a vraiment faim. Soudain, il voit un zèbre. Alors, il part à sa poursuite. Il le rattrape rapidement. Il saute sur le malheureux animal et le tue. Puis il commence son repas. Plus tard, il va à l'ombre pour digérer.

***

7 Écris trois phrases pour raconter le travail des pompiers. Tu peux utiliser les verbes *monter, arroser, sauver*. Dans chaque phrase, emploie un *adverbe* qui donne des indications de temps.

Le sujet

Je découvre

Étape 1 Lis ce texte.

Fin de l'été

L'été prend fin. Au bord de la mer, les vacanciers rangent les parasols et les serviettes de plage dans le coffre de leur voiture. Pour beaucoup d'entre eux, le départ approche. Tom et Sarah passent une dernière journée sur la plage avec leurs copains.

1 Trouve les groupes de mots qui répondent à ces questions :
– Qu'est-ce qui prend fin ?
– Qui est-ce qui range les parasols et les serviettes de plage ?
– Qu'est-ce qui approche ?
– Qui est-ce qui passe une dernière journée sur la plage ?
Ces groupes de mots sont les sujets des verbes soulignés.

2 Le sujet peut être encadré par « c'est... qui » ou « ce sont... qui » : *C'est l'été qui prend fin*.
Relis toutes les phrases en encadrant le sujet de cette manière.

3 Relis la première phrase en remplaçant le sujet *L'été* par *Les vacances*. Que constates-tu quand on change le sujet ?

Étape 2 Lis la suite du texte *Fin de l'été*.

À la fin de la journée, Sarah a du mal à quitter Lina. Elle s'attarde avec elle sur la jetée. Tom vient les rejoindre avec Léo et Alex. Les enfants pensent déjà à l'année prochaine. Ils échangent des promesses.

– Nous reviendrons l'été prochain. On restera plus longtemps.

– Vous êtes sûrs ? Lina, tu m'écriras ?

– Je t'enverrai des mails !

1 Classe le sujet de chaque verbe souligné dans une colonne :
groupe nominal / nom propre / pronom personnel.

2 Récris les phrases suivantes en remplaçant le sujet en gras par le pronom personnel qui convient : *Il* ou *Elles*.
a. **Sarah et Lina** se reverront l'année prochaine.
b. **Tom** aime ce petit village au bord de la mer.

3 Écris la liste des pronoms personnels qui peuvent être sujets d'un verbe.

Je retiens

- Le **sujet** d'un verbe répond à la question **« qui est-ce qui ? »** ou **« qu'est-ce qui ? »**. Il peut être encadré par « c'est… qui » ou « ce sont… qui ».
  L'été prend fin. → Qu'est-ce qui prend fin ? C'est l'été qui prend fin.
- Le sujet fait **varier le verbe**.
  L'été prend fin. • Les vacances prennent fin.
- Le sujet d'un verbe peut être :
  – un **nom propre** : ***Tom*** *va à la plage.*
  – un **groupe nominal** : ***Le jeune garçon*** *va à la plage.*
  – un **pronom personnel (je, tu, nous, vous, on, il, ils, elle, elles)** : ***Il*** *va à la plage.*

Je m'entraîne

GRAMMAIRE

1 * **Lis et recopie la suite du texte *Fin de l'été*. Entoure le sujet de chaque verbe souligné. Pour t'aider, tu peux poser la question « qui est-ce qui ? » ou « qu'est-ce qui ? ».**

De retour dans la caravane, le jeune Tom songe aux baignades avec Alex. Léa pense aux longues promenades sur la plage. Leurs parents interrompent leurs rêveries. Demain, le départ est à 7 heures. Les bagages doivent être prêts.

2 * **Récris chaque phrase en encadrant le sujet du verbe souligné par « c'est… qui ».**

a. Elsa écrit à sa mamie.
b. Aujourd'hui, le chien garde la maison.
c. Depuis deux jours, Margot a deux ans.
d. Le jardinier repique les salades.

3 * **Recopie chaque phrase avec le sujet qui convient.**

a. *(Vous / Tu)* ranges la chambre.
b. *(Je / Nous)* plonge dans la piscine.
c. *(Elles / Elle)* attendent le bus.
d. *(Il / Ils)* écrit un poème.

4 ** **Recopie les sujets dans deux colonnes :** groupe nominal / pronom personnel.

a. Le train arrive en retard.
b. Nous sommes vos nouveaux voisins.
c. De ma fenêtre, je vois la lune.
d. Souvent, la petite fille fait des cauchemars.

5 ** **Récris chaque phrase en remplaçant le groupe nominal sujet par un pronom personnel, ou inversement.**

a. Les grandes herbes envahissent le jardin.
b. Elle prendra l'avion.
c. Il fait du vélo tous les matins.
d. Chaque jour, ils marchent une heure.
e. Les animaux restent à l'ombre.
f. La boulangerie ouvre à 8 heures.

6 *** **Recopie ces phrases interrogatives, souligne les verbes et entoure leur sujet.**

a. Pourquoi partez-vous si tôt ?
b. Que font ces enfants ?
c. Prendras-tu le train ou l'avion ?
d. Quand vont-ils à la piscine ?
e. Où va Karim pendant les vacances ?

7 *** **Écris plusieurs phrases pour raconter ce que font Tom et Sarah sur la plage. Utilise les verbes *jouer, ramasser, creuser, remplir*. Emploie des sujets différents : des *noms propres*, des *groupes nominaux* et des *pronoms personnels*.**

Le complément d'objet direct (COD)

Je découvre

Étape 1 Lis cet article de journal.

Sauvé !

Lundi, sur une plage de Charente-Maritime, des promeneurs ont trouvé un petit dauphin. Ils ont appelé les pompiers. Ceux-ci ont observé l'animal. Sur la queue, le dauphin avait une petite blessure. Les pompiers ont nettoyé le dauphin avec de l'eau douce. Puis ils ont emporté le jeune animal sur un bateau pour le remettre à l'eau.

D'après *L'histoire du jour* dans *Le Petit Quotidien*, n° 3048 © Play Bac.

1 Dans chaque phrase du texte, trouve le verbe et son sujet.

2 Trouve les groupes de mots qui indiquent :
– ce que les promeneurs ont trouvé ;
– qui ils ont appelé ;
– ce que les pompiers ont observé ;
– ce que le dauphin avait sur la queue ;
– ce que les pompiers ont nettoyé ;
– ce qu'ils ont emporté.

Ces groupes de mots qui complètent les verbes sont des compléments d'objet direct (COD).

3 Relis le texte sans ces groupes de mots. Comprends-tu encore le texte ? Ces groupes de mots peuvent-ils être supprimés ?

4 Où sont placés ces groupes de mots par rapport aux verbes ? Peux-tu les déplacer ?

Étape 2 Lis ces phrases.

a. Les promeneurs attendent les pompiers.	Les promeneurs les attendent.
b. Le jeune dauphin retrouve sa mère.	Le jeune dauphin la retrouve.
c. Les promeneurs observent la scène.	Les promeneurs l'observent.

● Par quel mot chaque COD surligné a-t-il été remplacé dans chaque phrase de la colonne de droite ?

Je retiens

- Le **complément d'objet direct (COD)** complète le verbe.
  Des promeneurs ont trouvé un petit dauphin. → COD : il indique ce que les promeneurs ont trouvé.
- C'est un complément **essentiel** dans la phrase car on ne peut **ni le déplacer ni le supprimer** sans changer le sens de la phrase.
  Des promeneurs ont trouvé. → Ça n'a pas de sens. On ne sait pas ce qu'ils ont trouvé.
- Le COD peut être remplacé par un **pronom personnel :** ***le, la, les, l'.***
  Des promeneurs appellent les pompiers. → *Des promeneurs les appellent.*

Je m'entraîne

1 * **Lis un autre article de journal.**

Des abeilles sur une vitrine

Jeudi, au centre de Paris, le responsable d'une galerie d'art a vu un nuage d'abeilles sur sa vitrine. C'était impressionnant mais pas dangereux. Ces abeilles avaient quitté leur ruche. Elles attendaient là avant de trouver un nouvel endroit où vivre. Le responsable de la galerie a averti un apiculteur. Celui-ci a emporté l'essaim.

D'après *L'histoire du jour* dans *Le Petit Quotidien*, n° 3048 © Play Bac.

Recopie le COD qui indique :

a. ce que le responsable de la galerie d'art a vu ;
b. ce que les abeilles avaient quitté ;
c. qui le responsable de la galerie a averti ;
d. ce que l'apiculteur a emporté.

2 * **Recopie ces phrases, souligne les verbes et entoure les COD.**

a. Nous rencontrons des amis.
b. Mon chien guette les chats.
c. Vous finirez ce travail demain.
d. Mathilde a acheté une jolie bague.

3 ** **Recopie chaque phrase en ajoutant un COD de ton choix.**

a. À mon anniversaire, j'ai reçu … .
b. Les touristes achètent … .
c. Au zoo, l'enfant regarde … .
d. Julie dessine … .

4 ** **Récris chaque phrase en remplaçant le COD souligné par le pronom personnel *le, la, l'* ou *les*.**

Exemple : Le livreur transporte les colis.
→ Le livreur les transporte.

a. Cet homme promène son chien.
b. Tu ranges tes livres sur l'étagère.
c. Romain emporte son goûter.
d. Les couvreurs réparent la toiture.

5 *** **Récris chaque phrase en remplaçant le pronom personnel COD souligné par un groupe nominal de ton choix.**

Exemple : Je les pose sur la table.
→ Je pose mes clés sur la table.

a. Maman le lave.
b. Nous ne la retrouvons pas.
c. Bill l'emporte avec lui.
d. Le jardinier les arrose.

6 *** **Écris plusieurs phrases pour raconter ce que tu vois sur ce dessin. Utilise des *COD*. Dans ces COD, tu peux employer les noms *billet, journal, livre, sandwich, bagage*, au singulier ou au pluriel.**

Le complément d'objet indirect (COI)

Je découvre

Étape 1 Lis ce texte.

Au parc aquatique

Hier, Adèle est allée au parc aquatique avec ses grands-parents. **Elle rêvait de ce parc depuis longtemps. Elle a assisté à plusieurs spectacles.** C'est celui avec les otaries qu'elle a préféré. Les trois otaries ont fait preuve d'adresse et d'équilibre. **Tout le monde riait de leurs acrobaties. Docilement, elles obéissaient aux ordres du dresseur. Ensemble, elles ont joué au ballon. À la fin de chaque tour, doucement, elles se frottaient au dresseur.** Elles obtenaient ainsi du poisson frais.

1. Dans chaque phrase en gras, trouve le verbe et son sujet.
2. Trouve les groupes de mots qui indiquent :
   – de quoi Adèle rêvait ;
   – à quoi elle a assisté ;
   – de quoi tout le monde riait ;
   – à quoi les otaries obéissaient ;
   – à quoi elles ont joué ;
   – à qui elles se frottaient.

   Ces groupes de mots qui complètent les verbes sont des compléments d'objet indirect (COI).
3. Où sont placés ces groupes de mots par rapport aux verbes ? Quel mot relie chaque complément d'objet indirect au verbe ?
4. Relis cette phrase sans le COI : Elle a assisté à plusieurs spectacles. A-t-elle encore un sens ? Peux-tu déplacer le COI ?

Étape 2 Lis ces phrases.

a. Adèle préfère le spectacle des otaries.
b. Adèle pense au spectacle des otaries.

1. Recopie ces phrases et entoure le COD en bleu et le COI en vert.
2. Qu'est-ce qui te permet de distinguer les deux compléments ?

Je retiens

- Le **complément d'objet indirect (COI)** complète le verbe.
Il est relié au verbe par un mot comme ***de, à, au***.
Adèle a assisté à plusieurs spectacles. → COI : il indique à quoi Adèle a assisté.
- C'est un complément **essentiel** dans la phrase car on ne peut **ni le déplacer ni le supprimer** sans changer le sens de la phrase.
Adèle a assisté. → Ça n'a pas de sens. On ne sait pas à quoi Adèle a assisté.

Je m'entraîne

1 * **Lis la suite du texte *Au parc aquatique*.**

Adèle téléphone à sa mère. Elle parle de sa merveilleuse journée de la veille. Elle se souvient surtout du spectacle des otaries. Elle enverra une photo du parc à ses parents.

Recopie le COI qui indique :

a. à qui Adèle téléphone ;
b. de quoi elle parle ;
c. de quoi elle se souvient ;
d. à qui elle enverra une photo.

2 * **Recopie le COI qui complète chaque verbe souligné.**

a. Ce plat <u>résiste</u> à la chaleur.
b. Jeanne <u>profite</u> du soleil sur la plage.
c. Nous <u>discuterons</u> de ce problème plus tard.
d. Est-ce que le collier <u>plaît</u> à ta sœur ?

3 * **Recopie chaque phrase en ajoutant un COI de la liste.**

à la prochaine réunion • de Timothée • des animaux • à son amie

a. Il s'occupe ... dans un zoo.
b. Leila se confie ... .
c. Le directeur réfléchit ... .
d. Les enfants se moquent toujours ... .

4 ** **Recopie chaque phrase, souligne le verbe, entoure le COI et souligne le mot qui le relie au verbe.**

a. Ce chien obéit à son maître.
b. Nous répondrons à vos questions demain.
c. Olivier rêve de monstres pendant son sommeil.
d. Elle se doute de quelque chose !

5 ** **Recopie chaque phrase en ajoutant *à, de* ou *d'* devant le COI.**

a. Les personnes âgées parlent souvent ... leur jeunesse.
b. Ma voisine se sert ... une machine à coudre.
c. Tu ressembles de plus en plus ... ta mère.
d. Il se remet lentement ... sa maladie.

6 ** **Recopie chaque phrase en ajoutant un COI de ton choix.**

a. Le bébé sourit ... .
b. Elle s'intéresse ... depuis trois mois.
c. Tu penseras ... pour sa fête.
d. Son grand-père se souvient ... .

7 *** **Recopie les compléments de chaque verbe dans deux colonnes :** COD / COI.

Nicolas voit un hérisson dans son jardin. Il s'approche de l'animal. Mais le hérisson se méfie de Nicolas. Il se cache. Nicolas apporte un bol de lait car les hérissons adorent le lait. Dans la nature, ils se nourrissent d'insectes et de vers.

8 *** **Écris une phrase pour chaque dessin. Dans chaque phrase, utilise un *COI* en t'aidant de ce que font les personnages sur le dessin.**

Le héron

La panthère

Le pic

Le paresseux

Les compléments circonstanciels (CC)

12

GRAMMAIRE

Je découvre

Étape 1 Lis ces textes documentaires.

Le héron
Au printemps, il construit son nid en hauteur pour mettre sa couvée bien à l'abri.

La panthère
Comme un gros chat, elle grimpe facilement aux arbres.

Le pic
Il creuse son nid dans les arbres âgés.

Le paresseux
Il se déplace dans les branches avec une lenteur extrême.

La vie et les arbres de James Gourier © Nathan.

1. Où le héron construit-il son nid ? Quand ? Pourquoi ?
2. Comment la panthère grimpe-t-elle aux arbres ?
3. Où le pic creuse-t-il son nid ?
4. Où se déplace le paresseux ? Comment ?

Étape 2 Lis ces autres textes documentaires.

La chouette
Elle sort de son trou à la nuit tombée.

Le scolyte
Sa larve creuse des galeries sous l'écorce des arbres.

1. Recopie la première phrase et entoure le groupe de mots qui indique quand la chouette sort de son trou.
2. Peux-tu déplacer ce groupe de mots ? Peux-tu le supprimer ? Ce groupe de mots est un complément circonstanciel (CC).
3. Dans la seconde phrase, trouve le complément circonstanciel : le groupe de mots que l'on peut déplacer et supprimer.
4. Quelle information apporte ce complément circonstanciel ?

Je retiens

- Les **compléments circonstanciels (CC)** donnent des informations sur **où, quand, comment, pourquoi** se passent les actions.
  Au printemps, l'hirondelle construit son nid dans les granges avec des brindilles pour protéger ses petits.
  (Au printemps : quand ; dans les granges : où ; avec des brindilles : comment ; pour protéger ses petits : pourquoi)
- Dans une phrase, le complément circonstanciel peut être **déplacé** et **supprimé**.
  L'hirondelle construit son nid au printemps. • *L'hirondelle construit son nid.*

Je m'entraîne

1 * **Lis un autre texte documentaire.**

De l'arbre… à ton bureau

Le forestier choisit les arbres à abattre. Le bûcheron coupe les troncs à la tronçonneuse. Un camion transporte les troncs jusqu'à l'usine. À l'usine, les troncs sont sciés pour obtenir des planches. Le bois est séché. Le menuisier coupe dans les planches les morceaux nécessaires à l'assemblage de ton bureau.

Recopie le complément circonstanciel qui indique :

a. comment le bûcheron coupe les troncs ;
b. où le camion transporte les troncs ;
c. pourquoi les troncs sont sciés.

2 * **Recopie les CC surlignés dans un tableau comme celui-ci.**

où ?	quand ?	comment ?	pourquoi ?

a. Avec sa camionnette, la boulangère nous apporte le pain chaque matin.
b. Pendant les vacances, nous ferons la vaisselle tous les jours pour faire plaisir à nos parents.
c. Vanessa recopie sa dictée avec application.
d. Un homme a eu un malaise dans la rue à cause de la chaleur.
e. Dans son restaurant, le cuisinier prépare chaque jour cent repas.

3 ** **Récris les phrases de l'exercice 2 en déplaçant les CC.**

4 ** **Recopie ces phrases et entoure les CC.**

a. Les murs sont blancs dans notre maison.
b. L'été dernier, Théo a trouvé un portefeuille sur la plage.
c. Tous les soirs, Yannick présente un spectacle aux campeurs.
d. Nous écoutons cette musique avec plaisir.

5 ** **Récris les phrases de l'exercice 4 en déplaçant les CC.**

6 ** **Récris ces phrases en supprimant les CC.**

a. L'après-midi, papi dort dans son fauteuil.
b. Le vétérinaire examine le chien avec soin.
c. En août, nos amis partiront dans le Jura pendant deux semaines.
d. Les enfants font de la luge dans les prés.

7 *** **Récris chaque phrase en ajoutant un CC de ton choix.**

a. Le maître a accroché nos dessins.
b. L'avion a atterri.
c. Les vendeurs sont toujours aimables.
d. Tu téléphoneras à tes grands-parents.

8 *** **Écris deux phrases pour chaque dessin. Utilise un *complément circonstanciel* dans une des deux phrases de chaque dessin.**

GRAMMAIRE

L'adjectif qualificatif dans le groupe nominal

Je découvre

Étape 1 Lis ce texte.

Mystère au cirque Alzared

Sur les affiches collées aux vitres et à la carrosserie de la voiture, Clément peut voir à quoi ressemble le magicien. **Une moustache noire** lui barre le visage et remonte de chaque côté du nez. Il porte **un turban blanc** orné d'un bijou en forme de serpent. Il a aussi un anneau d'or à l'oreille, mais le plus impressionnant ce sont **ses grands yeux verts**, des yeux de félin. […]

Où Clément a-t-il déjà vu **ce curieux personnage** ?

Mystère au cirque Alzared de Guy Jimenes et Isabelle Petit-Jean © Nathan.

1. Dans chaque groupe nominal en gras, trouve le nom et le ou les adjectif(s) qualificatif(s).
2. Relis le texte sans les adjectifs qualificatifs en gras. Sont-ils indispensables dans un groupe nominal ? À quoi servent-ils ?
3. Recopie les groupes nominaux (GN) en gras dans un tableau comme celui-ci.

GN avec un adjectif avant le nom	GN avec un adjectif après le nom	GN avec un adjectif avant le nom et un adjectif après le nom

Étape 2 Lis ces textes.

a. **Trois gros lions** vont et viennent dans une cage. Le dompteur leur apporte **un gigantesque morceau** de viande rouge.
b. **Trois grosses lionnes** vont et viennent dans une cage. Le dompteur leur apporte **deux gigantesques morceaux** de viande rouge.

1. Donne le genre (masculin ou féminin) et le nombre (singulier ou pluriel) de chaque groupe nominal en gras.
2. Pourquoi les adjectifs qualificatifs changent-ils ? À quels noms se rapportent les adjectifs *gros*, *grosses*, *gigantesque* et *gigantesques* ?

Je retiens

- Dans un groupe nominal, l'**adjectif qualificatif** est placé **avant** ou **après le nom**. Il apporte des **précisions** mais il n'est **pas indispensable**.
  *ce **curieux** personnage • une moustache **noire***
- Un nom peut être accompagné de **plusieurs adjectifs qualificatifs**.
  *ses **grands** yeux **verts***
- L'adjectif qualificatif prend le **genre** (masculin ou féminin) et le **nombre** (singulier ou pluriel) **du nom** auquel il se rapporte.
  *trois **gros** lions* → masculin pluriel • *trois **grosses** lionnes* → féminin pluriel
  *un morceau **gigantesque*** → masculin singulier • *des morceaux **gigantesques*** → masculin pluriel

Je m'entraîne

1 * **Recopie ces groupes nominaux en supprimant les adjectifs qualificatifs.**

un nouveau jeu amusant • une histoire drôle • une vive lumière éblouissante • un hiver froid et humide • un animal rusé et rapide

2 * **Recopie les groupes nominaux en gras. Souligne les noms et entoure les adjectifs qualificatifs.**

a. **Le jeune garçon** a **une bonne idée**.
b. **Les nombreux touristes** admirent **le vieux pont romain**.
c. **L'ours blanc** a **une épaisse fourrure**.
d. **Le grand méchant loup** attrape **les petits cochons**.

3 ** **Recopie ces phrases en ajoutant un adjectif qualificatif à chaque nom souligné.**

a. Le public applaudit le spectacle.
b. Une tour domine la ville.
c. Sonia a mis les fleurs dans un vase.
d. J'aime les couleurs de ce tableau.

4 ** **Recopie chaque groupe nominal avec l'adjectif qualificatif qui convient.**

a. une couverture *(blanc / blanche)*
b. un virage *(dangereux / dangereuse)*
c. une moutarde *(fort / forte)*
d. un livre *(intéressante / intéressant)*

5 ** **Complète chaque groupe nominal avec deux adjectifs qualificatifs qui conviennent.**

groupes nominaux : un chat • une dame • un pain • un chapeau • des pierres

adjectifs : croustillant • charmante • petites • pointu • gros • noir • vieille • bon • multicolore • brillantes

6 *** **Recopie ce texte en supprimant les adjectifs qualificatifs.**

Des vacanciers sont sur un magnifique voilier. Ils naviguent sur un lac calme. Peu à peu, des nuages noirs arrivent. Et, soudain, un violent orage éclate.
Des éclairs sillonnent le ciel. Les passagers affolés tremblent…

7 *** **Écris une suite à cette histoire :**

Au zoo, j'ai vu une gentille girafe, un singe siffleur, un ours ordinaire, un perroquet poli.

Continue cette curieuse histoire avec les noms *éléphant, lion, tigre, serpent* accompagnés chacun d'un adjectif commençant par la même lettre.

GRAMMAIRE

Des flocons de neige

Des grêlons

Le blizzard entraîne une tempête de neige.

Une couche de verglas

Le complément du nom

Je découvre

Étape 1 Lis ces textes documentaires.

La neige

Quand il gèle, **les gouttelettes d'eau** qui se trouvent dans les nuages se transforment en **fins cristaux glacés**. Ils se regroupent et tombent ensuite en flocons.

Les grêlons

Des boules de glace se forment dans les nuages. Elles deviennent de plus en plus grosses et finissent par nous tomber sur la tête.

Le blizzard

Ce vent glacial balaie tout sur son passage dans **les régions polaires**. Il est toujours accompagné d'**une tempête de neige**.

Le verglas

Par **temps froid**, la pluie devient de la glace et forme sur le sol **une couche de verglas**. Les routes et les trottoirs ressemblent alors à **de vraies patinoires**.

Le pouvoir du froid de Valérie Videau

© Nathan.

1. Classe les groupes nominaux en gras dans deux colonnes :
   groupes nominaux avec un adjectif qualificatif / autres groupes nominaux.
2. Dans la colonne de gauche, souligne le nom et entoure l'adjectif.
3. Dans la colonne de droite, souligne le nom principal et entoure le groupe de mots qui donne des précisions sur ce nom.
   Ce groupe de mots est un complément du nom.

Étape 2 Lis ces groupes nominaux.

une averse de neige • un temps d'hiver • des patins à glace • une luge en plastique • l'igloo des Inuits • l'ours du pôle Nord

1. Recopie chaque groupe nominal, souligne le nom principal, entoure le complément du nom et colorie le petit mot qui l'introduit.
2. Quelles précisions apporte chaque complément du nom ? Récris chaque groupe nominal en remplaçant le complément du nom par un autre de ton choix.

Je retiens

- Dans un groupe nominal, le **complément du nom** apporte des **précisions** sur le nom principal, comme l'adjectif qualificatif.
  une boule de glace → complément du nom   *une boule glacée* → adjectif qualificatif
- Le complément du nom est introduit par un petit mot : ***à, de, d', du, des, au, aux, en.***
  *une averse **de** grêle • un temps **d'**automne • des patins **à** roulettes • une luge **en** bois*

Je m'entraîne

GRAMMAIRE

1 * **Lis un autre texte documentaire. Recopie les groupes nominaux en gras dans deux colonnes :** groupes nominaux avec un adjectif qualificatif / groupes nominaux avec un complément du nom.

Chut ! Ils dorment

À l'automne, **l'écureuil roux** enterre **des pommes de pin**, des champignons et des noix près de **son arbre préféré**.

Dès **le mois de novembre**, **la grenouille verte** se réfugie dans **la vase d'une rivière**. Elle se fabrique un antigel qui empêche **l'eau de son corps** de geler.

La chauve-souris adore se suspendre **au plafond d'une grotte**. Mais elle ne peut pas dormir pendant toute **la mauvaise saison** car elle doit boire régulièrement.

2 * **Recopie chaque groupe nominal en gras, souligne le nom principal et entoure le mot qui introduit le complément du nom.**

a. Elle a perdu **son étui à lunettes**.
b. Maman achète parfois **des pains aux raisins**.
c. Thomas a gagné **un sac de billes**.
d. Vous me donnerez **la liste des noms**.

3 * **Recopie ces phrases en supprimant les compléments du nom.**

a. Cécile a un nouveau sac à main.
b. Le danseur porte un chapeau de cow-boy.
c. Il faut fermer la porte du jardin.
d. Le client demande une glace au nougat.
e. Prends le tournevis dans la boîte à outils !

4 ** **Recopie chaque phrase en ajoutant un complément du nom de la liste.**

de cirque • de princesse • à café • en osier

a. La machine ... est en panne.
b. Notre chien dort dans un panier ... .
c. Claire a donné sa robe ... à sa sœur.
d. Nous avons vu un magnifique numéro ... .

5 *** **Recopie chaque phrase en ajoutant un complément du nom de ton choix.**

a. La petite fille collectionne les boîtes ... .
b. Tu rendras ton livre ... au maître.
c. Papa a raccroché le rideau ... .
d. Nous ferons une tarte ... .

6 *** **Récris chaque phrase en remplaçant le complément du nom en gras par un adjectif de même sens, ou inversement.**

a. Jeudi a été une journée **de pluie**.
b. L'enfant apprécie cette boisson **au chocolat**.
c. Skier est une activité **hivernale**.
d. La maîtresse nous lit un conte **chinois**.

7 *** **Écris un complément du nom pour compléter chacun de ces noms : *feuille, bateau, table* et *pince*. Puis écris une phrase avec chaque groupe nominal ainsi formé.**

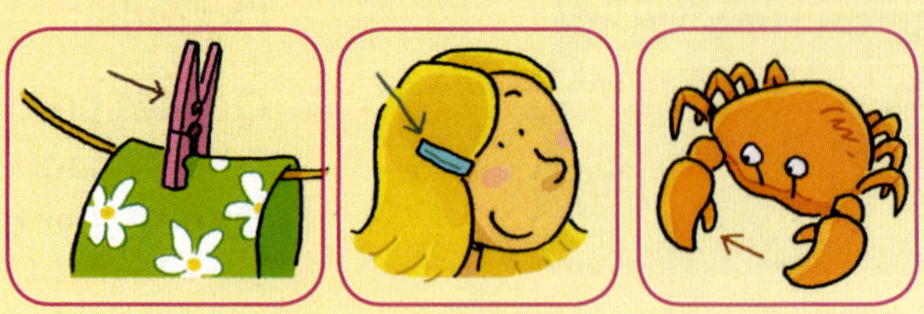

Passé, présent, futur

Je découvre

Étape 1 Lis ce texte.

Menace sur Madagascar

C'est les vacances. Aujourd'hui, Zoé part chez son cousin à Madagascar.

Par le hublot, Zoé aperçoit les bagages sur le chariot. Elle cherche des yeux sa valise et son sac à dos.

Soudain, elle entend un grand bruit.

L'avion démarre. Le commandant de bord s'adresse aux passagers :

– Je suis votre commandant de bord. Notre avion décollera dans une dizaine de minutes. Le temps est clair et le ciel est dégagé. Je vous souhaite un bon voyage.

Ce n'est pas la première fois que Zoé prend l'avion. L'année dernière, elle est partie au Maroc avec ses parents. Mais le voyage était plus court et elle n'était pas toute seule. Finalement, elle n'est pas très rassurée.

Menace sur Madagascar de Agnès de Lestrade
et Pascale Chavanette-Iglésia © Nathan.

1. Où se trouve Zoé ? Énumère tout ce qui se passe.
   Quel indicateur de temps situe l'action dans le présent ?
2. Une action a déjà eu lieu : elle s'est déroulée dans le passé.
   Retrouve les deux phrases et l'indicateur de temps qui situent l'action dans le passé.
3. Une action se déroulera dans le futur.
   Retrouve la phrase et l'indicateur de temps qui situent l'action dans le futur.

Étape 2 Lis ces phrases.

a. Zoé dort dans l'avion.
b. Zoé dormira chez son cousin.
c. Zoé dormait mal.

1. Quelle phrase situe l'action dans le passé ? dans le présent ? dans le futur ? Quels mots l'indiquent ? Comment les nomme-t-on ?
2. Ajoute un indicateur de temps à chaque phrase.

Je retiens

- Dans un texte, les actions se déroulent dans le **passé**, dans le **présent** ou dans le **futur**.
- Les **indicateurs de temps** apportent des précisions sur le **moment** où se déroulent les actions :
  – passé : *hier* • *la semaine dernière* • *il y a un mois…*
  – présent : *aujourd'hui* • *en ce moment* • *maintenant…*
  – futur : *demain* • *dans une semaine* • *bientôt…*
- Le **verbe conjugué** permet aussi de situer les actions dans le **temps**.

Je m'entraîne

1 * **Lis la suite du texte *Menace sur Madagascar*. Recopie les deux phrases qui situent l'action dans le passé.**

Zoé dîne chez un collaborateur du père de son cousin.

Soudain on frappe à la porte. […]

– David ! Enfin, te voilà ! dit Manga Raben.

– Qui est-ce ? chuchote Zoé à l'oreille de son cousin.

– C'est l'autre collaborateur de papa. David et papa ont fait leurs études ensemble aux États-Unis. Papa l'a fait venir à Madagascar pour travailler sur le projet « Criquets ».

Menace sur Madagascar de Agnès de Lestrade et Pascale Chavanette-Iglésia © Nathan.

2 * **Recopie ces phrases dans trois colonnes :**
phrases au passé / phrases au présent / phrases au futur.

a. Demain, le facteur ne passera pas.
b. En ce moment, l'orage gronde.
c. Ma cousine viendra bientôt.
d. Hier, j'ai perdu ma carte bancaire.
e. Ils partent aujourd'hui.

3 * **Recopie les phrases de chaque série en les remettant dans l'ordre des actions.**

a. Aujourd'hui, nous montons à la tour Eiffel.
Demain, nous visiterons un musée.
Hier, nous sommes arrivés à Paris.

b. L'an dernier, j'étais au CE1.
L'année prochaine, je changerai d'école.
Cette année, je suis au CE2.

4 ** **Recopie chaque phrase en ajoutant un des indicateurs de temps de la liste.**

L'hiver dernier • *Aujourd'hui* • *Dans deux ans* • *Dimanche prochain*

a. … , mon frère participera à la course.
b. … , la neige est tombée pendant une semaine.
c. … , le ciel est couvert.
d. … , Sarah ira au collège.

5 *** **Recopie chaque phrase en ajoutant un indicateur de temps de ton choix.**

a. … , un car a raté le virage.
b. … , Nadia a mal aux dents.
c. Nous irons au cirque … .
d. Papa a perdu les clés de la maison … .

6 *** **Recopie ce texte et souligne en bleu la phrase au passé et en vert les deux phrases au futur.**

Youpi ! Nous arrivons chez l'oncle Ernest ! Nous retrouvons nos cousins. Avec eux, nous jouerons au foot. Nous ferons aussi du vélo. Nous avons attendu ce moment avec impatience. Nous sommes heureux d'être là.

7 *** **Écris une phrase au *passé* pour le premier dessin, une phrase au *présent* pour le deuxième et une phrase au *futur* pour le troisième. Utilise des *indicateurs de temps*.**

Les personnes de la conjugaison

Je découvre

Étape 1 Lis ce texte.

Les géants du parc

Sam et Rémi se sont aventurés sur la propriété d'un savant pour prendre des photos d'une mystérieuse tombe. Mais, tout à coup…

J'avais hurlé autant de terreur que pour couvrir le tremblement assourdissant autour de nous. […]

– C'est pas possible, je rêve ! a soufflé Rémi.

Non, **il** ne rêvait pas ! Les arbres avançaient vers nous. […]

Nous étions prisonniers derrière un terrible rempart de troncs et de branches entrelacées.

– **Ils** se sont arrêtés ! a fait Rémi d'une voix grave.

– Comment veux-**tu** qu'**on** sorte de là ? ai-je dit en tremblant ?

Les géants du parc de James Gourier © Nathan.

1 Dans quelle case de la 2e ligne du tableau peux-tu mettre chaque pronom personnel en gras ?

Qui parle ? À qui ? De qui ?	Sam parle de lui.	Sam parle de lui et de Rémi.	Sam s'adresse à Rémi.	a.	Sam parle de Rémi.	b.	Sam parle des arbres.	c.
Pronoms personnels	1.	2.	3.	vous	4.	elle	5.	elles
Personnes de la conjugaison	1re pers. du sing.	1re pers. du pl.	2e pers. du sing.	2e pers. du pl.	3e pers. du sing.	3e pers. du sing.	3e pers. du pl.	3e pers. du pl.

2 Pour compléter la 1re ligne du tableau, imagine à qui Sam pourrait s'adresser et de qui ou de quoi il pourrait parler.

3 Qui est désigné dans le texte par *on* (3e personne du singulier) ? Par quel autre pronom personnel peut-il être remplacé ?

Étape 2 Lis ces phrases.

a. Je grimpe aux arbres.
b. Tu grimpes aux arbres.
c. Il grimpe aux arbres.
d. Nous grimpons aux arbres.
e. Vous grimpez aux arbres.
f. Elles grimpent aux arbres.

1 À quelle personne le verbe de chaque phrase est-il conjugué ?

2 Que constates-tu à chaque changement de personne ?

Je retiens

- Les différentes personnes de la conjugaison sont :
  – **La 1re personne**, qui correspond à la ou aux personne(s) qui parle(nt) : *je, j'* → singulier • *nous* → pluriel.
  – **La 2e personne**, qui correspond à la ou aux personnes(s) à qui l'on parle : *tu* → singulier • *vous* → pluriel.
  – **La 3e personne**, qui correspond à la ou aux personne(s) dont on parle : *il/elle* → singulier • *ils/elles* → pluriel.
- ***Je, tu, nous, vous, il, elle, ils, elles*** sont des **pronoms personnels**.
- ***On*** est un pronom de **3e personne du singulier**. Il peut être employé à la place de ***nous***.

Je m'entraîne

CONJUGAISON

*
1 Lis la suite du texte *Les géants du parc*. Recopie chaque pronom personnel en gras, écris la personne de la conjugaison qui correspond et précise qui est désigné.

L'homme se tenait à la porte des ruines.

– **Vous** ne pouvez rien contre la tombe du Prince Sylvestre, a-t-**il** dit en désignant les douze arbres autour de nous.

– **Vous** êtes le professeur Tiamen ? a balbutié Rémi.

– **Je** suis aussi celui qui veille au repos éternel du prince de toutes les forêts. Filez avant que ses soldats ne changent d'avis. […]

Nous sommes rentrés si vite que **je** n'ai pas eu le temps d'avoir peur dans le tunnel.

Les géants du parc de James Gourier © Nathan.

*
2 Récris chaque phrase en remplaçant le groupe nominal souligné par *il* ou *ils*.

a. <u>Deux chevaux</u> tirent la calèche.
b. <u>Le facteur</u> fait sa tournée en voiture.
c. <u>Mon oncle</u> rentre du Japon.
d. <u>Les tracteurs</u> suivent la moissonneuse.

**
3 Recopie ces phrases en ajoutant les pronoms *je, tu, nous* ou *vous*.

a. – ... pars à la plage, ... viens ? dit Line à Elsa, ensuite ... irons au marché.
b. – ... as pris le parasol ? demande Elsa. ... ne veux pas rester en plein soleil.
c. – ... mettrez aussi de la crème solaire, conseille maman.

**
4 Recopie les pronoms en gras dans un tableau comme celui-ci et complète les autres cases.

Pronoms	Personnes de la conjugaison	Ce que le pronom désigne

Le vacher surveille son troupeau. **Il** reste tout l'été dans la montagne. Ses deux chiens sont là aussi. **Ils** aident leur maître à garder les vaches. Si une vache s'éloigne trop, **elle** est ramenée par un chien. Les cloches accrochées au cou des bêtes sonnent tout le temps. **Elles** permettent d'entendre quand une vache s'éloigne.

***
5 Recopie chaque pronom en gras et écris qui il désigne.

– Ce soir, **je** vais au match de foot, dit Cyril à Marc. **Tu** viens aussi ?
– Oui, **j'**accepte, répond Marc.
Les deux copains prennent le bus. Quand ils arrivent, **ils** achètent les billets. À la porte du stade, un gardien les arrête. **Il** leur dit :
– Si **vous** avez des bouteilles d'eau dans votre sac, il faut les laisser ici.
– Non, **on** n'en a pas.

***
6 Écris un dialogue entre Jules et Émile. Ils discutent pour savoir à quoi ils vont jouer. Utilise les pronoms personnels *je, tu* et *nous*.

Le verbe, les groupes

Je découvre **Lis ce texte.**

Un chaton dans la souricière

La chatte de Ludovic ***vient*** *d'avoir plusieurs petits. Ludovic* ***choisit*** *un chaton pour lui et* ***donne*** *les autres. Avec son amie Lou, ils* ***arrivent*** *chez un savant à qui ils* ***font*** *cadeau d'un chaton.*

Un gros bonhomme **sort** de la maison.

– Que **voulez**-vous ? **demande**-t-il avec un drôle d'accent étranger.

– Nous venions voir le savant, **réplique** Lou.

– Le professeur **part** en voyage. Vous **voyez** bien. On ne **peut** pas le réveiller.

– Nous voulions juste lui donner un petit chat, **insiste** Lou, en montrant la boîte avec le minet.

L'homme a un sourire :

– C'est très gentil, ça ! Je le donnerai au professeur quand il sera réveillé.

L'homme s'empare de la boîte et **monte** à l'arrière de la voiture qui **démarre** en trombe.

– **Prenez**-en bien soin, **dit** Ludovic.

Mais la voiture est déjà loin.

Un chaton dans la souricière de Michel Piquemal © Syros Jeunesse et M. Piquemal.

1. **Trouve l'infinitif des verbes en gras et classe-les en trois groupes en t'aidant des indications données :**
   – Les verbes avec un infinitif en *-er* appartiennent au 1er groupe (sauf *aller*).
   – Les verbes avec un infinitif en *-ir* appartiennent au 2e groupe s'ils se terminent par *-issons* à la 1re personne du pluriel : *grandir* → *nous grand<u>issons</u>*.
   Sinon ils appartiennent au 3e groupe.
   – Les autres verbes appartiennent au 3e groupe.
2. **Trouve l'infinitif des verbes en bleu. Ces verbes ne font partie d'aucun groupe ; ce sont des auxiliaires.**
3. **Trouve d'autres verbes et classe-les dans les trois groupes.**

CONJUGAISON

Je retiens

- Les verbes sont classés en **trois groupes** :
  – les verbes du **1er groupe** → infinitif en ***-er*** : *jouer • chanter • marcher…*
  – les verbes du **2e groupe** → infinitif en ***-ir*** et 1re personne du pluriel en ***-issons*** : *finir → nous finissons • agir → nous agissons …*
  – les verbes du **3e groupe** → tous les autres verbes : *prendre • faire • voir • vouloir • pouvoir • dire • partir • venir • aller…*
- Les verbes ***être*** et ***avoir*** sont des **auxiliaires**.

Je m'entraîne

1 * **Lis la suite du texte *Un chaton dans la souricière*. Recopie seulement les verbes en gras du 1er groupe.**

Les enfants **repartent**. Un peu plus loin, ils **retrouvent** le chaton, l'homme l'a jeté par la portière. Ils **retournent** alors chez le savant.

Ils **cachent** leur bicyclette au bas d'un talus et s'approchent de la grille. Deux hommes **font** le va-et-vient pour charger le laboratoire du savant dans le camion.

– **Regarde**, dit Ludovic en montrant des taches rouges sur le gravier.

Lou se penche et **prend** un caillou : c'est du sang.

– Beuarkk ! **cours** vite, **appelle** la police ! Moi, j'**essaie** de les empêcher de partir.

Un chaton dans la souricière de Michel Piquemal
© Syros Jeunesse et Michel Piquemal.

2 * **Recopie seulement les verbes du 1er groupe.**

dessiner • entendre • gratter • souffler • boire • faire • glisser • coudre • acheter

3 * **Recopie seulement les verbes du 2e groupe.**

grandir • franchir • donner • tourner • grossir • manger • finir • écrire • aplatir • obéir • venir

4 * **Recopie seulement les verbes du 3e groupe.**

chanter • dire • venir • rouler • partir • pouvoir • freiner • réparer • vouloir • parler • voir • faire

5 ** **Recopie les verbes, écris leur infinitif et leur groupe.**

a. Lison arrose les fleurs de son balcon.
b. L'eau descend de la montagne en cascades.
c. Ici, les malades guérissent vite.
d. L'ouvrier pose du papier peint.
e. Nous bâtissons nous-mêmes notre maison.

6 ** **Recopie ces phrases et souligne en bleu celles avec le verbe *être* et en vert celles avec le verbe *avoir*.**

a. Mes voisins ont la grippe chaque année.
b. As-tu des frères ?
c. Ils sont dans la même classe.
d. Je ne suis pas rassurée.
e. Marie a la même voiture depuis dix ans.

7 *** **Recopie ces phrases dans deux colonnes :**
Le verbe est du 2e groupe / Le verbe est du 3e groupe.

a. Léo part au marché.
b. Les tulipes fleurissent au printemps.
c. Le maçon bâtit une maison.
d. Le cheval obéit à son maître.
e. Le chien sort d'un buisson.

8 *** **Écris une recette de gâteau en utilisant des verbes à l'*infinitif*. Tu peux commencer tes phrases par *Il faut* ou *Tu dois* : *Il faut prendre…***

Le présent de l'indicatif (1)
verbes du 1er groupe

Je découvre

Étape 1 Lis ce texte.

Polly la futée

Le loup veut attraper Polly par tous les moyens. Un jour, en ville, Polly s'aperçoit que le loup la suit.

– Eh bien, loup, qu'y a-t-il encore ? demande-t-elle impatiemment. Pourquoi regardes-tu mes pieds ? J'ai un trou à mes chaussettes ?

– Je me moque de tes chaussettes. Je regarde simplement si tu ne marches pas sur les joints entre les dalles. Tant que tu marches bien sur les dalles, tu n'as rien à craindre.

Polly la futée et cet imbécile de loup de Catherine Storr © Pocket Jeunesse.

- Polly est intriguée par ce que le loup est en train de faire. Que fait-il ? Et Polly, qu'est-elle en train de faire ? Relève les verbes qui l'indiquent. Ces verbes sont conjugués au présent.

Étape 2 Lis ces phrases.

a. Pourquoi regardes-tu mes pieds ?
b. Je regarde si tu ne marches pas sur les joints entre les dalles.

1. Quel est l'infinitif du verbe souligné ? À quel groupe appartient-il ? À quelles personnes est-il conjugué ?
2. Écris ce verbe au présent à toutes les personnes. Compare ce que tu entends à ce que tu vois.
3. Souligne la partie du verbe que tu retrouves à toutes les personnes. Cette partie du verbe s'appelle le radical.
4. Entoure la terminaison pour chaque personne.
5. Trouve un autre verbe du 1er groupe conjugué au présent dans la phrase **b**. Complète sa conjugaison à toutes les personnes.

Je retiens

- On utilise le **présent de l'indicatif** pour indiquer que l'action est **en train de se faire**.
- Au présent de l'indicatif, les **terminaisons des verbes du 1er groupe** sont :

je → ***-e***	*nous* → ***-ons***
tu → ***-es***	*vous* → ***-ez***
il/elle/on → ***-e***	*ils/elles* → ***-ent***

⚠ *manger* → *nous man**ge**ons*
lancer → *nous lan**ç**ons*

Je m'entraîne

1 * **Lis la suite du texte *Polly la futée*. Recopie chaque verbe en gras avec son sujet. Souligne le radical, entoure la terminaison et écris l'infinitif du verbe.**

Polly va rendre visite à sa grand-mère. Elle ***rencontre*** *le loup. Ils* ***parlent*** *de l'histoire du Petit Chaperon rouge.*

– Justement ! s'écrie le loup. Je l'ai lu des dizaines de fois. J'**adore** ce bouquin. Le loup finit par manger la grand-mère et le Petit Chaperon rouge. C'est une des seules histoires où le loup ne **reste** pas sur sa faim, ajoute-t-il tristement.

– C'est bizarre. Dans mon livre à moi, il ne **mange** pas le Petit Chaperon rouge, dit Polly. Son père **arrive** juste à temps pour tuer le loup !

Polly la futée et cet imbécile de loup de Catherine Storr
© Pocket Jeunesse.

2 * **Recopie chaque phrase en ajoutant un pronom personnel qui convient. N'utilise pas deux fois le même pronom !**

a. … regarde la télévision.
b. … renverses un verre d'eau.
c. … cherchez la solution.
d. … notent les résultats de l'expérience.
e. … dessine le bourgeon d'une plante.

3 * **Recopie chaque phrase en ajoutant la terminaison du verbe qui convient. Puis récris-la avec le pronom personnel proposé.**

a. Vous arros… les plantes. → *Tu*
b. Il utilis… un stylo-plume. → *Elles*
c. Je plac… le vase sur la table. → *Nous*
d. On rang… le matériel. → *Nous*

4 ** **Recopie chaque phrase en conjuguant le verbe entre parenthèses au présent.**

a. Le bateau (*avancer*) avec le vent.
b. Les ballons (*monter*) dans les airs.
c. Les mouettes (*crier*).
d. L'oiseau (*raser*) le sol.
e. Les feuilles (*remuer*) avec le vent.

5 *** **Récris ce texte en commençant par *Nous*.**

Deux enfants réalisent de la pâte à sel. Ils déposent de la farine sur la table, ils creusent un trou et ils versent beaucoup de sel. Ils ajoutent un peu d'eau, ils mélangent et ils forment une grosse boule de pâte.

6 *** **Écris la suite de chaque phrase en utilisant un verbe du 1er groupe de ton choix conjugué au présent. N'oublie pas le point à la fin de la phrase !**

a. Quand je mets un caillou dans l'eau, il …
b. Au bord de la mer, nous …
c. Sur les routes, les voitures …
d. À l'école, tu …

7 *** **Écris quatre phrases au *présent* pour raconter ce que tu fais en rentrant de l'école. Tu peux utiliser les verbes *goûter*, *jouer*, *réviser*, *regarder*, *manger*.**

Le présent de l'indicatif (2)
verbes du 2e groupe

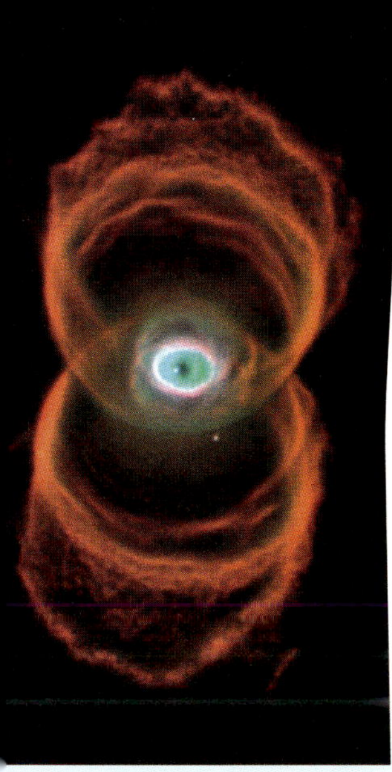
Une étoile naît.

Une étoile meurt.

La constellation d'Orion

Je découvre

Étape 1 Lis ce texte documentaire.

Vie et mort d'une étoile

Quand des nuages de gaz et de poussières se réunissent, une étoile naît. Cela prend des millions d'années. Les gaz chauffent et l'étoile se met à briller.

L'étoile dégage de la chaleur et de la lumière pendant plusieurs millions, parfois plusieurs milliards d'années.

Puis l'étoile finit par s'éteindre. Elle explose si elle est très grosse. Ou elle refroidit et s'éteint si elle est petite.

Le Petit Quotidien, n° 3087 © Play Bac.

1 De quoi parle ce texte documentaire ?

2 À quel temps sont conjugués les verbes ?

Étape 2 Lis ces séries de phrases.

a. L'étoile finit pas s'éteindre.
Les étoiles finissent par s'éteindre.

b. Je choisis d'observer Orion.
Nous choisissons d'observer Orion.

c. Tu réussis à pointer ta lunette vers Orion.
Vous réussissez à pointer votre lunette vers Orion.

1 Recopie les verbes conjugués au présent avec leur sujet.
Indique leur infinitif et leur groupe.

2 Entoure la terminaison de chaque verbe.
Que constates-tu à l'oral, puis à l'écrit, pour les terminaisons des trois personnes du singulier ?

3 Souligne le radical des verbes aux trois personnes du singulier.
Comment se termine le radical ?

4 Souligne le radical des verbes aux trois personnes du pluriel.
Comment se termine le radical ?

Je retiens

- Dans un texte documentaire, le **présent de l'indicatif** est utilisé pour donner des **explications**.
- Au présent de l'indicatif, les **terminaisons des verbes du 2e groupe** sont :

je → ***-s***	*nous* → ***-ons***
tu → ***-s***	*vous* → ***-ez***
il/elle/on → ***-t***	*ils/elles* → ***-ent***

- Le **radical** des verbes du 2e groupe se termine par ***-i*** aux **trois personnes du singulier**.
*je fin**i**s • tu fin**i**s • il/elle/on fin**i**t*
- Le **radical** des verbes du 2e groupe se termine par ***-iss*** aux **trois personnes du pluriel**.
*nous fin**iss**ons • vous fin**iss**ez • ils/elles fin**iss**ent*

Je m'entraîne

1 * **Lis un autre texte documentaire. Recopie seulement les phrases au présent.**

La Lune ressemble à un grand désert de cailloux. En quatre semaines, elle fait le tour complet de la Terre. Il y a des moments où la Lune est plus proche de la Terre et d'autres où elle est plus éloignée. Le 21 juillet 1969, un homme a marché sur la Lune pour la première fois. Il s'appelait Neil Armstrong.

2 * **Recopie seulement les phrases qui contiennent un verbe du 2e groupe et souligne le verbe.**

a. Nous finissons nos devoirs.
b. Les étoiles brillent de tout leur éclat.
c. Le boulanger pétrit la pâte.
d. Est-il encore malade ?
e. Tu grandis trop vite !
f. La fermière nourrit l'agneau au biberon.

3 * **Écris toutes les phrases possibles.**

a. Les peintres
b. Nous
c. La mer
d. L'enfant
e. Tu

1. démolit le château de sable.
2. engloutit le bateau.
3. blanchissent les murs de la maison.
4. réfléchis beaucoup.
5. réussissons notre examen.

4 ** **Recopie chaque phrase en conjuguant le verbe entre parenthèses au présent.**

a. Cet homme *(aplatir)* la terre avec une pelle.
b. Nous *(agir)* pour votre bien.
c. Tu *(maigrir)* trop depuis quelques semaines.
d. Certains shampoings *(éclaircir)* les cheveux.
e. Notre boucher *(garantir)* la qualité de sa viande.

5 ** **Écris chaque phrase avec un verbe de la liste conjugué au présent.**

franchir • élargir • bondir • ralentir • rougir

a. Tu ~~~ en arrivant au rond-point.
b. Les chevaux ~~~ la rivière.
c. L'enfant ~~~ de honte.
d. Nous ~~~ l'entrée du garage.
e. Vous ~~~ de joie.

6 *** **Récris ce texte au présent.**

Les maçons ont agrandi notre maison. Ils ont bâti une nouvelle pièce. Ils saisissaient leur pelle à pleine main et ils remplissaient la bétonnière. Au bout de quelques heures, le ciment durcissait. Chaque soir, les ouvriers finissaient à 17 heures.

7 *** **Écris une phrase avec un *verbe du 2e groupe* au *présent* pour chaque dessin.**

Le présent de l'indicatif (3)

verbes *être*, *avoir* et *aller*

6

CONJUGAISON

Je découvre **Lis ce texte.**

Les inséparables

Je m'appelle Karim, je **suis** au CE2. Depuis l'école maternelle, j'**ai** deux copains, Maxime et Maxence. Ils **sont** jumeaux. Tout le monde les confond mais pas moi ! Cette année encore, on **est** dans la même classe. Nous **sommes** toujours ensemble. Si je **vais** au cinéma avec mes parents, ils nous accompagnent. S'ils **vont** à la piscine avec leur frère, je vais avec eux. Si Maxime **va** au parc avec son chien, j'y vais aussi. D'ailleurs, plusieurs fois, le maître nous a dit : « Vous **êtes** vraiment inséparables ! »

Nous **avons** les mêmes goûts. En lecture, ils **ont** une préférence pour les BD et moi aussi. Tous les trois nous aimons la montagne, nous y **allons** en colonie tous les ans.

1. Donne l'infinitif des verbes en gras. À quel temps sont-ils conjugués ?
2. Écris les verbes en gras du texte dans un tableau comme celui-ci.

	être	avoir	aller
je, j'			
tu	es	as	vas
il/elle/on		a	
nous			
vous		avez	allez
ils/elles			

3. Observe les trois verbes à la 2e personne du singulier. Quelle lettre finale retrouves-tu ?
4. Compare la 2e et la 3e personne du singulier du verbe *être* à l'oral, puis à l'écrit. Fais de même pour le verbe *avoir* et le verbe *aller*. Que remarques-tu ?
5. Compare le verbe *être* à l'infinitif et à la 2e personne du pluriel. Que remarques-tu ?
6. Que constates-tu à la 3e personne du pluriel des verbes *être*, *avoir* et *aller* ?

Je retiens

- Au présent de l'indicatif, les verbes ***être***, ***avoir*** et ***aller*** ont une conjugaison **irrégulière**.

être		***avoir***		***aller***	
je suis	*nous sommes*	*j'ai*	*nous avons*	*je vais*	*nous allons*
tu es	*vous êtes*	*tu as*	*vous avez*	*tu vas*	*vous allez*
il/elle/on est	*ils/elles sont*	*il/elle/on a*	*ils/elles ont*	*il/elle/on va*	*ils/elles vont*

Je m'entraîne

*

1 Lis la suite du texte *Les inséparables*. Recopie les verbes au présent avec leur sujet et écris leur infinitif.

Tous les ans, les jumeaux et Karim vont à la montagne. Ils sont toujours dans une très grande chambre avec plusieurs autres copains. Pendant une semaine, ils vont sur les pistes de ski le matin et l'après-midi. En fin d'après-midi, ils ont un peu de temps pour jouer.

*

2 Recopie ces phrases dans trois colonnes :
verbe *être* / verbe *avoir* / verbe *aller*.

a. Les touristes vont à l'hôtel.
b. Elle a beaucoup de bagages.
c. Vous n'êtes jamais en retard !
d. As-tu un chat ?
e. Je ne suis pas d'accord.
f. Nous allons au cinéma.

*

3 Recopie chaque phrase en ajoutant *ont*, *sont* ou *vont* comme il convient.

a. Ces enfants ... souvent malades.
b. Où ... -elles en courant si vite ?
c. Les habitants ... de l'eau dans leur maison.
d. Mes sœurs ... contentes.
e. Elles ... de nouveaux copains.

**

4 Recopie chaque phrase en ajoutant le pronom personnel qui convient.

a. ... allons au spectacle.
b. ... es magnifique !
c. ... êtes à l'abri.
d. ... ai une collection de timbres.
e. ... va au lycée.

**

5 Récris chaque phrase avec le pronom personnel indiqué.

a. Vous allez chez des amis. → *On*
b. Léo va au stade. → *Tu*
c. À quelle école es-tu ? → *Vous*
d. Je suis en colère. → *Nous*
e. Elle a un bonnet bleu. → *Ils*

**

6 Récris chaque phrase avec le verbe *être*, *avoir* ou *aller* conjugué au présent.

a. Manon ... toujours le sourire.
b. Pourquoi ... -tu triste ?
c. J' ... souvent mal à la tête.
d. Nous ne ... pas toujours là.
e. Vous ... chez le dentiste tous les ans.

***

7 Récris ce texte au présent.

Nous sommes allés au cirque. Nous avons eu de la chance : nous étions au deuxième rang. Les chevaux avaient beaucoup d'allure. Les jongleurs étaient très adroits. Dans la cage aux fauves, le dresseur avait huit tigres. Au signal, chaque bête allait à sa place. Le public était heureux !

***

8 Écris une phrase au *présent* pour chaque dessin. Utilise le verbe *être* pour le premier dessin, le verbe *avoir* pour le deuxième et le verbe *aller* pour le troisième.

Le présent de l'indicatif (4)

verbes du 3e groupe

Je découvre **Lis ce texte.**

L'album de famille

Quand Tom **vient** chez sa grand-mère, il aime regarder les albums photos. Il **prend** souvent celui où l'on **voit** Papi quand il était un petit garçon. Il rit de le voir en culottes courtes. Il **peut** aussi admirer la première voiture de son grand-père : une 4 chevaux. Qu'elle était petite !

Aujourd'hui, Mamie a sorti un nouvel album que Tom n'a jamais vu : celui où sa maman était une enfant.

– Tu vois, dit Mamie, là, ta maman est à l'école ; là, elle **fait** de la danse ; là, nous **prenons** une leçon d'équitation.

– Vous **faites** une drôle de tête !

– Nous n'étions pas très rassurées, tu sais. Cet album, tu **peux** le garder si tu **veux**, dit Mamie.

Tom est content : il **part** de chez sa grand-mère avec l'album sous le bras.

1. Donne l'infinitif et le groupe de chaque verbe en gras. À quel temps ces verbes sont-ils conjugués ?
2. À l'aide des tableaux de conjugaison pages 256 et 257, compare les terminaisons des verbes *partir*, *venir* et *voir* au présent avec celles des verbes du 2e groupe. Que remarques-tu ?
3. Observe le radical de ces trois verbes. Que remarques-tu ?
4. Quelle est la terminaison des verbes *pouvoir* et *vouloir* à la 1re et à la 2e personne du singulier ?
5. Quelle est la terminaison du verbe *prendre* à la 3e personne du singulier ?
6. Quelle est la terminaison des verbes *dire* et *faire* à la 2e personne du pluriel ?
7. Compare ce que tu entends à la 1re personne du pluriel du verbe *faire* avec ce que tu vois. Que remarques-tu ?

Je retiens

- Au présent de l'indicatif, les **terminaisons des verbes du 3e groupe** sont en général :

je → ***-s***	*nous* → ***-ons***
tu → ***-s***	*vous* → ***-ez***
il/elle/on → ***-t***	*ils/elles* → ***-ent***

- **À certaines personnes**, quelques verbes ont des **terminaisons différentes**.
*je peu**x** • tu peu**x** • je veu**x** • tu veu**x** • il/elle/on pren**d** • vous di**tes** • vous fai**tes**…*

Je m'entraîne

1 * **Recopie les verbes soulignés et écris leur infinitif.**

a. Elles viennent travailler à huit heures ; elles repartent à midi.
b. Il dit qu'il prend un dessert.
c. Mes enfants font beaucoup de sport.
d. Tu peux venir si tu veux.
e. Le bébé voit déjà les visages.

2 * **Recopie seulement les phrases qui contiennent un verbe du 3e groupe et souligne le verbe.**

a. Nos voisins reviennent de voyage.
b. Nous préparons le dîner.
c. Que dites-vous ?
d. Mamie fait des mots croisés.
e. Le lionceau grossit de jour en jour.
f. Elles prennent le métro tous les matins.

3 * **Écris toutes les phrases possibles.**

a. Tu	1. prend un bain.
b. Yann	2. veux une console de jeux.
c. Je	3. faites un cadeau.
d. Vous	4. dit du bien de vous.
e. Elle	5. voyez mieux avec vos lunettes.

4 * **Recopie chaque phrase en ajoutant un pronom personnel qui convient.**

a. … prenons l'air.
b. … peuvent adopter un animal.
c. … vois la mer au loin.
d. … vient tous les jours.

5 ** **Recopie ces phrases en conjuguant les verbes entre parenthèses au présent.**

a. Nous *(partir)* tous les matins à sept heures.
b. Les clients *(dire)* que tout est trop cher.
c. Elles *(prendre)* leurs jumelles pour observer les écureuils.
d. Tu *(pouvoir)* jouer dans la cour.
e. Vous *(venir)* quand vous *(vouloir)*.
f. *(Faire)*-vous beaucoup de sport ?
g. On *(voir)* un magnifique arc-en-ciel.

6 *** **Récris ce texte en commençant par *Les chiens*.**

Le chien fait beaucoup de bruit ; il veut sortir. Il part vers la porte. Mais il ne peut pas l'ouvrir. Alors il revient près de son maître. Il prend un air malheureux.

7 *** **Écris trois phrases au *présent* pour raconter ce que fait Hugo tous les matins. Utilise les verbes *partir (de la maison)*, *prendre (le bus)*, *dire (bonjour à ses copains)*.**

CONJUGAISON

Le futur de l'indicatif

Je découvre

Étape 1 Lis ce texte.

Roos et Madelief

– Quand je **serai** grande, je serai très grosse. Comme ça, on ne pourra pas me renverser, dit Roos.

Elle est assise avec Madelief sur un tas de sable du chantier devant la maison.

– Puis on **habitera** une maison avec un toit plat où l'on pourra s'asseoir. Comme ça, on **pourra** tout voir.

– Qui *on* ? demande Madelief ?

– Moi et mon monsieur.

– Tu veux dire ton mari !

– Oui ! Puis on osera se mettre juste au bord, car mon mari, lui, n'**aura** peur de rien.

– Eh bien moi, je ne **prendrai** pas de mari, dit Madelief.

L'horloge du loup et des sept biquets dans *Les bonbons sont faits pour être mangés* de Guus Kuijer, trad. de Louise van Kammen, Pocket Jeunesse.

1. De quoi parlent Roos et Madelief ? Quand va se passer ce qu'elles évoquent ?
2. À quel temps les verbes en gras sont-ils conjugués ? Écris leur infinitif.

Étape 2 Observe ce tableau.

	être	avoir	habiter	jouer	finir	prendre	pouvoir
je, j'	serai	aurai	habiterai	jouerai	finirai	prendrai	pourrai
tu	seras	auras	habiteras	joueras	finiras	prendras	pourras
il/elle/on	sera	aura	habitera	jouera	finira	prendra	pourra
nous	serons	aurons	habiterons	jouerons	finirons	prendrons	pourrons
vous	serez	aurez	habiterez	jouerez	finirez	prendrez	pourrez
ils/elles	seront	auront	habiteront	joueront	finiront	prendront	pourront

1. Quelle lettre retrouves-tu à toutes les personnes dans les terminaisons ?
2. Lis le tableau horizontalement, ligne par ligne. Que constates-tu pour les terminaisons des verbes à une même personne ?
3. Lis le tableau verticalement, verbe par verbe. Repère le radical de chaque verbe. Que remarques-tu ?
4. Par quelle lettre se termine le radical des deux verbes du 1er groupe ? Se prononce-t-elle toujours ? Par quelle lettre se termine le radical du verbe du 2e groupe ?

Je retiens

- On utilise le **futur de l'indicatif** pour indiquer que l'action se déroulera dans l'**avenir**.
- Au futur, tous les verbes ont les **mêmes terminaisons** :

je → ***-rai***	*nous* → ***-rons***
tu → ***-ras***	*vous* → ***-rez***
il/elle/on → ***-ra***	*ils/elles* → ***-ront***

- Le **radical** des verbes du **1er groupe** se termine toujours par ***-e***.
Dans certains verbes, il ne se prononce pas, mais il ne faut pas l'oublier **à l'écrit**.
je crierai • je jouerai • je danserai

Je m'entraîne

1 * **Lis la suite du texte *Roos* et *Madelief*. Recopie les verbes conjugués au futur avec leur sujet et écris leur infinitif.**

La conversation entre les deux fillettes se poursuit. Roos dit qu'elle sera aussi lourde que son horloge.

– Oh là là, fait Madelief.

Car cette horloge est terriblement lourde. Il a fallu deux déménageurs pour la mettre en place.

Elles regardent passer un ouvrier qui porte des planches. Il en a bien cinq sur l'épaule.

– Peut-être que je prendrai quand même un mari, fait Madelief. Comme ça, quand je déménagerai, il pourra placer l'horloge dans le couloir.

L'horloge du loup et des sept biquets dans *Les bonbons sont faits pour être mangés* de Guus Kuijer, trad. de Louise van Kammen, Pocket Jeunesse.

2 * **Récris chaque phrase avec le sujet indiqué.**

a. Je pourrai vous aider. → *On*
b. Il guérira vite. → *Les enfants*
c. Accepteras-tu mon invitation ? → *Vous*
d. Nous verrons cela plus tard. → *Elle*

3 * **Recopie chaque phrase avec la terminaison du verbe au futur qui convient.**

a. Vous fe*(rai/rez)* le tour du rond-point.
b. Les garçons joue*(ront/rons)* aux billes.
c. Nous au*(ront/rons)* bientôt les résultats.
d. Le maire i*(ras/ra)* à la réunion.

4 ** **Recopie les verbes avec leur sujet. Souligne les verbes et entoure leur terminaison.**

a. Nous partirons dimanche.
b. Fatima changera de train à Paris.
c. Les touristes voudront un guide.
d. Je ne dirai rien.

5 ** **Récris ces phrases au futur de l'indicatif.**

a. Tu pars en vacances en août.
b. Je recopie ma dictée.
c. La voiture ralentit dans les virages.
d. Les élèves jouent au basket.

6 *** **Récris ce texte en commençant par *Je*.**

Aline aura bientôt dix-huit ans. Elle pourra passer le permis de conduire. Alors, elle prendra la voiture de ses parents. Elle partira en vacances avec des copains. Elle verra de nouvelles régions. Elle reviendra avec de beaux souvenirs !

7 *** **Écris un texte de plusieurs phrases pour raconter ce que tu feras plus tard. Commence ton texte par *Quand je serai grand(e),...* et écris les verbes au *futur*.**

CONJUGAISON

Le passé composé (1)
formation

Je découvre

Étape 1 **Lis ce texte.**

Une très mauvaise journée

Alexandre raconte sa journée.

En sortant de mon lit, j'**ai dérapé** sur ma planche à roulettes. Et puis, sans le faire exprès, j'**ai fait** tomber mon pull dans le lavabo, sous le robinet ouvert.

J'étais déjà sûr, à ce moment-là, que ce serait une terrible, horrible, affreuse, mauvaise journée.

Au petit déjeuner, mon frère Antoine **a trouvé** dans son paquet de flocons d'avoine une petite auto à construire. [...] Moi, dans mon paquet, je n'**ai trouvé** que des flocons d'avoine. [...]

Madame Bouvert **est passée** me prendre en voiture avec d'autres enfants de mon école. Elle **a donné** à Benoît, Véronique et Martin toutes les places près des fenêtres.

D'après *La terrible, horrible, affreuse, mauvaise journée d'Alexandre* de Judith Viorst dans *Astrapi* n° 73, nov. 1981 © Bayard Jeunesse.

1. À qui arrive-t-il toutes ces aventures ? Ces aventures se passent-elles au moment où il les raconte, avant ou après ?
2. Donne l'infinitif des verbes en gras. Ils sont conjugués au passé composé.
3. Observe le premier des mots composant chaque verbe. Quels auxiliaires reconnais-tu ? À quel temps sont-ils conjugués ? Le second mot est le participe passé du verbe conjugué.

Étape 2 **Lis ces phrases.**

a. Elle est passée à la maison.
b. Nous sommes allés au stade.
c. Je suis montée dans une tour.
d. Enfin, il est arrivé à l'école.
e. Il est devenu rouge.
f. Elle est restée longtemps.
g. Elle est venue chez moi.
h. Vous êtes retournés à la piscine.
i. Elle est rentrée à la maison.
j. Elle est née hier.

1. Repère les verbes conjugués. À quel temps sont-ils conjugués ? Avec quel auxiliaire ?
2. Écris l'infinitif des verbes dans deux colonnes : verbes indiquant un changement de lieu / autres verbes.

CONJUGAISON

Je retiens

- Le **passé composé** est un temps du **passé**.
- Au passé composé, les verbes s'écrivent avec **deux mots**.

j'ai parlé : j'ai → auxiliaire *avoir* au présent ; parlé → participe passé du verbe *parler*

il est parti : est → auxiliaire *être* au présent ; parti → participe passé du verbe *partir*

- La plupart des verbes se conjuguent avec l'auxiliaire ***avoir***.
- Les verbes ***devenir, rester, naître*** et les verbes qui expriment un **changement de lieu** se conjuguent avec l'auxiliaire ***être***.

aller • partir • tomber • retourner • passer • arriver • entrer • monter • descendre • venir • sortir • rentrer

Je m'entraîne

1 * **Lis la suite du texte sur la journée d'Alexandre. Écris l'infinitif des verbes en gras dans deux colonnes :**
verbes conjugués avec l'auxiliaire *avoir* /
verbes conjugués avec l'auxiliaire *être*.

À l'école, en dessin, j'**ai dessiné** un château invisible, et mon ami Paul **a dessiné** un bateau. Madame Cartier **a préféré** le bateau.

Ensuite Paul **a annoncé** que je n'étais pas son meilleur ami. Il **a dit** que maintenant c'était Philippe Froment son meilleur ami.

À la sortie de l'école, je **suis tombé** dans une flaque de boue, j'**ai pleuré** à cause de la boue. Nicolas m'**a traité** de pleurnichard. Maman **est arrivée** et elle m'**a grondé** parce que j'étais plein de boue et que je me battais.

D'après *La terrible, horrible, affreuse, mauvaise journée d'Alexandre* de Judith Viorst dans *Astrapi* n° 73, nov. 1981

2 * **Recopie seulement les phrases au passé composé.**

a. Elle a posté le courrier.
b. Tu iras chez le coiffeur demain.
c. Il a cassé son vélo.
d. Tu manges trop !
e. As-tu acheté le journal ?
f. Ils ont perdu leur chien.
g. Tu as gagné cette partie.
h. Vous avez encore faim.

3 ** **Recopie chaque verbe au passé composé avec son sujet et indique s'il est conjugué avec l'auxiliaire *être* ou *avoir*.**

a. La petite fille est tombée de cheval.
b. Mamie a fait une tarte au citron.
c. Des chiens ont aboyé toute la nuit.
d. Ma sœur est rentrée tard.
e. Les livreurs sont venus à midi.

4 ** **Recopie ces phrases, souligne les verbes et écris leur infinitif.**

a. La voisine est rentrée de vacances.
b. On a pris l'autoroute.
c. J'ai ratissé les allées du jardin.
d. Ils ont voulu un chocolat chaud.
e. Les fruits ont pourri sur les arbres.

5 *** **Recopie chaque phrase en ajoutant l'auxiliaire *être* ou *avoir* devant le participe passé.**

a. Mes voisins ... allés en Tunisie.
b. L'enfant ... pleuré longtemps.
c. Elle ... retournée chez ses parents.
d. Vous ... sortis plus tôt.
e. Tu ... oublié tes lunettes.

6 *** **Écris quatre phrases avec ces verbes pour raconter une mauvaise journée.**

j'ai cassé •
j'ai perdu •
j'ai oublié •
j'ai pleuré

Le passé composé (2)
verbes du 1er groupe et verbes *être* et *aller*

Je découvre

Étape 1 Lis ce texte documentaire.

Le premier pas sur la Lune

L'astronaute américain Neil Armstrong a été le premier homme à marcher sur la Lune. C'était le 21 juillet 1969. Il **a posé** son pied sur la Lune en déclarant : « C'est un petit pas pour l'homme mais un bon de géant pour l'humanité. » Des millions de téléspectateurs **ont écouté** les premières impressions d'Armstrong.

Buzz Aldrin l'a rejoint et ils **ont commencé** leur récolte de pierres lunaires. Ensuite, ils **ont installé** du matériel scientifique.

Buzz Aldrin marche sur la Lune.

1. Donne l'infinitif des verbes en gras conjugués au passé composé. À quel groupe appartiennent-ils ?
2. Avec quel auxiliaire sont-ils conjugués ? Par quelle lettre se termine leur participe passé ?
3. Conjugue le verbe *écouter* au passé composé.
4. Dans la première phrase, quel verbe est conjugué au passé composé ? Avec quel auxiliaire ? Comment se termine son participe passé ? Conjugue ce verbe au passé composé.

Étape 2 Lis la suite du texte documentaire.

Deux heures et demie plus tard, ils <u>sont rentrés</u> dans le module lunaire.

Michael Collins, le troisième membre de l'équipage d'*Apollo 11*, n'est pas allé sur la Lune. En tant que pilote du module de commande, il <u>est resté</u> à bord de l'appareil destiné au retour sur Terre.

L'équipage d'*Apollo 11* : Neil Armstrong à gauche, Michael Collins au milieu et Buzz Aldrin à droite.

1. Donne l'infinitif des verbes soulignés. Indique leur groupe, le temps auquel ils sont conjugués et l'auxiliaire employé.
2. À quelles personnes sont-ils conjugués ? Compare les terminaisons des participes passés.
3. Quel autre verbe du texte est conjugué au passé composé avec l'auxiliaire *être* ?
4. Récris cette phrase en faisant parler une femme puis deux femmes : Je suis allé sur la Lune.

Je retiens

- Au passé composé, le **participe passé** des **verbes du 1er groupe**, du verbe ***être*** et du verbe ***aller*** se termine par ***-é***.
  j'ai joué • *tu as marché* • *il/elle/on a bavardé* • *nous avons dansé* • *vous avez parlé* • *elles ont dessiné* • *j'ai été* • *il est allé*
- Quand un verbe est conjugué au passé composé avec l'auxiliaire ***être***, le **participe passé s'accorde** avec le sujet en genre et en nombre.
  je (Sarah) suis restée • *nous (Alex et Téo) sommes tombés* • *elles sont entrées* • *ils sont allés*

Je m'entraîne

*

1 Lis un autre texte documentaire. Recopie les verbes conjugués au passé composé avec leur sujet et écris leur infinitif.

Douze astronautes américains ont marché sur la Lune au cours des différentes missions *Apollo*. Des héros de fiction sont allés eux aussi sur la Lune. Tintin a visité la Lune quinze ans avant les astronautes des missions *Apollo*. Dans le roman *De la Terre à la Lune* de Jules Verne, trois hommes ont tourné autour de la Lune. Dans *Les aventures du Baron Münchhausen*, un ouragan soulève le bateau du baron et l'emporte jusqu'à la Lune.

D'après *À la conquête de la Lune* © Nathan.

*

2 Recopie seulement les phrases qui contiennent un verbe conjugué avec l'auxiliaire *être*.

a. Nous sommes restés à la maison.
b. Le chat a croqué la souris.
c. Elles sont allées à la mer.
d. Les élèves ont corrigé leurs erreurs.
e. Tu es rentrée seule.

*

3 Recopie chaque phrase avec le sujet de la liste qui convient.

La maîtresse • *Les enfants* • *L'écolier* • *Les fillettes*

a. ~ est resté en classe.
b. ~ sont entrés dans le gymnase.
c. ~ sont allées en classe de neige.
d. ~ est arrivée chez ses amis.

**

4 Recopie chaque phrase en complétant le participe passé avec *é*, *ée*, *és* ou *ées*.

a. Nous avons achet~ un bateau.
b. Elles sont mont~ au trentième étage.
c. Mes parents ont ét~ malades.
d. La locomotive est rest~ en gare.
e. Les coureurs sont arriv~ dans les Alpes.

**

5 Recopie chaque phrase en conjuguant le verbe entre parenthèses au passé composé.

a. Les bébés *(être)* calmes.
b. Nous *(gagner)* le gros lot !
c. La voiture *(retourner)* sur la ligne de départ.
d. La rivière *(déborder)*.
e. « Je *(aller)* au marché », dit Sarah à sa mère.

**

6 Conjugue les verbes *être*, *tomber* et *manger* au passé composé avec les sujets proposés.

a. Elle • b. Tu (*Ben*) • c. Ils • d. Vous (*Linda et Elsa*)

***

7 Récris ce texte au passé composé.

Marie et Louise vont dans le jardin. Elles emportent un panier. Elles arrachent les mauvaises herbes. Puis elles ramassent des prunes. Elles rentrent avec leur panier plein de fruits.

***

8 Écris les aventures d'un campeur pris dans la tempête. Utilise les verbes *arriver*, *installer*, *souffler*, *arracher*, *tomber* au *passé composé*.

Le passé composé (3)
verbes du 2e groupe, verbe *avoir* et quelques verbes du 3e groupe

La traversée de l'Arctique en ballon par Jean-Louis Étienne

Le 25e marathon des sables

Le premier bébé koala né en France

Je découvre

Étape 1 Lis ces faits divers.

a. Une chienne **a nourri** des petits écureuils pendant deux semaines.

b. L'aventurier Jean-Louis Étienne **a fini** samedi la première traversée de l'Arctique en ballon et en solitaire.

1. Donne l'infinitif des verbes en gras. Indique leur groupe et le temps auquel ils sont conjugués.
2. Comment se termine le participe passé de ces verbes ?

Étape 2 Lis ces autres faits divers.

a. Un homme **est parti** lundi pour tenter de faire le tour du monde en hélicoptère.

b. Mercredi soir, les habitants de plusieurs régions des États-Unis **ont vu** une boule de feu traverser le ciel. Les savants **ont dit** qu'il s'agissait d'une météorite.

c. 1 050 concurrents âgés de 16 à 73 ans **ont pris** le départ du 25e marathon des sables.

d. À la fin de la semaine dernière, des défenseurs de la nature **ont voulu** s'opposer à la pêche au thon rouge.
Des actes de violence **ont eu** lieu.

e. Un bébé koala **est venu** au monde au zoo de Beauval. Jeudi, il **a fait** sa première apparition hors de la poche de sa maman. Les soigneuses **ont pu** voir que c'était un mâle.

1. Trois verbes du 3e groupe ont leur participe passé qui se termine aussi par le son [i]. Que remarques-tu à l'écrit pour deux d'entre eux ?
2. Par quelle lettre muette se termine le participe passé du verbe *faire* ?
3. Comment se termine le participe passé des autres verbes ?
4. Quels sont les deux verbes conjugués au passé composé avec l'auxiliaire *être* ? Récris le texte **a** en commençant par *Une femme* puis par *Deux hommes*. Explique les accords.
5. Récris la première phrase du texte **e** en parlant de « deux koalas ». Explique les accords.

CONJUGAISON

Je retiens

- Au passé composé, le **participe passé** des **verbes du 2e groupe** se termine par ***-i***.
  *j'ai fin**i** • tu as grand**i** • il a gross**i** • nous avons frém**i** • vous avez atterr**i** • elles ont franch**i***
- Le participe passé des **verbes du 3e groupe** ne se termine pas toujours de la même façon.
  *j'ai fai**t** • tu as pri**s** • il est part**i** • nous avons di**t** • vous avez v**u** • elles ont voul**u** • j'ai p**u** • il est ven**u***
- Le participe passé du verbe ***avoir*** se termine par ***-u*** : *j'ai e**u**.*
- Les verbes ***partir*** et ***venir*** se conjuguent au passé composé avec l'auxiliaire ***être***.
  Le **participe passé s'accorde** avec le sujet : *elle **est** partie • ils **sont** venus.*

Je m'entraîne

1 * **Lis ces autres faits divers. Recopie les verbes en gras conjugués au passé composé et écris leur infinitif. Souligne l'auxiliaire employé et écris son infinitif.**

a. La mystérieuse cigogne bleue d'Allemagne **a eu** des petits… noirs et blancs.
b. Jeudi, deux pandas géants nés en Amérique **ont pris** l'avion pour l'Asie.
c. Des marins **ont fait** le tour du monde à la voile en 48 jours.
d. Lundi, trois explorateurs **sont partis** à skis sur la banquise.

2 * **Recopie les verbes avec leur sujet et écris leur infinitif et leur groupe.**

a. J'ai aimé ce beau cadeau.
b. Les enfants ont fait une jolie peinture.
c. Ils sont partis sur la mauvaise route.
d. Le lilas a fleuri plus tard que d'habitude.

3 * **Récris chaque phrase avec le pronom personnel indiqué.**

a. J'ai pris l'avion cinq fois. → *Vous*
b. Nous avons dit des poèmes. → *Tu*
c. Elle a applaudi les acrobates. → *Ils*
d. Ils ont eu beaucoup de chance. → *On*

4 ** **Récris ces phrases au passé composé puis souligne les verbes.**

a. On fait du bateau.
b. Je veux un cartable neuf.
c. Les cerises mûrissent très vite.
d. Des chevreuils surgissent du bois.

5 ** **Recopie chaque phrase en conjuguant le verbe entre parenthèses au passé composé.**

a. Les ouvriers *(démolir)* une vieille grange.
b. Les mariés *(venir)* à la mairie à cheval.
c. Nous *(pouvoir)* observer les marmottes.
d. Elles *(voir)* des étoiles filantes.
e. On *(dire)* la vérité.

6 ** **Récris cette phrase à toutes les personnes.**

J'ai eu la grippe mais j'ai guéri très vite.

7 *** **Récris ce texte en commençant par *Les hirondelles*.**

L'hirondelle est partie vers l'Afrique à l'automne. Puis, au printemps, elle a repris son vol vers l'Europe. Elle a fait un long trajet. Elle est revenue au même endroit. Elle a bâti un nouveau nid dans la même étable. Elle a revu les mêmes gens !

8 *** **Écris plusieurs phrases pour raconter un voyage avec ta classe ou avec d'autres personnes. Utilise les verbes *faire, dire, partir, prendre, voir* au *passé composé*.**

CONJUGAISON

L'imparfait de l'indicatif

12

CONJUGAISON

Un outil en silex taillé par l'homme de Cro-Magnon

Je découvre **Lis ce texte documentaire.**

Les hommes de la Préhistoire

Entre 35 000 et 10 000 ans avant notre époque, l'homme de Cro-Magnon était nomade. Il chassait les rennes, les bisons et les mammouths pour se nourrir. Ces chasseurs aménageaient des tentes avec des peaux et des branchages. Ils avaient des outils fabriqués avec du silex, du bois, de l'os et de l'ivoire.

Il y a six mille ans, l'homme du Néolithique polissait ses outils et commençait à construire des habitations groupées. Il devenait cultivateur et éleveur. Les premiers paysans faisaient des objets en céramique.

1. Quand se passe ce qui est raconté dans le texte ? Relève les verbes et indique leur infinitif et leur groupe. Ces verbes sont conjugués à l'imparfait.
2. Écris leur conjugaison complète à l'imparfait. Aide-toi des tableaux de conjugaison pages 255 à 257.
3. Souligne le radical de chaque verbe et entoure chaque terminaison. Observe la terminaison des verbes à une même personne. Que remarques-tu ?
4. Explique la présence du ç pour le verbe *commencer* et la présence du e pour le verbe *aménager*.
5. Que remarques-tu pour les terminaisons des verbes aux trois personnes du singulier et à la 3e personne du pluriel ?
6. Compare la conjugaison du verbe *faire* à l'oral et à l'écrit.
7. Conjugue le verbe *crier* à l'imparfait. Que remarques-tu à la 1re et à la 2e personne du pluriel ?
8. Observe la conjugaison des verbes *aller*, *prendre*, *voir*, *dire*, *partir*, *pouvoir* et *vouloir* dans les tableaux pages 256 et 257. Observe la terminaison de ces verbes à une même personne. Que remarques-tu ?

Des outils fabriqués par l'homme du Néolithique

Je retiens

- L'**imparfait de l'indicatif** est un temps du **passé**.
- À l'imparfait, tous les verbes ont les **mêmes terminaisons** :

je → ***-ais***	*nous* → ***-ions***
tu → ***-ais***	*vous* → ***-iez***
il/elle/on → ***-ait***	*ils/elles* → ***-aient***

⚠ *manger* → *je man**ge**ais* • *tu man**ge**ais* • *il man**ge**ait* • *ils man**ge**aient*

lancer → *je lan**ç**ais* • *tu lan**ç**ais* • *il lan**ç**ait* • *ils lan**ç**aient*

Je m'entraîne

1 * **Lis un autre texte documentaire. Recopie les verbes conjugués à l'imparfait et écris leur infinitif.**

Il y a environ 5 000 ans, les Égyptiens inventaient les hiéroglyphes. Cette écriture avait environ 6 000 signes. Chaque hiéroglyphe représentait un objet ou une idée. Les scribes dessinaient les hiéroglyphes sur du papyrus.

Les Égyptiens habitaient alors la vallée du Nil. Ils avaient un roi, le Pharaon. Ils bâtissaient d'immenses pyramides.

2 * **Recopie les verbes, entoure leur terminaison et écris leur infinitif.**

a. Je prenais le métro chaque jour.
b. Nous jouions sur le chemin de l'école.
c. Vous criiez en dormant.
d. Allais-tu souvent chez le coiffeur ?

3 * **Récris chaque phrase avec le pronom personnel indiqué.**

a. Je choisissais les meilleures places. → *Nous*
b. Vous étiez souvent en retard ! → *Tu*
c. Elle oubliait toujours quelque chose. → *Vous*
d. Nous mangions dehors en été. → *Ils*

4 * **Écris des phrases en associant un élément de la série a et un élément de la série b.**

a. Tu • Le canard • Cet avion • Les touristes • Les marcheurs
b. suivait le coq. • marchais toujours devant. • raccourcissaient certaines randonnées. • restaient deux jours dans chaque ville. • faisait le trajet Paris-Tokyo.

5 ** **Recopie chaque phrase en conjuguant le verbe entre parenthèses à l'imparfait.**

a. Chaque année, ils *(aller)* visiter un pays.
b. Vous *(vouloir)* sortir tous les soirs.
c. Il *(lancer)* le ballon avec force.
d. Nous *(pouvoir)* regarder la télé.
e. Papa *(prendre)* beaucoup de photos.

6 ** **Récris ces phrases à l'imparfait.**

a. Tous les dimanches, tu fais une tarte.
b. Les maîtres punissent les enfants impolis.
c. La fillette dit bonjour à tous les passants.
d. Nous voyons souvent votre voisine.
e. Je nage bien.
f. Vous attrapez les plus beaux papillons.

7 *** **Récris ce texte en commençant par *Je*.**

Nous allions en vacances chez notre oncle tous les ans. Nous arrivions début juillet ; nous repartions le 15 août. Nous faisions du vélo. Nous roulions sur les chemins. Nous salissions nos vêtements. Le soir, nous rangions les bicyclettes. Nous prenions une douche et nous mangions.

8 *** **Écris plusieurs phrases pour raconter comment se faisait la lessive autrefois, en t'aidant du dessin. Utilise les verbes *aller (au lavoir), transporter, laver, frotter, rincer* à l'*imparfait*.**

CONJUGAISON

Quelles lettres pour écrire les sons [o] et [ɔ] ?

Je découvre

Lis cette liste de mots.

- lorsque • autant • autrefois
- énorme • haut • faux • sauvage • nouveau
- déposer • sortir • sauver
- une chose • une odeur • la force • la parole • une épaule • un bureau • le rideau • l'automne • les ciseaux

1. Classe les mots selon la manière d'écrire les sons [o] et [ɔ].
2. Observe la manière d'écrire le son [ɔ]. Que remarques-tu ?
3. Où est placé le groupe de lettres *eau* dans les mots ?

Je retiens

- Le son [o] s'écrit ***o***, ***au*** ou ***eau*** : *une **o**deur • une ép**au**le • un bur**eau**.*

⚠ plutôt

- Le groupe de lettres ***eau*** est le plus souvent en **fin de mot**.
- Le son [ɔ] à l'**intérieur d'un mot** s'écrit toujours ***o***.

Je m'entraîne

1 * **Écris les mots de la liste représentés par ces dessins.**

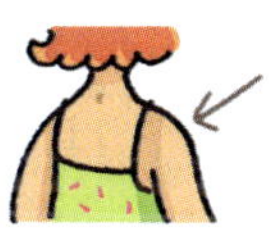

2 * **Retrouve, dans chaque série, deux mots de la liste et recopie-les.**

a. lorsque • proposer • déposer • superposer
b. aussi • autrefois • autant • autrement
c. close • dose • odeur • chose • odieux

3 ** **Écris le mot de la liste qui correspond à chaque définition.**

a. Qui n'existait pas avant.
b. C'est le contraire d'*entrer*.
c. Ce n'est pas vrai.
d. C'est une saison.

4 *** **Retrouve et écris des mots de la liste : ajoute (+) ou enlève (-) des lettres et remets-les en ordre.**

Exemple : cape + se → (l')espace

féroce - é • morne + é • vague + as
pore + la • vers + au • tu + ah

5 *** **Recopie ces mots en ajoutant *au* ou *eau* comme il convient.** Tu peux t'aider du dictionnaire.

un morc... • la g...che • p...vre • le cerv... • s...ter • un f...ve • un drap... • un troup...

6 *** **Écris une phrase avec chaque mot reconstitué.**

e-c-m-u-a-h-a → C'est le nom d'un animal qui commence par la lettre *c*.
r-o-p-e-r-p → C'est un adjectif qui signifie le contraire de *sale*.

Pour aller plus loin

7 Certains mots qui se terminent par le son [o] s'écrivent avec ***o*** suivi d'une lettre muette : *galo**p** → galo**p**er.*

Complète chaque mot avec la lettre muette qui manque. Écris le mot de la même famille qui t'a aidé(e).

a. un abrico... → ...
b. un sanglo... → ...
c. le repo... → ...

ORTHOGRAPHE

2 Quelles lettres pour écrire le son [e] ?

Je découvre

Lis cette liste de mots.

- assez • malgré • chez
- léger • égal • étroit
- répéter • écouter • répondre • désirer • étudier • préparer
- une idée • une époque • la vérité • une entrée • un panier • le début • une qualité • un métier

1 Classe les mots selon la manière d'écrire le son [e]. Certains mots sont à classer dans deux colonnes.

2 Quelle est la manière la plus fréquente d'écrire le son [e] ?

3 Comment s'écrit le son [e] au début et à l'intérieur des mots ? et en fin de mot ?

Je retiens

- Le son [e] s'écrit le plus souvent ***é*** : *égal* • *le début* • *une qualité.*
- En **fin de mot**, le son [e] s'écrit aussi ***er*** ou ***ez*** : *un pani**er** • un méti**er** • les verbes du 1er groupe à l'infinitif : prépar**er** ch**ez** • ass**ez** • les verbes à la 2e personne du pluriel : vous prépar**ez**.*
- Dans les **déterminants**, le son [e] s'écrit ***es*** : *les* • *des* • *mes* • *tes* • *ses* • *ces.*

Je m'entraîne

1 * **Recopie chaque phrase en ajoutant le mot de la liste qui convient.**

a. Je n'ai aucune … de la réponse à ta question.
b. Le couloir est trop … pour passer ce meuble.
c. … la pluie, les enfants sortent en récréation.
d. À quelle … avez-vous vécu au Maroc ?
e. Demain, je vais … le dentiste.
f. Veux-tu encore des pâtes ou en as-tu … ?

2 ** **Retrouve et écris six mots de la liste en combinant ces syllabes.**

cou • é • té • pa • si • é • pré • en • rer • qua • ter • rer • trée • gal • li • dé

3 ** **Écris le mot de la liste qui correspond à chaque définition.**

a. Apprendre, examiner avec soin.
b. Le travail que l'on fait pour gagner de l'argent.
c. Le commencement de quelque chose.
d. On la dit quand on ne ment pas.
e. Un sac en osier avec une ou deux anses.

4 ** **Écris le mot de la liste qui correspond à chaque devinette.**

a. Je contiens 3 fois le son [e].
b. Je suis l'adjectif qui contient 2 fois le son [e].
c. Je suis le verbe qui contient une seule fois le son [e].

5 *** **Recopie ces mots en ajoutant *é*, *es* ou *ez* comme il convient.** Tu peux t'aider du dictionnaire.

vous part… • une …charpe • une …glise • s… jouets • le cin…ma • vous saut… • m… amis • t… parents • vous cour…

6 *** **Écris une phrase avec un mot de la famille de *goût* qui contient le son [e]. Puis écris une phrase avec un mot de la famille de *beau* qui contient le son [e].**

Pour aller plus loin

7 **Écris le nom de métier masculin en t'aidant de son féminin.**

une boulangère • une fermière • une infirmière • une bouchère • une ouvrière • une cuisinière

Quelles lettres pour écrire le son [ɛ] ?

Je découvre **Lis cette liste de mots.**

- mais • presque • près (de)
- frais • naturel • cher • muet • mauvais
- espérer • fermer • chercher
- une pièce • la forêt • l'hiver • une aile • un verre • un escalier • la peine • un chef • un secret

1 Classe les mots selon la manière d'écrire le son [ɛ].

2 Quelle est la manière la plus fréquente d'écrire le son [ɛ] ?

Je retiens

- Le son [ɛ] s'écrit ***e***, ***ai***, ***è***, ***ê***, ***et*** ou ***ei*** :
l'hiver • *mauvais* • *près* • *la forêt* • *un secret* • *la peine*.

⚠ *un poney* • *Noël*

Je m'entraîne

1 * **Retrouve et écris six mots de la liste dont les lettres sont mélangées.**

t-e-s-c-e-r r-e-s-p-e-r-é t-ê-f-r-o
i-u-s-a-v-m-a i-f-a-r-s e-i-p-n-e

2 ** **Retrouve et écris six mots de la liste en changeant une lettre dans chaque mot.**

char • grès • mars • guet • terre • aime

3 ** **Écris le mot de la liste qui correspond à chaque définition.**

a. Il est fait de plusieurs marches.
b. Pas tout à fait.
c. Essayer de trouver.
d. Une personne qui commande.

4 *** **Retrouve et écris des mots de la liste : ajoute des lettres et remets-les en ordre.**

cèpe + i lune + rat mer + fer hier + v

5 *** **Recopie ces mots en ajoutant l'écriture du son [ɛ] qui convient.** Tu peux t'aider du dictionnaire.

un bouqu… • une r…ne • un carn… • le ci…l • de l'h…rbe • une ch…vre • la p…che

6 *** **Écris** une phrase pour dire ce que tu vois sur ce dessin. Utilise deux mots contenant le son [ɛ].

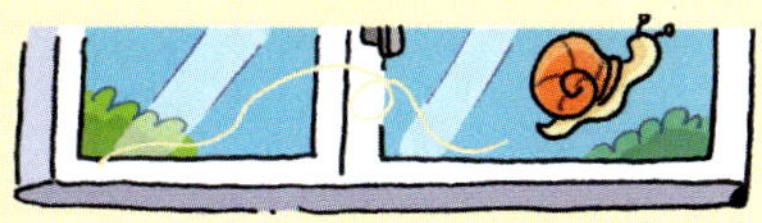

Pour aller plus loin

7 **Observe le verbe *acheter* puis recopie chaque phrase en conjuguant le verbe proposé.**

acheter : nous achetons • j'achète • il achètera • il a acheté

a. **se lever :** Aujourd'hui, il se … à huit heures, demain il se … à six heures.
b. **semer :** Hier, j'ai … des radis, aujourd'hui, je … des carottes.
c. **emmener :** Aujourd'hui, il … son frère au parc, demain il l'… au zoo.

8 Devant deux consonnes identiques, la lettre ***e*** qui transcrit le son [ɛ] ne prend jamais d'accent.

Recopie ces mots en ajoutant *e* ou *è* comme il convient.

la t…rre • un mod…le • une éch…lle • le p…re • une chi…nne • une bagu…tte • un po…me

Quelles lettres pour écrire les sons [ø] et [œ] ?

Je découvre

Lis cette liste de mots.

- peu • mieux • plusieurs
- heureux • dangereux • seul
- creuser • déjeuner
- les yeux • un lieu • la chaleur • du beurre • un œuf • des œufs • une douleur • la hauteur • un nœud • une œuvre • un fauteuil • un fleuve

1 Classe les mots selon la manière d'écrire le son [ø].

2 Classe les mots selon la manière d'écrire le son [œ].

3 Lequel des deux sons n'est jamais le dernier son dans les mots ?

Je retiens

- Le son [ø] s'écrit **eu** ou **œu** : *peu* • *des œufs* • *des bœufs* • *un vœu.*
- Le son [œ] s'écrit le plus souvent **eu** : *la chaleur.*

⚠ *un bœuf* • *une œuvre* • *une sœur* • *le cœur*

Je m'entraîne

1 * **Écris les mots de la liste représentés par ces dessins.**

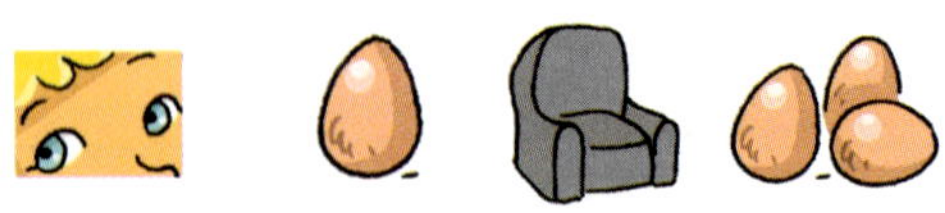

2 * **Retrouve, dans chaque série, deux mots de la liste et recopie-les.**

a. fleur • fleuve • fluvial • effleurer • seul
b. peur • brume • beurre • beurré • peu • peut
c. danger • creux • dangereux • changer • mieux
d. plus • lien • lier • plusieurs • leur • lieu

3 ** **Retrouve et écris huit mots de la liste cachés dans cette suite de lettres.**

eudouleurœucreusereunœudheureux
œuvreœuhauteuruchaleureudéjeuner

4 *** **Recopie ces mots en ajoutant *eu* ou *œu* comme il convient.** Tu peux t'aider du dictionnaire.

un c…r • des chev…x • bl… • une fl…r • le f… • un v… • j…ne • une h…re • ta s…r

5 *** **Écris une phrase avec deux mots contenant le son [ø]. Puis écris une phrase avec deux mots contenant le son [œ].**

Trouve d'autres mots que ceux des exercices.

Pour aller plus loin

6 De nombreux adjectifs qui se terminent par le son [ø] s'écrivent ***eux*** : *heur**eux*** • *danger**eux***.

Recopie chaque phrase en t'aidant du mot en gras pour ajouter l'adjectif qui manque.

a. Ce gâteau est un vrai **délice** : il est … .
b. Paul fait son travail **sérieusement** car il est … .
c. Le ciel est couvert de gros **nuages** : il est … .
d. Ce garçon fait des **caprices** : il est … .
e. Alex a souvent **peur** : il est … .
f. Jean a une tendance à la **paresse** : il est assez … .

Quelles lettres pour écrire le son [ɑ̃] ?

5

Je découvre

Lis cette liste de mots.

- encore • ensuite • pendant • sans
- grand • blanc • vivant
- demander • emmener • entrer • trembler • vendre
- la campagne • une chambre • l'enfant • le menton • une jambe • les parents • le vent • un ensemble

1 Classe les mots selon la manière d'écrire le son [ɑ̃].

2 Relève la lettre qui suit chaque groupe de lettres *am* et *em*.

Je retiens

- Le son [ɑ̃] s'écrit ***an*** ou ***en*** : *grand* • *encore*.

⚠ *un faon*

- Si le son [ɑ̃] est devant un ***m***, un ***p*** ou un ***b***, il s'écrit ***am*** ou ***em*** : *emmener* • *la campagne* • *trembler*.

Je m'entraîne

1 * **Retrouve et écris quatre mots de la liste dont les lettres sont mélangées.**

n-v-t-e e-n-v-d-e-r
p-a-c-m-g-a-n-e s-s-a-n

2 ** **Retrouve et écris cinq mots de la liste cachés dans cette suite de lettres.**

anementreranenvivantamanen
blancanamensuiteanemmener

3 ** **Retrouve et écris six mots de la liste en combinant ces syllabes.**

en • rents • de • sem • bre • man • jam • bler • ble • der • pa • trem • be • cham

4 ** **Écris le mot de la liste qui correspond à chaque devinette.**

a. Je contiens la lettre *d* mais elle est muette.
b. Je suis le seul à contenir les lettres *on*.
c. Je contiens 2 fois le son [ɑ̃] écrit de 2 manières différentes et je suis invariable.
d. Je contiens 2 fois le son [ɑ̃] écrit de 2 manières différentes et je suis un nom de 6 lettres.
e. Je suis un mot invariable avec la lettre *c*.

5 *** **Recopie ces mots en ajoutant *n* ou *m* comme il convient.**

méla ~ ger • un cha ~ pignon • du ja ~ bon • les vaca ~ ces • quara ~ te • un ge ~ darme • la te ~ pérature • le printe ~ ps • soixa ~ te

6 *** **Écris deux phrases avec des mots contenant le son [ɑ̃] (autres que ceux des exercices).** Tu peux t'aider du dictionnaire.

Pour aller plus loin

7 De nombreux verbes qui commencent par le son [ɑ̃] s'écrivent avec ***en*** ou ***em*** : *enlever* • *embrasser*.

Cherche dans le dictionnaire trois verbes commençant par *en* et trois verbes commençant par *em*. Recopie-les.

8 **Recopie chaque phrase en t'aidant du mot en gras pour ajouter le mot qui manque.**

a. Laura a mal à une **dent**, elle va chez le ~ .
b. Lilian dit souvent des **mensonges** : ce n'est pas bien de ~ .
c. Le ~ expose ses **marchandises** sur de longues tables.
d. Quand on a beaucoup de ~ , on dit que l'on est **chanceux**.

ORTHOGRAPHE

6 Quelles lettres pour écrire le son [ɔ̃] ?

Je découvre

Lis cette liste de mots.

- donc • longtemps
- honteux • nombreux • complet
- rencontrer • conduire • tromper • plonger • confondre • comprendre
- une ombre • une montre • un pont • un nom • le front • le fond • un chiffon • une addition • un flocon

1. Classe les mots selon la manière d'écrire le son [ɔ̃].
2. Relève la lettre qui suit chaque groupe de lettres *om*.

Je retiens

- Le son [ɔ̃] s'écrit **on** : *donc*.
- Si le son [ɔ̃] est devant un **p** ou un **b**, il s'écrit **om** : *complet* • *nombreux*.

⚠ *un bonbon* • *une bonbonne*

Je m'entraîne

1 * **Écris les mots de la liste représentés par ces dessins.**

2 ** **Retrouve et écris six mots de la liste dont les lettres sont mélangées.**

x-r-m-u-b-n-o-e c-n-o-d f-d-o-r-n-n-o-c-e
g-s-n-m-p-e-t-o-l t-e-x-h-n-o-u o-n-m

3 ** **Écris le mot de la liste qui correspond à chaque définition.**

a. Sauter dans l'eau la tête et les bras en avant.
b. Une opération de mathématiques.
c. Faire connaissance avec quelqu'un.
d. Un morceau de tissu qui sert à essuyer.

4 *** **Retrouve et écris des mots de la liste : ajoute (+) ou enlève (-) des lettres et remets-les en ordre.**

fort + n compte + l cuire + on + d
mordre + en + cp rompre + t fin - i + do

5 *** **Recopie ces mots en ajoutant *on* ou *om* comme il convient.**

c…bien • bl…d • une ép…ge • c…parer • un tri…phe • une tr…pette • c…trôler

6 *** **Écris trois phrases pour dire ce que tu vois sur ce dessin. Utilise au moins quatre mots contenant le son [ɔ̃].**

Pour aller plus loin

7 Certains mots qui se terminent par le son [ɔ̃] s'écrivent avec **on** suivi d'une lettre muette.

Recopie chaque phrase en t'aidant du mot en gras pour ajouter le mot qui manque.

a. **longueur :** Le terrain de foot est … .
b. **bondir :** Le chat fait un … .
c. **ronde :** Les enfants sont assis en … .
d. **montagne :** Ce … culmine à 1 900 mètres.

8 **Écris le nom de la même famille terminé par le son [ɔ̃].**

a. boutonner : un …
b. un poissonnier : un …
c. une lionne : un …
d. un citronnier : un …

Entends-tu le son [ɔ̃] dans les mots donnés ? Comment s'écrit le son [n] ?

Quelles lettres pour écrire le son [ɛ̃] ?

7

Je découvre **Lis cette liste de mots.**

- ainsi • soudain • enfin
- simple • commun • incapable • prochain • plein
- inviter • éteindre • imprimer • craindre
- le lendemain • du vin • un grain • la peinture • un prince • un chemin • le printemps • un timbre

1. Classe les mots selon la manière d'écrire le son [ɛ̃].
2. Quelle est la manière la plus fréquente d'écrire le son [ɛ̃] ?

Je retiens

- Le son [ɛ̃] s'écrit ***in***, ***ain***, ***ein*** ou ***un*** : *du v**in*** • *un b**ain*** • *la p**ein**ture* • ***un***.

⚠ *un exam**en*** • *la f**aim*** • *un parf**um***

- La manière la plus fréquente d'écrire le son [ɛ̃] est ***in***.
- Si le son [ɛ̃] est devant un ***m***, un ***p*** ou un ***b***, il s'écrit ***im*** : ***im**mangeable* • ***im**primer* • *un t**im**bre.*

Je m'entraîne

1 * **Retrouve et écris neuf mots de la liste dont les lettres sont mélangées.**

v-n-t-i-r-e-i t-u-e-r-p-e-n-i m-o-n-u-m-c
t-i-é-n-d-e-r-e c-e-p-i-n-r m-i-l-s-p-e
e-m-n-a-l-n-e-d-i a-d-u-o-s-n-i i-a-g-r-n

2 ** **Retrouve et écris six mots de la liste cachés dans cette suite de lettres.**

improchaineinimprimeraintimbre
ainainsininchemineinunenfinain

3 ** **Écris le mot de la liste qui correspond à chaque devinette.**

a. Je suis le nom qui ne change pas au pluriel.
b. Je commence par *in* et je suis un adjectif.
c. Je suis le mot le plus court de la liste.
d. Je contiens *ain* et je suis un verbe.
e. Je contiens *ein* et je suis un adjectif.

4 *** **Recopie ces mots en ajoutant *in* ou *im* comme il convient.**

un …secte • un eng… • un s…ge • une t…bale • du l…ge • une …pression • l'…dustrie • le jard… • une …passe

5 *** **Écris une phrase avec chacun des mots représentés par ces dessins.** Tu peux t'aider du dictionnaire.

Pour aller plus loin

6 Pour certains mots qui se terminent par le son [ɛ̃], on retrouve le ***i*** de ***in*** dans un mot de la même famille : *un lap**in*** → *une lap**i**ne* • *un jard**in*** → *un jard**i**nier.*

Recopie chaque phrase en t'aidant du mot en gras pour ajouter le mot qui manque.

a. José ne peut plus **patiner**, il a cassé son … à glace.
b. Ma tante a deux enfants : Léa ma **cousine** et Léo mon … .
c. Un … a fait des études de **médecine**.
d. La **voisine** et le … sont dans leur jardin.
e. Mon frère **dessine** bien, son … est beau.

7 **Écris le contraire de ces mots en ajoutant le préfixe *in-* ou *im-*.**

possible • patient • praticable • certain • parfait • prévu • connu • prudent

ORTHOGRAPHE

8 Quelles lettres pour écrire le son [j] ?

Je découvre **Lis cette liste de mots.**

- ailleurs • bientôt • combien
- vieux • entier • ancien
- payer • voyager • réveiller • vérifier • briller
- le milieu • le travail • un billet • une grenouille • une pierre • le sommeil • la lumière • une bouteille • un crayon

1. Classe les mots selon la manière d'écrire le son [j].
2. Quelle est la manière la plus fréquente d'écrire le son [j] ?
3. Quand la lettre *i* transcrit le son [j], quelle catégorie de lettres trouve-t-on juste avant ? et juste après ?

Je retiens

- Le son [j] s'écrit ***i***, ***il***, ***ill***, ***ille***, ***ll*** ou ***y*** :
une pierre • un chien • le travail • réveiller • une bouteille • un billet • payer.
- La manière la plus fréquente d'écrire le son [j] est la lettre ***i*** ;
elle se trouve alors entre une **consonne** et une **voyelle**.
- En **fin de mot**, le son [j] s'écrit le plus souvent ***il*** ou ***ille***.

Je m'entraîne

1 * **Écris les mots de la liste représentés par ces dessins.**

2 ** **Recopie chaque phrase en ajoutant les mots de la liste qui conviennent.**

a. « Finis ton …, je vais le … », dit Papa.
b. Sonia n'a plus … : elle essaie de … sa sœur.
c. … avez-vous payé ce meuble … ?
d. Le … chien des voisins est au … de la route.
e. Cette … trop vive me fait mal aux yeux.
f. C'est … l'été ; nous allons … .

3 ** **Retrouve et écris cinq mots de la liste en changeant une lettre dans chaque mot.**

rayer • lierre • entrer • griller • pilleurs

4 *** **Recopie ces mots en ajoutant *i*, *ill*, *ille* ou *ll* comme il convient.**

du m…el • un l…on • un coqui…age • un p…ed • un poula…er • une corbe… • un cam…on • un papi…on • un p…éton

5 *** **Écris** trois phrases pour dire ce que tu vois sur ce dessin. Dans chaque phrase, utilise au moins un mot contenant le son [j].

Pour aller plus loin

6 **Recopie ces noms dans deux colonnes :** masculin / féminin.

une feuille • le travail • une bataille • le sommeil • un fauteuil • une bouteille

7 **Entoure la manière d'écrire le son [j] dans les mots de l'exercice 6. Explique ce que tu remarques.**

8 **Écris les mots représentés par ces dessins.**

ORTHOGRAPHE

Quelles lettres pour écrire le son [s] ?

9

Je découvre

Lis cette liste de mots.

- cela • ceci • dessous • seulement
- sec • facile • possible • sourd
- avancer • réussir • passer • verser • sentir • décider
- une salle • une façon • une place • une adresse • un ours • un reçu

1. Classe les mots selon la manière d'écrire le son [s].
2. Quand le son [s] s'écrit *s* ou *ss*, quelle catégorie de lettres trouve-t-on juste avant ? et juste après ?
3. Quand le son [s] s'écrit *c*, observe la lettre placée juste après le *c*. Quand écrit-on *ç* ?

Je retiens

- Le son [s] s'écrit ***s***, ***ss***, ***c*** ou ***ç*** : *une salle* • *réussir* • *décider* • *une façon.*
- La manière la plus fréquente d'écrire le son [s] est la lettre ***s*** ; elle se trouve alors en **début de mot** ou à l'**intérieur d'un mot** entre une **voyelle** et une **consonne** et parfois en **fin de mot**. **Entre deux voyelles**, on écrit ***ss***.
- Devant les voyelles ***e***, ***i*** et ***y***, le son [s] s'écrit parfois **c**. Devant ***a***, ***o*** et ***u***, on écrit ***ç***.

⚠ *une addi**t**ion*

Je m'entraîne

1 * **Retrouve et écris six mots de la liste dont les lettres sont mélangées.**

c-c-i-e s-o-s-p-i-l-b-e s-o-d-s-u-e-s
c-d-i-r-é-d-e e-l-u-s-e-t-e-n-m c-s-e

2 ** **Retrouve et écris six mots de la liste en changeant une lettre dans chaque mot.**

lourd • balle • casser • mentir • relu • maçon

3 ** **Écris le mot de la liste qui correspond à chaque définition.**

a. Obtenir un bon résultat.
b. C'est le contraire de *reculer*.
c. Ce n'est pas difficile.
d. Faire couler dans un récipient.

4 *** **Retrouve et écris des mots de la liste : ajoute des lettres et remets-les en ordre.**

rades + se sur + o lac + e cale + p

5 *** **Recopie ces mots en ajoutant *s* ou *ss* comme il convient.**

une bro…e • une secou…e • …oixante • le tenni… • une discu…ion • une dépen…e

6 *** **Écris** un texte de plusieurs phrases avec des mots contenant le son [s] qui s'écrit *s*, *c*, *ss* et *ç*. Tu peux t'aider du dictionnaire.

Pour aller plus loin

7 **Quelle lettre transcrit le son [s] dans ces mots ?**

une addition • une multiplication • une invention • l'aviation • une action

Recopie chaque phrase en ajoutant un mot terminé de la même façon.

a. Selim écoute le maître avec … .
b. Mon frère garde les timbres pour sa … .
c. Pendant la … , on joue aux billes.
d. Si on désobéit, on a une … .

8 **Complète chaque phrase avec un mot qui contient le son [s]. Puis entoure les lettres qui transcrivent le son [s].** Utilise le dictionnaire.

a. À la … , j'aime plonger du grand plongeoir.
b. Après 9, c'est … .
c. Trois et trois font … .
d. … est le contraire de *monter*.

ORTHOGRAPHE

10 Quelles lettres pour écrire le son [k] ?

Je découvre

Lis cette liste de mots.

- comment • quelquefois
- magnifique • court • creux
- courir • fabriquer • piquer • éclater • taquiner • quitter
- un coup • une barque • une carte • la musique • un sac • la lecture • un cri • une clé • la colère

1 Classe les mots selon la manière d'écrire le son [k].

2 Observe la lettre qui suit chaque lettre *c* et celle qui suit chaque groupe de lettres *qu*. Que remarques-tu ?

Je retiens

- Le son [k] s'écrit le plus souvent **c** ou **qu** : *comment* • *fabriquer.*
- Devant les voyelles ***a***, ***o***, ***u*** et les consonnes ***l***, ***r***, le son [k] s'écrit **c**. Devant les voyelles ***e*** et ***i***, on écrit **qu**.

⚠ *un **k**oala* • *un co**q*** • *un **ch**ronomètre* • *Patri**ck***

Je m'entraîne

1 * **Écris les mots de la liste représentés par ces dessins.**

2 * **Retrouve, dans chaque série, deux mots de la liste et recopie-les.**

a. inquiet • quitter • brique • fabriquer
b. éclat • taquin • éclater • taquiner
c. comme • course • comment • courir
d. lecture • lectrice • ceci • cri • crier

3 ** **Écris le mot de la liste qui correspond à chaque définition.**

a. C'est le contraire de *affreux*.
b. Enfoncer une aiguille dans la peau.
c. Un sentiment de rage.
d. Parfois, de temps en temps.

4 *** **Retrouve et écris des mots de la liste : ajoute des lettres et remets-les en ordre.**

pou + c   trou + c   qui + muse   ex + cru

5 *** **Écris une phrase avec chacun des mots représentés par ces dessins.**

Pour aller plus loin

6 **Observe :** fabriquer → nous fabriquons, il fabrique, la fabrication. **Que constates-tu ?**

Recopie ces mots en ajoutant *qu* ou *c* comme il convient.

a. embarquer → une embar...ation • nous embar...ons
b. expliquer → tu expli...es • une expli...ation
c. indiquer → une indi...ation • vous indi...ez
d. communiquer → je communi...e • une communi...ation

7 **Complète chaque phrase avec un mot qui contient le son [k]. Puis entoure les lettres qui transcrivent le son [k].**
Utilise le dictionnaire.

a. Notre main a ... doigts.
b. À la montagne, je fais du ... .
c. Nous chantons ensemble dans une ... .
d. Pour prendre le bus, il faut un ... .

Quelles lettres pour écrire le son [g] ?

Je découvre

Lis cette liste de mots.

- également
- agréable • régulier • gai
- conjuguer • glisser • graver • organiser • grossir • guérir
- le regard • une figure • un groupe • la fatigue • une goutte • la langue • une règle • un tigre • une guêpe • une guitare

1. Classe les mots selon la manière d'écrire le son [g].
2. Observe la lettre qui suit chaque lettre *g* et celle qui suit chaque groupe de lettres *gu*. Que remarques-tu ?

Je retiens

- Le son [g] s'écrit ***g*** ou ***gu*** : *une **g**outte* • *la fati**gu**e.*
- Devant les voyelles ***a***, ***o***, ***u*** et les consonnes ***l***, ***r***, le son [g] s'écrit ***g***. Devant les voyelles ***e***, ***i*** et ***y***, on écrit ***gu***.

Je m'entraîne

1 * **Écris les mots de la liste représentés par ces dessins.**

2 ** **Retrouve et écris six mots de la liste cachés dans cette suite de lettres.**

groupeguglisserèblerèglegalagréable lierrégulierablegrègutguitaretarguire

3 ** **Retrouve et écris six mots de la liste en combinant ces syllabes.**

ver • fi • con • rir • fa • guer • gue • or • ju • re • ga • gra • ni • gué • ser • ti • gu

4 ** **Écris le mot de la liste qui correspond à chaque devinette.**

a. Je suis le mot invariable de la liste.
b. J'ai les mêmes lettres que le verbe *garder*.
c. Je suis le mot le plus court de la liste.
d. Je suis le contraire de *maigrir*.

5 *** **Recopie ces mots en ajoutant *g* ou *gu* comme il convient.**

une piro…e • un …ide • la …rippe • un trian…le • un lé…ume • la …eule

6 *** **Écris deux phrases avec chacune un mot qui commence par *g* qui fait le son [g]. Puis écris deux phrases avec chacune un mot qui commence par *gu* qui fait le son [g].**
Tu peux t'aider du dictionnaire.

Pour aller plus loin

7 Les verbes qui se terminent par ***guer*** gardent le ***u*** après le ***g*** dans toute leur conjugaison : *il navi**gu**e* • *nous navi**gu**ons* • *je navi**gu**ais.*

Écris le verbe *distinguer* à toutes les personnes du présent et de l'imparfait de l'indicatif.

8 **Complète chaque phrase avec un mot qui contient le son [g]. Puis entoure les lettres qui transcrivent le son [g].**
Utilise le dictionnaire.

a. Au parc, Adeline glisse sur un grand … .
b. J'aime les …, ces pâtes longues et fines avec de la sauce tomate.
c. Il y a soixante … dans une minute.

12 Quelles lettres pour écrire le son [ʒ] ?

Je découvre **Lis cette liste de mots.**

- toujours • jamais
- large • juste • magique
- juger • jeter • agiter • ajouter • imaginer
- juillet • l'argent • un nuage • un genou • un pigeon • un sujet • une page • la joie • une orangeade • un bijou

1. Classe les mots selon la manière d'écrire le son [ʒ].
2. Comment s'écrit le son [ʒ] dans *pigeon* et *orangeade* ? Explique la présence du *e* après le *g*.

Je retiens

- Le son [ʒ] s'écrit ***j***, ***g*** ou ***ge*** : *jamais* • *magique* • *une orangeade*.
- Devant les voyelles ***e***, ***i*** et ***y***, le son [ʒ] s'écrit ***g***. Devant les voyelles ***a*** et ***o***, on écrit ***ge***.

Je m'entraîne

1 * **Écris les mots de la liste représentés par ces dessins.**

2 ** **Recopie ces phrases en ajoutant les mots de la liste qui conviennent.**

a. Il faut … du sucre à la salade de fruits.
b. En …, j'apprécie une … bien fraîche !
c. Il ne faut pas … les déchets n'importe où.
d. Les fées ont … une baguette … avec elles.

3 ** **Retrouve et écris six mots de la liste en changeant une lettre dans chaque mot.**

larve • paie • foie • buste • jurer • bisou

4 ** **Écris le mot de la liste qui correspond à chaque devinette.**

a. Je suis un verbe de 6 lettres.
b. Je suis le mot qui commence par la lettre *s*.
c. Je suis le verbe qui a le plus de lettres.
d. Je suis un mot invariable avec 2 *a*.

5 *** **Recopie ces mots en ajoutant *g* ou *ge* comme il convient.**

une auber…ine • une na…oire • la …éographie • une an…ine • un villa…ois • la …ymnastique

6 *** **Écris une histoire de trois phrases à partir de ce dessin. Utilise quatre mots contenant le son [ʒ].**

Pour aller plus loin

7 Les sons [ʒi] s'écrivent toujours ***gi*** : *du givre* • *une girafe*.

Dans le dictionnaire, cherche et recopie trois noms masculins, trois noms féminins et deux verbes qui commencent par *gi*.

8 Le son [ʒ] en fin de mot s'écrit toujours ***ge*** : *le visage*.

Recopie ces mots en ajoutant l'écriture du son [ʒ] qui convient.

un maria… • une ima… • un ga… • une ca… • sa… • une ti… • la gor… • rou… • le pota… • un piè… • un manè… • une lu… • une oran… • un menson…

Quels sons pour les lettres *c*, *s* et *g* ?

Je découvre **Lis ces extraits de texte.**

Ma vie à Paris au fil des mois

Juillet

Ça y est ! Ce sont les grandes vacances d'été ! On reçoit Camille et Louise, nos cousines de Brest. J'aime les aider à choisir des souvenirs.

Octobre

C'est le mois de mon anniversaire. Maman m'a promis un grand goûter avec mes amis. Après le gâteau et les bougies qu'il faut souffler, les jus de fruits, les chansons, nous regardons une cassette de dessins animés.

Novembre

Pour Halloween, toute l'école est décorée, chaque classe a sa citrouille lumineuse. Nous avons même cuisiné un délicieux gâteau orange. Mmmmm… c'est bon !

Décembre

Les rues de Paris sont illuminées de guirlandes, et les places plantées de superbes sapins recouverts de fausse neige et de faux cadeaux en papier brillant. Les vitrines des grands magasins, pleines de jouets animés, sont magiques.

Ma vie à Paris au fil des mois de Claire Nadaud, Syros Jeunesse.

1. **Recopie les mots qui contiennent la lettre *c* ou *ç* dans deux colonnes :** les mots où elle se prononce [k] / ceux où elle se prononce [s].
2. **Avant quelles lettres la lettre *c* se prononce-t-elle [s] ? Avant quelles lettres se prononce-t-elle [k] ? Explique le rôle de la cédille.**
3. **Recopie les mots contenant la lettre *s* qui se prononce [z]. Entre quelles lettres est placée la lettre *s* ?**
4. **Recopie les mots contenant la lettre *s* qui se prononce [s]. Explique le rôle des deux *s*.**
5. **Lis les mots contenant la lettre *g*. Comment se prononce-t-elle ?**
6. **Recopie les mots contenant la lettre *g* qui se prononce [ʒ]. Quelles lettres trouve-t-on juste après *g* ?**
7. **Explique la présence du *u* dans *guirlande* et du *e* dans *pigeon*.**

Je retiens

- La lettre **c** peut se prononcer
  - [k] *cadeau • décoré • cuisine • classe • craie*
  - [s] *place • citrouille • cygne • on reçoit*
- La lettre **s** peut se prononcer
  - [z] *lumineuse • magasin*
  - [s] *anniversaire • dessin*
- La lettre **g** peut se prononcer
  - [g] *magasin • gomme • guirlande • grand • glace*
  - [ʒ] *orangeade • magique • gymnase*

Je m'entraîne

1 * **Recopie ces mots dans un tableau comme celui-ci.**

	[k]	[s]
c		
ç		

une ficelle • une leçon • une canne • récolter • la façade • le cinéma • une limace • un bec

2 * **Recopie ces mots en ajoutant c ou ç comme il convient.**

un gla…ier • un commer…ant • du …afé • une …einture • un bis…uit • un la…et • nous fon…ons • un par… • un gar…on

3 * **Recopie ces mots et entoure la lettre *s* en bleu quand elle se prononce** [s] **et en vert quand elle se prononce** [z].

un trésor • du raisin • un geste • jusque • sage • une rose • traverser • un oiseau • un serpent • une personne • une chose

4 * **Recopie ces mots, souligne ceux qui contiennent le son** [g] **et entoure ceux qui contiennent le son** [ʒ].

la figure • un magicien • la largeur • une gare • le règlement • le garagiste • un gaz • du nougat

5 * **Recopie ces mots en ajoutant *g* ou *gu* comme il convient.**

un dra…on • navi…er • un …ichet • une …raine • une é…lise • une merin…e • un iceber… • un cha…rin • re…arder

6 ** **Recopie chaque phrase avec le mot qui convient.**

a. Le bébé a une peau toute *(lise / lisse)*.
b. Le héron a attrapé un *(poisson / poison)*.
c. Il est content de voir son *(coussin / cousin)*.
d. Cet étudiant apprend le *(russe / ruse)*.

7 *** **Recopie chaque phrase en ajoutant un mot de la même famille que celui proposé.**

a. **glace :** Je mets un … pour refroidir le jus de fruits.
b. **rincer :** La machine à laver fait plusieurs … avant d'essorer.
c. **police :** Le voleur a été arrêté par un … .
d. **gercer :** Avec le froid, j'ai des … aux mains.
e. **remplacer :** La maîtresse est absente, elle a une … .

8 *** **Recopie ces verbes conjugués en ajoutant *g* ou *ge* qui se prononcent** [ʒ].

a. **plonger :** nous plon…ons • vous plon…ez • il plon…ait
b. **nager :** ils na…ent • nous na…ons • tu na…ais
c. **ranger :** tu ran…es • je ran…ais • nous ran…ons
d. **bouger :** nous bou…ons • vous bou…ez • ils bou…aient

9 *** **Écris des phrases à la 1**re **personne du pluriel au présent de l'indicatif en employant les verbes :** ***tracer, effacer, rincer, recommencer, replacer.***

Les accents sur la lettre e

Je découvre **Lis ce texte.**

La kermesse

J'ai reposé ma tête sur la table.

– Cette journée, elle est nulle de nulle… ai-je ajouté rien que pour moi.

Madame s'est levée.

– Les enfants… […] Est-ce que quelqu'un sait ce qu'est une kermesse ?

– Moi ! Moi je sais ! a dit le Valentin que je déteste. La kermesse c'est comme la fête foraine ! Il y a plein d'attractions ! Des autos tamponneuses… Un grand Huit et le Saut de la peur !

– Oui ! a ajouté Djamel. C'est une fête avec des stands de tir et des pêches aux canards !

– Et on mange de la barbe à papa qui fait des caries et des gros trous noirs dans l'émail des dents ! a dit aussi mon amoureux qui s'appelle Ricardo.

Je crois que la mère de Ricardo est dentiste.

Après ça, Guillaume, celui qui pleure souvent, s'est levé timidement. Et il a raconté qu'un jour il était monté dans les Montagnes russes et qu'il n'avait presque pas pleuré. Sauf que sans le faire exprès, il avait vomi son sandwich.

Suzie la Chipie, vol. 5, *La mauvaise perdante* de Barbara Park,
trad. de Nathalie Zimmermann © Pocket Jeunesse et B. Park.

1. **Recopie tous les mots contenant la lettre *e* avec un accent dans trois colonnes : é / è / ê. Observe les trois accents et nomme-les.**
2. **Quel son est transcrit par la lettre *e* avec chaque accent ?**
3. **Dans la première phrase du texte, à quel temps est conjugué le verbe *reposer* ? Comment se termine son participe passé ?**
4. **Lis à haute voix ces mots en prononçant bien le son [e] ou le son [ɛ] qui manque. Écris-les en ajoutant *é* ou *è*.**
   de la cr__me • une pens__e • le pr__sident • une r__gle
5. **La lettre ê se trouve-t-elle au début, au milieu ou à la fin de ces mots ? Choisis deux mots et écris une phrase avec chacun.**
   une tête • une fête • la pêche • un rêve • une bête • même

Je retiens

- Sur la lettre **e**, il peut y avoir :
  – un **accent aigu** : *l'été ;*
  – un **accent grave** : *le père ;*
  – un **accent circonflexe** : *la tête.*
- La prononciation permet de distinguer **é** (qui produit le **son** [e]) de **è** et de **ê** (qui produisent le **son** [ɛ]).

Je m'entraîne

1 * **Recopie ces mots en ajoutant *é* ou è comme il convient.**

un foss… • une fl…che • un …l…phant • le m…nage • un d…tour • une panth…re • le cin…ma • une rivi…re • une matin…e • une …cole • une r…ponse • la lumi…re • un probl…me • le d…part • le pr…sent

2 * **Recopie ces mots en ajoutant *é* ou ê comme il convient.**

une …curie • une b…te • un arr…t • une …chelle • la for…t • l'…criture • la p…che • une t…te • une …charpe • …tonner • un canap… • un r…ve • un ch…ne • le t…l…phone • du caf…

3 ** **Recopie ces mots en ajoutant *é*, è ou ê comme il convient.** Tu peux t'aider du dictionnaire.

du m…tal • une mati…re • une gu…pe • une fen…tre • une vall…e • la mis…re • un num…ro • de la gr…le • la temp…te • s'…chapper • un m…tre • une b…tise • la sant… • une pi…ce • une sorci…re

4 ** **Écris trois mots qui contiennent *é*, trois mots qui contiennent è et trois mots qui contiennent ê.**

5 *** **Écris le nom qui se termine par le son** [e] **formé à partir de chaque verbe.**

Exemple : résumer → un résum**é**

défiler • accuser • blesser • inviter • employer • corriger • tracer • exposer • abonner • énoncer

6 *** **Recopie chaque phrase en conjuguant le verbe entre parenthèses au présent. Aide-toi de la conjugaison du verbe *espérer*.**

*espérer → j'esp**è**re • tu esp**è**res • il/elle esp**è**re • nous esp**é**rons • vous esp**é**rez • ils/elles esp**è**rent*

a. Le linge *(sécher)* dans le jardin.
b. Tu *(exagérer)* toujours !
c. Nous *(compléter)* notre collection de timbres.
d. Les lions *(digérer)* à l'ombre.
e. Vous *(posséder)* beaucoup de livres.

7 *** **Écris une phrase avec chacun des mots représentés par ces dessins. Chaque mot contient *é*, è, ou ê.**

Les consonnes finales muettes

Je découvre

Étape 1 **Lis ce texte.**

Frère et sœurs

Ma sœur et moi, on ne se ressemble pas.

Jade est **grande**, mince avec un visage **long**. Elle a une **longue** chevelure **blonde**.

Moi, Marylou, c'est tout le contraire, je suis **petite**, j'ai un visage **rond** et des cheveux noirs bouclés.

Notre **petit** frère Éliot, lui, a une tête **ronde** et les cheveux bouclés comme moi mais il est **blond** comme Jade. Il est déjà mince et élancé, il sera sûrement **grand** comme elle.

1. Recopie les adjectifs en gras dans deux colonnes : masculin / féminin.
2. Entoure la consonne finale des adjectifs au masculin. Ces consonnes se prononcent-elles ?
3. Dans les adjectifs au féminin, retrouve les consonnes que tu as entourées dans les adjectifs au masculin. Se prononcent-elles ?
4. Comment peux-tu faire pour trouver la consonne muette à la fin d'un adjectif masculin ? Peux-tu faire de même avec certains noms comme *le client, le marchand* ?

Étape 2 **Lis ces phrases.**

a. Dans notre rue, il y a **trois** maisons, la nôtre est la troisième.
b. Le **renard** cherche de la nourriture pour ses petits, les renardeaux affamés l'attendent au terrier.
c. Nous avons appris un nouveau **chant**, on va le chanter à la kermesse.

1. Recopie les mots en gras et entoure la consonne finale muette dans chacun des mots.
2. Dans chaque phrase, quel mot de la famille du mot en gras pourrait t'aider à trouver la consonne muette ?

Je retiens

- Pour trouver la **consonne finale muette** de certains mots, il faut chercher un **mot de la même famille** ou les mettre au **féminin** quand c'est possible.
  trois → troisième • un visage rond → une tête ronde

Je m'entraîne

1 * **Complète chaque groupe nominal masculin en t'aidant de l'adjectif en gras. N'oublie pas la lettre muette !**

a. une voiture **puissante** → un moteur …
b. la personne **suivante** → l'exercice …
c. une chaleur **lourde** → un panier …
d. une idée **précise** → un renseignement …
e. une porte **ouverte** → un livre …

2 * **Complète chaque nom en t'aidant du mot en gras pour ajouter la lettre muette qui convient.**

a. un vaisseau **sanguin** → du san…
b. une mauvaise **literie** → un li…
c. se **reposer** → le repo…
d. la **toiture** de la maison → le toi…
e. à **retardement** → le retar…

3 * **À partir de chaque verbe, écris un nom qui se termine par une lettre muette.**

a. bondir → un …
b. débuter → le …
c. souhaiter → un …
d. regarder → un …
e. refuser → un …

4 ** **Recopie chaque phrase en complétant l'adjectif avec la lettre muette qui convient.**

a. Notre sapin est très hau… .
b. Cet écrivain est anglai… .
c. Mon papa est très adroi… .
d. Attention, le trou est profon… !

5 ** **Recopie chaque phrase en complétant le nom avec la lettre muette qui convient.**

a. Le cheval part au galo… .
b. Mon fruit préféré est l'abrico… .
c. Hugo a un dra… décoré de voitures.
d. Quel spor… faites-vous ?
e. Le marchan… de fruits pèse les poires.

6 *** **Recopie chaque phrase en complétant le nom et l'adjectif avec la lettre muette qui convient.**

a. Les touristes font un lon… arrê… à Londres.
b. Un ven… violen… a déraciné le chêne.
c. Le boi… ver… brûle mal dans la cheminée.
d. Le marin a fait un réci… très préci… de ses voyages.
e. Ce clien… est très bavar… .

7 *** **Écris des phrases en associant chaque nom avec un des adjectifs. Tous les mots proposés se terminent par une *lettre muette* à trouver :**

– noms : *pon… • environnemen… • momen…*
– adjectifs : *silencieu… • blan… • lon…*

Tu peux t'aider du dictionnaire.

Des homonymes

Je découvre

Étape 1 Lis ces séries de phrases.

a. Son petit frère a perdu une **dent**.
À cette heure, il y a du monde **dans** le métro.

b. Maman va **faire** un gâteau.
Cet objet est en **fer**.

c. La **fin** de cette histoire est bizarre.
Alex a une **faim** de loup.

d. Le mot *poisson* est un **nom**.
« **Non**, je n'irai pas voir ce spectacle », dit Louis.

e. Le **sang** circule dans notre corps.
Ce blouson coûte moins de **cent** euros.
Il prend son café **sans** sucre.

f. Ils ont passé les vacances au bord de la **mer**.
La **mère** de Lina est coiffeuse.
Monsieur le **maire** est venu dans notre classe.

- Dans chaque série de phrases, que constates-tu pour les mots en gras à l'oral ? Que remarques-tu à l'écrit ? Ces mots sont des homonymes.

Étape 2 Lis ces phrases.

a. Ce poème comporte 14 **vers**.
b. Les hérissons aiment le **lait**.
c. Une exposition **trop** longue au soleil est mauvaise pour la **peau**.

1. Cherche le mot en gras de la phrase **a** dans le dictionnaire. Lis sa définition et relève ses homonymes. Cherche leur signification.
2. Fais de même pour les mots en gras dans les phrases **b** et **c**.

Je retiens

- Certains mots **se prononcent de la même façon** mais ont des **sens différents** et s'écrivent souvent différemment. Ce sont des **homonymes**.
- Le dictionnaire donne leur **orthographe**.
  couvert de ***sang*** • ***cent*** *euros* • *du café* ***sans*** *sucre*

Je m'entraîne

1 * **Écris les mots représentés par ces dessins. Tu peux t'aider de la leçon.**

2 * **Recopie chaque phrase avec l'homonyme qui convient. Aide-toi des groupes nominaux suivants.**

un seau en plastique • *un saut en longueur* • *le sot et le rusé*

a. Parfois, cet enfant dit d'énormes bêtises, il se comporte comme un … .
b. Elle a pris son … et sa pelle pour jouer dans le sable.
c. Le champion de … à la perche est anglais.

3 * **Recopie chaque phrase avec l'homonyme qui convient.** Tu peux t'aider du dictionnaire.

a. Nous sommes assis au premier *(rend / rang)* devant la scène.
b. Ma petite sœur *(compte / conte)* déjà jusqu'à dix sans se tromper.
c. Lucas s'est coincé le *(pousse / pouce)* dans la portière de la voiture.
d. Le cuisinier *(goûte / goutte)* les sauces.
e. Le maître a une *(voix / voie)* grave.

4 ** **Recopie chaque phrase avec l'homonyme de la liste qui convient.** Tu peux t'aider du dictionnaire.

nez / né • *dos / do* • *vin / vingt* • *port / porc* • *père / paire*

a. Elle a une nouvelle … de gants.
b. Ça y est ! Le bébé est … .
c. Maman a fait cuire un rôti de … .
d. Mon oncle n'aime pas le … rouge.
e. Le sportif s'est fait mal au … .
f. Les clowns portent souvent un … rouge.
g. Norah a eu dix-huit sur … en dictée.
h. Fa, sol et … sont des notes de musique.
i. Les bateaux rentrent au … .
j. Je vais faire les courses avec mon … .

5 *** **Écris les homonymes qui correspondent à ces définitions.** Tu peux t'aider du dictionnaire.

a. Le mâle de la poule : le … .
Partie extérieure d'un bateau : la … .
b. Le campeur l'installe pour dormir : la … .
Ses neveux l'appellent tata : la … .
c. La voiture en a une de secours : une … .
La couleur de l'écureuil : il est … .

6 *** **Écris deux couples de phrases contenant chacune un *homonyme* :**

– le nom *champ* et un homonyme ;
– le nom *bal* et un homonyme.

Tu peux t'aider du dictionnaire.

Le féminin des adjectifs

17

ORTHOGRAPHE

Je découvre

Étape 1 **Lis ces groupes nominaux.**

masculin	féminin
un petit garçon blond	une petite fille blonde
un vent violent	une tempête violente
un manteau bleu	une écharpe bleue
un grand chien noir	une grande chienne noire

1. Dans chaque groupe nominal, trouve le ou les adjectifs et le nom auquel ils se rapportent.
2. Quelle différence remarques-tu entre l'adjectif au masculin et l'adjectif au féminin à l'oral ? à l'écrit ?
3. Écris un groupe nominal masculin avec chaque adjectif.
court • lent • clair • déchiré
Récris les groupes nominaux au féminin en changeant le nom.

Étape 2 **Lis ces groupes nominaux.**

a.

masculin	féminin
un carrefour dangereux	une rue dangereuse
un élève sérieux	une élève sérieuse

b.

un sac léger	une valise légère
samedi dernier	la nuit dernière

c.

un bon gâteau	une bonne glace
un animal cruel	une lionne cruelle
un gros arbre	une grosse branche

d.

un bois sombre	une forêt sombre
un château vide	une maison vide

1. Trouve ce qui change entre les adjectifs au masculin et les adjectifs au féminin.
2. Que constates-tu pour les adjectifs du tableau **d** ?
3. Écris un groupe nominal masculin avec chaque adjectif.
malicieux • familier • épais • ancien • humide
Récris les groupes nominaux au féminin en changeant le nom.

Je retiens

- L'**adjectif qualificatif s'accorde en genre** (masculin ou féminin) avec le nom auquel il se rapporte. La marque du féminin est **e**.
  *un chat rusé → une chatte rusé**e***
- Certains adjectifs **se transforment** légèrement au féminin.
  *un garçon sérieux → une fille séri**euse** • un vêtement léger → une robe lég**ère** •*
  *un bon gâteau → une bo**nne** glace • un gros arbre → une gro**sse** branche*
- Certains adjectifs **ne changent pas**.
  un bois sombre → une forêt sombre

ORTHOGRAPHE

Je m'entraîne

1 * **Recopie chaque groupe nominal en accordant l'adjectif entre parenthèses au féminin.**

une fille *(charmant)* • une eau *(pur)* • une odeur *(agréable)* • une valise *(lourd)* • la rue *(principal)* • une femme *(riche)*

2 * **Recopie chaque groupe nominal en accordant l'adjectif entre parenthèses au masculin.**

un blouson *(chaude)* • un signe *(amicale)* • un enfant *(contente)* • un problème *(facile)* • un tissu *(claire)* • un tiroir *(pleine)*

3 * **Récris chaque groupe nominal en remplaçant le nom masculin par le nom féminin indiqué.**

a. un passage étroit → *une porte* ~~~
b. un homme matinal → *une heure* ~~~
c. un récit étrange → *une histoire* ~~~
d. un être vivant → *une bête* ~~~
e. un grand-père sourd → *une personne* ~~~
f. un verre plein → *une bouteille* ~~~

4 ** **Écris ces adjectifs au féminin dans un tableau comme celui-ci.**

se termine par *euse*	se termine par *ère*	double la consonne finale	ne change pas

régulier • curieux • éternel • possible • drôle • dernier • ancien • frileux • violet • triste

5 ** **Recopie chaque phrase en accordant l'adjectif entre parenthèses au féminin.**

a. On a subi une *(gros)* tempête.
b. Il faut acheter une table *(bas)*.
c. La neige forme une couche *(épais)*.
d. Le beurre est une matière *(gras)*.

6 *** **Récris chaque groupe nominal en remplaçant le nom masculin par un nom féminin de ton choix. Fais les accords nécessaires.**

un tracteur vert • mon couteau pointu • un résultat nul • un spectacle magnifique • un enfant sage • ce mauvais temps

7 *** **Récris chaque groupe nominal en accordant l'adjectif entre parenthèses au féminin.** Tu peux t'aider du dictionnaire.

une voiture *(neuf)* • une fleur *(blanc)* • une *(vieux)* école • une région *(sec)* • une sorcière *(fou)* • une couverture *(doux)* • une *(nouveau)* directrice • une lumière *(vif)*

8 *** **Écris plusieurs phrases pour dire ce que tu vois sur ce dessin. Utilise des *adjectifs au masculin* et *au féminin*.**

Le pluriel des noms et des adjectifs

Je découvre

Étape 1 **Lis ces groupes nominaux.**

singulier	pluriel
un livre ancien	des livres anciens
une table basse	des tables basses
un trou profond	des trous profonds
un festival naval	des festivals navals

1. Quelle marque ces noms et ces adjectifs prennent-ils au pluriel ?
2. Écris ces groupes nominaux au pluriel.
un stylo vert • une trousse vide • un gentil bisou • un vent glacial

Étape 2 **Lis ces groupes nominaux.**

a.

singulier	pluriel
une noix	des noix
un nez	des nez
un tapis gris	des tapis gris
un repas délicieux	des repas délicieux

b.

un genou	des genoux
un caillou	des cailloux

c.

un cheval	des chevaux
un animal original	des animaux originaux

1. Comment se terminent les noms et les adjectifs au singulier du tableau **a** ? Que constates-tu au pluriel ?
2. Comment se terminent les noms au singulier du tableau **b** ? Que constates-tu au pluriel ?
3. Comment se terminent les noms et les adjectifs au singulier du tableau **c** ? Que constates-tu au pluriel ?
4. Écris ces groupes nominaux au pluriel.
une croix • un héros malicieux • une souris • un hibou • un chou • un journal national • un canal régional

Je retiens

- L'**adjectif qualificatif s'accorde en nombre** (singulier ou pluriel) avec le nom auquel il se rapporte. La marque du pluriel la plus fréquente est **s**.
  un livre ancien • *des livre**s** ancien**s***
- Les noms et les adjectifs terminés par **s**, **x** ou **z** au singulier **ne changent pas** au pluriel.
  un tapis gris → des tapis gris
- Sept noms terminés par ***ou*** au singulier prennent un ***x*** au pluriel.
  *des genou**x*** • *des chou**x*** • *des hibou**x*** • *des joujou**x*** • *des pou**x*** • *des bijou**x*** • *des caillou**x***
- Les noms et les adjectifs terminés par ***al*** au singulier font leur pluriel en ***aux***.
  *un cheval → des chev**aux*** • *régional → région**aux***

⚠ sauf : *des bal**s*** • *des carnaval**s*** • *des chacal**s*** • *des régal**s*** • *des festival**s*** • *natal**s*** • *glacial**s*** • *naval**s***

Je m'entraîne

1 * **Écris ces groupes nominaux au pluriel.**

un retard • une réponse • un numéro • une lecture • un couloir • un dessert • un chemin • une histoire • un village • une rivière • une pelle • un miroir

2 * **Écris ces groupes nominaux au singulier.**

des fleurs • des renards • des bouteilles • des vélos • des écoles • des routes • des produits • des leçons • des trains • des lacs • des ombres • des libellules

3 * **Recopie chaque phrase avec le nom qui convient.**

a. Léa lance des *(caillou / cailloux)* dans l'eau.
b. J'ai acheté un *(canapé / canapés)* en cuir.
c. Papa enfonce des *(clou / clous)* dans le mur.
d. Je vois souvent les *(cheval /chevaux)* de mon voisin.
e. Le poisson tourne en rond dans son *(bocal / bocaux)*.

4 ** **Écris ces noms au pluriel dans un tableau comme celui-ci.**

prend un *s*	prend un *x*	*al* devient *aux*	ne change pas

un ballon • un métal • du gaz • un hibou • un fou • le bal • un sac • un chou • un bras • la croix • un journal • un genou • un autobus

5 ** **Recopie chaque phrase en accordant l'adjectif entre parenthèses avec le nom auquel il se rapporte.**

a. Cette femme préfère les robes *(noire)*.
b. Le matin, on croise des travailleurs *(matinal)*.
c. Un horloger doit faire des gestes *(précis)*.
d. Je déteste les hivers *(glacial)*.

6 *** **Récris ces phrases en changeant le nombre (singulier / pluriel) des groupes nominaux soulignés.**

a. Au zoo, on a vu des ours polaires et un kangourou.
b. L'enfant admire le gros camion.
c. Nous avons entendu un signal sonore.
d. Le bûcheron a abattu des arbres creux.

7 *** **Écris ces quatre groupes nominaux au *pluriel* puis écris une phrase avec chacun d'entre eux.**

un spectacle musical • *un bijou précieux* • *un crayon spécial* • *un vieux vélo*

L'accord dans le groupe nominal

Je découvre **Lis ce texte.**

Lili et le loup

Lili est partie seule dans la forêt.

Et brusquement, elle se trouve nez à nez avec un loup. **Un loup gris** avec des yeux injectés de sang, **des grandes dents pointues** pareilles à des poignards, et **une langue humide** qui pend de sa gueule comme **une saucisse géante**.

Lili s'extasie. Elle découvre en chair et en os **la magnifique créature** qu'elle a vue dans le livre de son père.

L'eau monte à la bouche du loup. Cette fillette est vraiment appétissante avec **ses joues roses** et **ses bras dodus** ! Il se met à baver et ne pense plus qu'à une chose : croquer **la délicieuse enfant** !

Lili et le loup de Michèle Cornec-Utudji © Nathan Jeunesse.

1 Recopie les groupes nominaux en gras dans un tableau comme celui-ci.

	singulier	pluriel
masculin		
féminin		

2 Comment as-tu fait pour trouver le genre des groupes nominaux au pluriel ?

3 Dans les groupes nominaux que tu as recopiés, souligne les noms et entoure les adjectifs. Explique les accords.

4 Écris les groupes nominaux singuliers au pluriel, ou inversement. Explique les accords.

5 Récris ces groupes nominaux en remplaçant chaque nom par le nom entre parenthèses. Explique les accords.
un loup gris *(une louve)* • des grandes dents pointues *(des crocs)* • une saucisse géante *(un saucisson)* • ses joues roses *(ses ongles)* • ses bras dodus *(ses jambes)*

Je retiens

- Les **déterminants** sont du **même genre** (masculin ou féminin) et du **même nombre** (singulier ou pluriel) que le nom qu'ils accompagnent.
- Les **adjectifs s'accordent en genre** et **en nombre** avec le nom auquel ils se rapportent.
la petite maison → féminin singulier • *les petites maisons* → féminin pluriel

Je m'entraîne

1 * **Lis la suite du texte *Lili et le loup*. Recopie les groupes nominaux en gras et récris-les au pluriel.**

Ravie de **sa découverte**, Lili sourit au loup et lui tend **sa petite main potelée**.
– Je m'appelle Lili, et toi ?
Le loup, d'abord décontenancé par les manières de **la petite fille**, cherche bientôt à l'effrayer. Il découvre ses dents pointues et articule d'**une voix terrible** :
– MOooi ? Je m'appelle LOoooup !

Lili et le loup de Michèle Cornec-Utudji
© Nathan Jeunesse.

2 * **Recopie les groupes nominaux soulignés et indique leur genre et leur nombre.**

a. Les trois chatons sont tous blancs.
b. Ma sœur a acheté une voiture neuve.
c. Mes belles fleurs sont déjà fanées.
d. Mon cousin conduit un gros camion.

3 * **Récris chaque phrase en remplaçant le nom en gras par le nom entre parenthèses. Fais les accords nécessaires.**

a. L'alpiniste est heureux d'être arrivé sur ce haut **sommet**. *(montagne)*
b. Un **vendeur** souriant fait plaisir aux clients. *(vendeuse)*
c. Cette **chaussure** neuve me fait mal au pied. *(soulier)*
d. Dans certaines régions, on trouve encore de l'**air** pur. *(eau)*

4 ** **Recopie chaque groupe nominal en ajoutant le déterminant qui convient : *un*, *une* ou *des*.**

animaux féroces • bocal transparent • souris blanche • tapis sales • fruit frais • élève sérieux • nez pointus • outils dangereux • voiture bruyante • nuages gris • radis rose

5 ** **Écris des groupes nominaux en associant un déterminant, un nom et un adjectif.**

Déterminants : un • une • des • l'
Noms : voix • armoire • herbes • tissu
Adjectifs : sèches • léger • ancienne • grave

6 *** **Recopie chaque groupe nominal en ajoutant deux adjectifs de ton choix. Fais les accords nécessaires.**

une fenêtre • des avions • ce vase • mes sœurs

7 *** **Écris une phrase contenant un groupe nominal au *pluriel* pour chaque dessin. Chaque groupe nominal doit contenir un *déterminant*, un *nom* et un *adjectif*.**

L'accord sujet/verbe

20

ORTHOGRAPHE

Je découvre **Lis les deux versions de ce texte.**

Mystère et chocolat

Texte a : *Sidonie et Luc enquêtent sur la présence d'un monstre dans l'immeuble. Ils vont au troisième étage chez Madame Traboulet.*

Madame Traboulet ouvre la porte d'un salon, et les deux enfants découvrent un décor fabuleux. Une petite rivière coule à travers l'appartement. Elle passe sous de petits ponts de bois, elle serpente entre des collines et des prairies miniatures.

Ils entendent un miaulement, puis un autre et, tout à coup, Sidonie et Luc sont entourés d'une ribambelle de chats.

Mystère et chocolat de Jean Alessandrini, J'aime lire n° 11 © Bayard Jeunesse.

Texte b : *Luc enquête sur la présence d'un monstre dans l'immeuble. Il va au troisième étage chez Monsieur et Madame Traboulet.*

Madame et Monsieur Traboulet ouvrent la porte d'un salon, et l'enfant découvre un décor fabuleux. Deux petites rivières coulent à travers l'appartement. Elles passent sous de petits ponts de bois, elles serpentent entre des collines et des prairies miniatures.

Il entend un miaulement, puis un autre et, tout à coup, Luc est entouré d'une ribambelle de chats.

1 Dans chaque texte, trouve les verbes et leur sujet. À quelles personnes les verbes sont-ils conjugués ?

2 Recopie les sujets dans deux colonnes : groupe nominal / pronom. Que remplacent *ils* et *elle* dans le texte **a** ? Que remplacent *il* et *elles* dans le texte **b** ?

3 Recopie les verbes et leur sujet dans un tableau comme celui-ci. Récris chaque verbe en remplaçant le pronom sujet par un groupe nominal, ou inversement.

3e personne du singulier	3e personne du pluriel
Luc enquête → Il enquête Il va → Luc va	Sidonie et Luc enquêtent → Ils enquêtent Ils vont → Sidonie et Luc vont

4 Compare les colonnes du tableau : quels changements remarques-tu dans les verbes ? Explique la relation entre le verbe et son sujet.

Je retiens

- Le **verbe s'accorde** avec son **sujet**.
- Quand le sujet est un **groupe nominal**, l'accord se fait à la **3e personne** du singulier ou du pluriel.
  Luc enquête. → ***Il** enquête.*
  ***Sidonie et Luc** enquêt**ent**.* → ***Ils** enquêt**ent**.*

ORTHOGRAPHE

Je m'entraîne

1 * **Recopie ce texte en ajoutant le sujet qui convient pour chaque verbe : *Luc et Sidonie* ou *Mme Traboulet*.**

… se dirige vers la cuisine. … dispose de petits morceaux de viande sur des soucoupes. … distribuent la nourriture aux chats. Pendant ce temps, … ramasse les tablettes de chocolat dans la cheminée. … goûtent le chocolat.

2 * **Récris chaque phrase en remplaçant le pronom personnel en gras par le groupe nominal de la liste qui convient.**

Les trains • Le voyageur • Les hirondelles • Cette dame

a. **Elle** retourne en Afrique.
b. **Ils** arrivent en gare de Marseille.
c. **Elles** repartent dans le sud.
d. **Il** revient de Rouen.

3 * **Recopie chaque phrase avec le verbe qui convient.**

a. Les grenouilles *(saute / sautent)* dans l'herbe.
b. Le pêcheur *(attrape / attrapent)* des brochets.
c. Le four ne *(fonctionne / fonctionnent)* plus.
d. Ces enfants *(chante / chantent)* juste.

4 ** **Recopie chaque phrase en ajoutant un groupe nominal sujet qui convient.**

a. … poussent plus vite quand il fait chaud.
b. … entre dans le magasin de vêtements.
c. … porte un enfant sur son dos.
d. … tombe depuis plusieurs jours.

5 ** **Écris une seule phrase avec chaque série de deux phrases. Accorde le verbe comme il convient.**

Exemple : Léa aime le chocolat. Théo aime le chocolat. → Léa et Théo aiment le chocolat.

a. Tom habite à Lille. Lina habite à Lille.
b. Le chat guette les souris. Le héron guette les souris.
c. Papa prépare le repas. Maman prépare le repas.
d. L'armoire coûte cher. Le lit coûte cher.

6 *** **Récris chaque phrase en changeant le nombre (singulier / pluriel) du sujet. Pense aux accords.**

a. Mes frères vont au cinéma.
b. Ce touriste photographie la tour Eiffel.
c. Les enfants prennent un bain.
d. Le chien est sur le fauteuil.
e. Elle coupe et prend une part de pizza.

7 *** **Récris ce texte en commençant par *La lionne*.**

Les lionnes chassent. Elles surveillent les zèbres. Soudain, elles sautent sur un zèbre. Elles dévorent leur proie. Mais elles laissent de la viande pour leurs petits.

8 *** **Écris une phrase avec chaque groupe nominal comme sujet.**

mes parents et mon frère • l'ours blanc du zoo • les clowns • l'horloge de la mairie

Quand écrire *et* ?
Ne pas confondre *et/est*

Je découvre

Étape 1 Lis ce texte.

La tarte aux pommes

Madame Dutour prépare une tarte aux pommes. Elle fait d'abord la pâte. Elle sort les ingrédients. Puis elle verse **la farine et le sel** dans un saladier. Elle ajoute **le beurre et l'eau**. Elle mélange bien. Ensuite, elle lave de belles pommes **rondes et rouges**. Elle **épluche et coupe** les pommes. Elle étale la pâte, la met dans le moule puis elle dispose les morceaux de pommes dessus. Elle place le moule dans le four pour une vingtaine de minutes.

1. Recopie les groupes de mots en gras. Explique le rôle du mot *et*.
2. Indique la classe des mots qui sont reliés par le mot *et*.
3. Récris cette phrase en remplaçant la virgule par *et* :
   Elle étale la pâte, la met dans le moule puis elle dispose les morceaux de pommes dessus.

Étape 2 Lis la suite du texte.

Madame Dutour sort la tarte du four. La pâte **est** bien dorée. La tarte **est** appétissante. Dora **et** Alicia sont sur le lit. Elles jouent tranquillement avec leur console de jeux. Tout à coup, elles sentent la bonne odeur de la tarte. Alors elles se lèvent **et** accourent dans la cuisine.

1. Observe les mots en gras. Lesquels sont des verbes ? De quel verbe s'agit-il ? À quelle personne et à quel temps est-il conjugué ?
2. Relis la troisième phrase en remplaçant *La tarte* par *Les tartes*. Puis relis-la en changeant le temps du verbe.
3. Récris la quatrième phrase en remplaçant *Dora et Alicia* par *Dora*.

Je retiens

- Il ne faut pas confondre **et** et **est**.
- Le mot **et** relie deux **verbes**, deux **groupes nominaux** ou deux **adjectifs**.
  *Elle épluche **et** coupe… • le beurre **et** l'eau • rondes **et** rouges*
- Le mot **est** correspond au verbe **être** conjugué au présent à la 3e personne du singulier.
  *La pâte **est** bien dorée.*

Je m'entraîne

1 * **Recopie les groupes de mots reliés par *et* dans trois colonnes :**
et relie deux groupes nominaux / deux adjectifs / deux verbes.

a. Il a un chien noir et blanc.
b. Margot mange et dort chez sa copine.
c. Nous prendrons du fromage et un dessert.
d. Elle a acheté un pantalon et une veste.
e. La sorcière a un nez long et pointu.
f. L'oiseau s'envole et disparaît.

2 * **Relie avec *et* les deux parties de chaque phrase et écris les phrases ainsi formées.**

a. Papi s'assoit	1. attrape la souris.
b. La fillette s'endort	2. s'arrête au feu rouge.
c. Le chat court	3. regarde la télé.
d. La voiture ralentit	4. rêve du Père Noël.

3 ** **Récris chaque phrase en mettant le sujet au singulier.**

a. Elles sont au deuxième rang.
b. Ces maisons sont à vendre.
c. Les manèges sont sur la place.
d. Ils sont au sommet du mont Blanc.
e. Les clés sont sur la table.

4 ** **Récris chaque phrase au présent.**

a. Le coureur était sur la ligne de départ.
b. Elle était souvent en colère.
c. Louis était content d'aller au cirque.
d. Kévin était dans le jardin avec son chien.
e. Cette chemise était sale.

5 ** **Recopie chaque phrase en ajoutant *et* ou *est* comme il convient.**

a. Le cavalier … avec son cheval.
b. Juliette range ses livres … ses crayons.
c. Au loin, le ciel … la mer semblent se toucher.
d. Linda … très belle.

6 *** **Écris des phrases en transformant chaque groupe nominal comme dans l'exemple.**

Exemple : la fine dentelle blanche
→ La dentelle **est** fine **et** blanche.

a. le petit tracteur rouge
b. la jeune actrice célèbre
c. la vieille armoire bancale
d. le grand appartement vide

7 *** **Recopie ce texte en ajoutant *et* ou *est* comme il convient.**

Samia … à Paris avec ses parents … son frère. Ils se promènent … prennent des photos. Ils montent à la tour Eiffel : elle … très haute ! D'en haut, ils découvrent la ville … ses monuments. La Seine … visible aussi.

8 *** **Écris une phrase avec chaque groupe nominal comme sujet du verbe *être*.**

ma jeune chienne • le cartable de Justine • cette bague ancienne

Utilise le mot *et* pour relier :
- deux *groupes nominaux* dans la 1re phrase ;
- deux *adjectifs* dans la 2e phrase ;
- deux *verbes* dans la 3e phrase.

Quand écrire à ?
Ne pas confondre à/a

Je découvre

Étape 1 Lis les phrases de ce dialogue.

Le mercredi

« Tous les mercredis, je rencontre Lino à la piscine, dit Mattéo.
– Moi, à la salle de sport, j'apprends la lutte, dit Lucas.
– Moi, je vais chez Mamie et je mange une glace à la fraise, dit Adèle.
– Moi, je vais dans le jardin et je joue à la balle avec mon chien, dit Alexandra. »

1 **Recopie les groupes de mots qui indiquent :**
– où sont Mattéo et Lucas le mercredi ;
– ce que mange Adèle ;
– à quoi joue Alexandra.
Entoure le mot qui introduit chaque complément.

2 **Relis les phrases en remplaçant *piscine* par *stade*, *salle de sport* par *gymnase*, *fraise* par *chocolat* et *balle* par *ballon*. Dans ces nouvelles phrases, quel mot a remplacé *à* ?**

Étape 2 Lis la suite du dialogue.

« Moi, je joue avec mon frère au toboggan dans le parc, dit Anna. Jérémie **a** trois ans. Sans moi, il **a** peur et il pleure.
– Moi, mes deux petits frères ont le même âge que Jérémie mais ils n'ont peur de rien, dit Adrien.
– Moi, je vais **à** la bibliothèque, dit Selim. »

1 **Observe les mots en gras. Lesquels sont des verbes ? De quel verbe s'agit-il ? À quelle personne et à quel temps est-il conjugué ?**

2 **Relis la deuxième phrase en remplaçant *Jérémie* par *Jérémie et Tom*. Puis relis-la en changeant le temps du verbe.**

3 **Recopie le complément introduit par *à*. Récris-le en remplaçant *bibliothèque* par *cinéma*.**

4 **Récris la première phrase en remplaçant *toboggan* par *balançoire*. Récris la troisième phrase en remplaçant *mes deux petits frères* par *mon petit frère*.**

Je retiens

- Il ne faut pas confondre ***à*** et ***a***.
- Le mot ***à*** introduit un **complément circonstanciel** (CC), un **complément d'objet indirect** (COI) ou un **complément du nom**.
  *Je rencontre Lino **à** la piscine.* • *Je joue **à** la balle.* • *une glace **à** la fraise*
- Le mot ***a*** correspond au verbe ***avoir*** conjugué au présent à la 3e personne du singulier.
  *Jérémie **a** trois ans.*

ORTHOGRAPHE

Je m'entraîne

1 * **Recopie les groupes de mots en gras dans trois colonnes :** *à* introduit un CC / un COI / un complément du nom.

a. Ce garçon possède plusieurs planches **à roulettes**.
b. Elle prend le bus **à 15 heures**.
c. La jeune maman sourit **à son bébé**.
d. Tu ressembles vraiment **à ton frère** !
e. J'ai cassé le couteau **à fromage**.
f. **À mon anniversaire**, j'aurai des cadeaux.

2 * **Récris chaque groupe nominal avec *à*, comme dans l'exemple.**

Exemple : une chemise **avec** des carreaux
→ une chemise **à** carreaux

a. un papier avec des fleurs
b. une voiture avec des pédales
c. une machine pour laver le linge
d. une boîte pour mettre des outils

3 ** **Récris chaque phrase en mettant le sujet au singulier.**

a. Les menuisiers ont un grand atelier.
b. Mes cousins ont toujours de beaux cadeaux.
c. Les poules n'ont pas de dents.
d. Les écoliers ont beaucoup de cahiers.
e. Les enfants ont un train électrique.

4 ** **Récris chaque phrase avec le sujet indiqué.**

a. Nous avons de la chance. → *Elle*
b. Vous avez une belle maison. → *Il*
c. Elles ont besoin d'aide. → *On*
d. Tu as le temps ? → *Elle*

5 ** **Recopie chaque phrase en ajoutant *à* ou *a* comme il convient.**

a. Marie passe ses vacances ... la mer.
b. Elle ... le choix entre plusieurs métiers.
c. Ton copain ... l'air fatigué.
d. Le train ne s'arrête pas ... cette gare.
e. ... 21 heures, tout le monde dort.

6 *** **Recopie chaque phrase en ajoutant *à* ou *a* comme il convient.**

a. La mariée ... un bouquet ... la main.
b. ... la fin du repas, il ... toujours sommeil.
c. ... l'école maternelle, Victor ... deux copains.
d. Mamie ... un nouveau plat ... gâteaux.

7 *** **Récris ce texte au présent.**

Pauline avait des livres de contes à la maison. À l'heure du coucher, sa maman avait l'habitude de lui lire quelques histoires. Mais parfois la fillette avait très sommeil. Elle n'avait pas le temps d'écouter un conte. Sa mère avait juste le temps de l'embrasser. Pauline avait déjà les yeux fermés !

8 *** **Écris trois phrases contenant chacune la forme conjuguée *a*.**
Utilise le mot *à* dans :
- un complément du nom pour la 1re phrase ;
- un CC pour la 2e phrase ;
- un COI pour la 3e phrase.

Quand écrire *on* ? Ne pas confondre *on/ont*

Je découvre

Étape 1 Lis ces textes.

a. C'est la nuit. Tout à coup, on frappe à la porte. Vincent ouvre. C'est un homme qui veut téléphoner car sa voiture est en panne.

b. Pendant la récréation, je suis toujours avec Lise et Hakima. On discute, on joue à la marelle ou à la corde à sauter.

c. On doit se laver les mains avant chaque repas. Et on doit se brosser les dents après.

1. Dans la deuxième phrase du texte **a**, qui est désigné par le pronom *on* ? Par quels mots pourrais-tu le remplacer ?
2. Dans la deuxième phrase du texte **b**, qui est désigné par le pronom *on* ? Par quel autre pronom pourrais-tu le remplacer ?
3. Dans le texte **c**, qui est désigné par le pronom *on* ?
4. Dans les phrases où tu vois le pronom *on*, à quelle personne les verbes sont-ils conjugués ?

Étape 2 Lis ce texte.

Malik écrit à un copain.

Aujourd'hui, avec les garçons de la maison d'à côté, **on** est allé à la plage. Ils **ont** un bateau gonflable. Ils **ont** dix ans comme moi et ils savent mieux nager que moi. Papa était aussi à la plage, il a lu tout le temps.

1. Observe les mots en gras. Lesquels sont des verbes ? De quel verbe s'agit-il ? À quelle personne et à quel temps est-il conjugué ?
2. Relis la deuxième et la troisième phrase en remplaçant *Ils* par *Un garçon*. Puis relis-les en changeant le temps du verbe.
3. Dans la première phrase, qui est désigné par *on* ? Relis la phrase en remplaçant *on* par *il*, puis par *nous*.
4. Récris la dernière phrase en remplaçant *Papa* par *Mes parents*.

Je retiens

- Il ne faut pas confondre ***on*** et ***ont***.
- Le mot ***on*** est un **pronom** de 3e personne du singulier. Il désigne quelqu'un que l'on ne connaît pas ou bien tout le monde.
  __On__ frappe à la porte. • __On__ doit se laver les mains avant chaque repas.
- Le pronom *on* peut aussi être employé à la place de ***nous***.
  Mes copains et moi, __on__ est allé à la plage.
- Le mot ***ont*** correspond au verbe ***avoir*** conjugué au présent à la 3e personne du pluriel.
  Ils __ont__ dix ans.

Je m'entraîne

1 * **Recopie ces phrases dans deux colonnes :** pronom / verbe *avoir*.

a. On va au cinéma une fois par mois.
b. Mes parents ont les billets d'entrée.
c. Tous les lundis, on part à 7 heures.
d. Parfois, on prend le métro.
e. Certains chiens ont peur de l'orage.
f. Les voisins ont une nouvelle voiture.

2 * **Récris chaque phrase en remplaçant *on* par le groupe nominal qui convient.**

Tout le monde • Notre équipe • Le fermier • L'écolier • Quelqu'un • Un ami

a. On donne le foin aux vaches.
b. On applaudit les clowns.
c. On aime bien la rentrée.
d. On marque le premier but.
e. On a laissé un message pour toi.
f. On a fouillé dans mon tiroir.

3 ** **Récris chaque phrase en remplaçant le pronom sujet par *on*. Fais les accords nécessaires.**

a. Nous donnons à boire aux chevaux.
b. Elles demandent un renseignement au gendarme.
c. Tu vas chez le médecin.
d. Vous dessinez toujours des paysages.
e. Je regarde la route avant de traverser.

4 ** **Récris chaque phrase au présent.**

a. Les habitants avaient peur de l'incendie.
b. Chaque hiver, ils avaient la grippe.
c. Mes frères avaient une console de jeux.
d. Les enfants avaient le temps de jouer le soir.

5 ** **Recopie chaque phrase en ajoutant *on* ou *ont* comme il convient.**

a. Demain, … ira au supermarché.
b. Les cuisiniers … toutes sortes d'ustensiles.
c. Les girafes … un long cou.
d. … achète le journal tous les jours.

6 *** **Recopie ce texte en ajoutant *on* ou *ont* comme il convient.**

Cet automne, … peut voir les arbres couverts de fruits. Les pommes … de belles couleurs. … fera une bonne récolte. Quelques arbres … déjà leur feuillage doré. … est émerveillé par cette beauté. Mais … pense à l'arrivée prochaine du mauvais temps...

7 *** **Écris quelques phrases pour décrire ce dessin. Présente les enfants et leur vélo en utilisant le verbe *avoir*. Puis fais parler les enfants en utilisant le pronom *on*.**

Quand écrire *son* ?
Ne pas confondre *son*/*sont*

Je découvre

Étape 1 Lis les trois versions de ce texte.

a. Avant de partir en randonnée en montagne, Tom vérifie s'il a bien tout **son matériel : son produit solaire, son bonnet, son anorak**.

b. Avant de partir en randonnée en montagne, je vérifie si j'ai bien tout mon matériel : mon produit solaire, mon bonnet, mon anorak.

c. Avant de partir en randonnée en montagne, tu vérifies si tu as bien tout ton matériel : ton produit solaire, ton bonnet, ton anorak.

1 Recopie les groupes nominaux en gras du texte a.
Souligne les noms et entoure les déterminants.
Donne le genre et le nombre de chaque nom.

2 Recopie et complète ces phrases :
L'anorak est à Tom, c'est … anorak. • L'anorak est à moi, c'est … anorak. • L'anorak est à toi, c'est … anorak.
Comment nomme-t-on les déterminants que tu as écrits ?

Étape 2 Lis la suite du texte.

Le matériel de Tom est prêt. Il rejoint ses camarades. Ils **sont** sur le départ. Ils regardent la montagne et s'imaginent grimpant vers le sommet. Ils **sont** impatients de partir.

Marc, le frère de Tom, avait aussi préparé **son** sac, il voulait les accompagner mais le guide n'a pas voulu. Marc est encore trop jeune pour cette marche en montagne.

1 Observe les mots en gras. Lesquels sont des verbes ? De quel verbe s'agit-il ? À quelle personne et à quel temps est-il conjugué ?

2 Relis la troisième et la cinquième phrase en remplaçant *Ils* par *Un camarade*. Puis relis-les en changeant le temps du verbe.

3 Indique la classe du mot *son* dans *son sac*.

4 Récris la dernière phrase en remplaçant *Marc* par *Marc et Jim*.

24. Quand écrire *son* ? Ne pas confondre *son/sont*

Je retiens

- Il ne faut pas confondre ***son*** et ***sont***.
- Le mot ***son*** est un **déterminant possessif** comme *mon* et *ton*.
  son *sac* • *mon sac* • *ton sac*
- Le mot ***sont*** correspond au verbe ***être*** conjugué au présent à la 3e personne du pluriel.
  *Ils **sont** sur le départ.*

Je m'entraîne

1 * **Recopie ces phrases dans deux colonnes :** déterminant possessif / verbe *être*.

a. Elle a oublié son sac à main.
b. Les parapluies sont dans l'entrée.
c. Marc promène son chien.
d. Les habitants sont à la fête du village.
e. Les trains sont parfois en retard.

2 * **Récris chaque phrase, comme dans l'exemple.**

Exemple : Gaël range **son** livre.
→ Je range **mon** livre. → Tu ranges **ton** livre.

a. Fatima rencontre son cousin.
b. Le maire prépare son discours.
c. Le voyageur achète son billet.
d. Il arrose son jardin.

3 ** **Récris chaque phrase en mettant le sujet du verbe *être* au pluriel.**

a. Ton pull est au sèche-linge.
b. Sa médaille est dans une vitrine.
c. Le client est en colère.
d. Notre ami est au rendez-vous.
e. L'élève est dans la cour.

4 ** **Recopie chaque phrase en ajoutant *son* ou *sont* comme il convient.**

a. Toutes les photos … en couleurs.
b. Le fermier sort … tracteur.
c. Ces personnes … d'une grande gentillesse.
d. Mamie aime parler de … enfance.
e. La fillette fait … lit toute seule.

5 ** **Récris chaque phrase en remplaçant le nom en gras par le nom entre parenthèses.**

a. Léa a reçu une carte de sa **tante**. *(oncle)*
b. Le **pain** est dans le placard. *(croissants)*
c. Le **rocher** est encore sur la route. *(pierres)*
d. Loïc conduit des enfants dans sa **voiture**. *(taxi)*
e. Farid prend le bateau avec sa **famille**. *(frère)*

6 *** **Recopie ce texte en ajoutant *son* ou *sont* comme il convient.**

Laura et … père … au cirque. Les numéros … magnifiques. En ce moment, le cavalier et … cheval … sur la piste. Puis c'est au tour de Martina et de … caniche savant. Pendant ce temps, les trapézistes … en haut du chapiteau. Ensuite, le clown blanc et … copain arrivent. Ils … très drôles ! Les spectateurs … enchantés de leur soirée.

7 *** **Écris deux phrases avec ces groupes nominaux sur la structure :**
« … et son … sont … ».

le chanteur • le peintre • orchestre • modèle • dans l'atelier • sur scène

Un outil indispensable : le dictionnaire

1

Je découvre

Étape 1 Observe ces deux pages de dictionnaire.

M **magique** *LE ROBERT JUNIOR*

magicien n. m., **magicienne** n. f. ✦ Personne qui fait des tours de magie. *Le magicien a fait sortir un lapin de son chapeau.* → aussi **illusionniste, prestidigitateur.**
▷ Mot de la famille de MAGE.

magique adj. ✦ Qui est utilisé ou produit par magie. *Les sorcières ont des pouvoirs magiques. La fée transforma la citrouille en carrosse d'un coup de baguette magique,* avec une baguette qui a des pouvoirs extraordinaires.
▷ Mot de la famille de MAGE.

magistral, magistrale adj. ✦ Qui est remarquable, parfait. *Ce financier a réussi un coup magistral,* un coup de maître, un très beau coup. — Au masc. pl. *magistraux.*
➤ **magistralement** adv. ✦ Avec brio, d'une manière remarquable. *Le pianiste a joué ce morceau magistralement.*

magistrat n. m., **magistrate** n. f. Fonctionnaire chargé de rendre la justice. *Les juges sont des magistrats.*
➤ **magistrature** n. f. ✦ Fonction de magistrat ; ensemble des magistrats. *Il fait carrière dans la magistrature,* il est magistrat.

magma n. m. ✦ Matière visqueuse qui se trouve au centre de la Terre et qui est formée de roches en fusion. *La lave qui sort des volcans provient du magma.*

magnanime [maɲanim] adj. ✦ Qui pardonne facilement. *Le vainqueur s'est montré magnanime, il a épargné les vaincus,* il a été bienveillant envers les vaincus. → **généreux, noble.**

magnésium [maɲesjɔm] n. m. ✦ Métal blanc argenté, très léger, qui brûle à l'air avec une flamme éblouissante. *La lumière d'un flash est un éclair de magnésium.*

magnétique adj. 1. Qui attire le fer. *L'aimant a des propriétés magnétiques.* 2. *Une bande magnétique,* c'est une bande enduite d'une matière spéciale sur laquelle on enregistre les sons avec un magnétophone ou les sons et les images avec un magnétoscope. 3. Qui attire et fascine. *Cette femme a un regard magnétique.*
➤ **magnétiser** v. (conjug. 1) 1. Donner les propriétés de l'aimant, rendre magnétique. *L'aimant magnétise le fer,* il l'attire à lui. → aussi **aimanté.** 2. Exercer une très forte influence. *L'avocat a magnétisé l'assemblée.* → **fasciner.**
➤ **magnétisme** n. m. 1. Propriété qu'ont les aimants d'attirer le fer. *L'aiguille de la boussole est soumise au magnétisme terrestre.* Grand charme, fascination. *Ce chanteur exerce sur les femmes un véritable magnétisme.*

magnétophone n. m. ✦ Appareil qui permet d'enregistrer et de reproduire des sons. *Il écoute une cassette de son groupe favori sur son magnétophone. Il a un petit magnétophone portable.* → **baladeur.**

magnétoscope n. m. ✦ Appareil qui permet d'enregistrer des images et des sons sur une bande magnétique et de les repasser à la télévision. → aussi **caméscope** et **vidéo.** *Il a programmé le magnétoscope pour enregistrer une émission de télévision. Léa met une cassette dans le magnétoscope.*

magnificence [maɲifisɑ̃s] n. f. ✦ Beauté magnifique, pleine de grandeur. *Ce château est meublé avec magnificence.* → **splendeur.**
● Ce mot est littéraire.

magnifique adj. ✦ D'une beauté éclatante. *Quel magnifique coucher de soleil !* → **splendide, superbe.** ⌟ contr. **affreux.**
➤ **magnifiquement** adv. ✦ D'une manière magnifique. *Leur appartement est magnifiquement décoré.*

magnolia [maɲɔlja] n. m. ✦ Arbre à feuilles luisantes et à grosses fleurs blanches ou roses très parfumées.
● Ce mot vient du nom d'un botaniste français, Pierre *Magnol.*

magnum [magnɔm] n. m. ✦ Grosse bouteille contenant un litre et demi. *Des magnums de champagne.*

magot n. m. ✦ Familier. Somme d'argent que l'on a amassée et mise en réserve. *Il s'est fait voler le magot qu'il cachait sous son matelas.*

612

DE LA LANGUE FRANÇAISE **main** M

magret n. m. ✦ Filet de viande découpé sur le ventre d'un canard ou d'une oie. *Nous avons mangé du magret de canard grillé.*

maharajah [maaʀadʒa] n. m. ✦ Prince hindou. — Au pl. *Des maharajahs.*
● Ce mot vient d'une langue de l'Inde.

mai n. m. ✦ Cinquième mois de l'année. *Le mois de mai a 31 jours.* ◌ homonymes : mais, mets.

maigre adj. 1. Dont le corps a peu de graisse, qui a un poids peu élevé par rapport à sa taille. *Léa est un peu maigre.* → **mince.** ⌟ contr. **gros.** 2. Qui ne contient pas de matières grasses. *Pour ne pas grossir, elle mange des yaourts maigres.* → aussi **allégé.** 3. Peu important, médiocre. *Avec son maigre salaire, il a du mal à faire des économies.*
➤ **maigreur** n. f. ✦ État d'une personne maigre. ⌟ contr. **obésité.** *Après sa maladie, il était d'une maigreur effrayante.*
➤ **maigrichon, maigrichonne** adj. ✦ Un peu maigre. *Léa est maigrichonne.* ⌟ contr. **grassouillet.**
➤ **maigrir** v. (conjug. 2) ✦ Devenir maigre, perdre du poids. → **s'amincir.** *Depuis qu'elle fait un régime, elle a maigri de dix kilos.* ⌟ contr. **grossir.**
▷ Autres mots de la famille : AMAIGRI, AMAIGRISSANT, AMAIGRISSEMENT.

mail [mɛl] n. m. ✦ Courrier électronique. → **courriel, e-mail, mél.**

maille n. f. 1. *Les mailles,* ce sont les petites boucles de laine ou de fil qui forment un tissu plus ou moins serré. *Elle s'est arrêtée de tricoter pour compter les mailles.* 2. Trou à l'intérieur de chaque maille d'un filet. *Le poisson est passé à travers les mailles du filet.*
▷ Autre mot de la famille : MAILLON.

maillet n. m. ✦ Marteau en bois. *Il enfonce les piquets de sa tente avec un maillet.*

maillon n. m. ✦ Anneau d'une chaîne. → **chaînon.**
▷ Mot de la famille de MAILLE.

maillot n. m. 1. Vêtement souple et collant, fait d'une seule pièce, que l'on porte à même la peau pour faire de la danse ou de la gymnastique. → **justaucorps.** *Un maillot de danseur.* 2. Vêtement couvrant le buste, que portent les sportifs. *Les cyclistes portent un numéro sur leur maillot.* 3. *Un maillot de bain,* c'est un vêtement que l'on met pour se baigner dans la mer ou dans une piscine. *Elle a emporté ses deux maillots de bain à la plage.* 4. Lange que l'on utilisait autrefois pour entourer le corps des bébés jusqu'aux aisselles.
▷ Autre mot de la famille : EMMAILLOTER.

main n. f. ✦ Partie du corps située au bout du bras, qui sert à toucher et à saisir les objets. *Chacune des deux mains possède cinq doigts. Louise donne la main à sa sœur pour traverser la rue. Il serre la main à ses invités. Les artisans travaillent de leurs mains,* manuellement. *Je vais te donner un coup de main,* je vais t'aider. *J'en mettrais ma main au feu,* j'en ai la conviction, j'en suis sûr. *J'ai pris ce que j'avais sous la main,* ce que j'avais à ma portée. *Je n'arrive pas à remettre la main sur ce livre,* à le retrouver. *Le facteur a remis le colis en mains propres à son destinataire,* à son

magnolia

613

VOCABULAIRE

1. Dans quel ordre les mots sont-ils rangés dans ces pages ?
2. Relève les deux verbes. Quelle abréviation indique que ce sont des verbes ?
3. Relève deux noms masculins et deux noms féminins. Quelles lettres les désignent ?

Étape 2 Observe l'article *maigre*.

1. Que signifie *adj* ?
2. Combien ce mot a-t-il de sens différents ? À quel sens chaque phrase correspond-elle ?
   a. Qu'il est **maigre** ce petit chat, il faudrait le soigner !
   b. Le vieil homme commença son **maigre** repas.

Je retiens

- Dans un **dictionnaire**, les mots sont rangés par **ordre alphabétique**.
- Le dictionnaire donne des renseignements sur ces mots, en particulier :
  – leur **orthographe** ;
  – leur **classe grammaticale** :
  n. *= nom (****n. m.*** *= nom masculin •* ***n. f.*** *= nom féminin) •* ***v.*** *= verbe •* ***adj.*** *= adjectif ;*
  – leur **sens** : un mot peut avoir un ou plusieurs sens.
  Chaque sens est numéroté et une phrase est donnée en exemple.

VOCABULAIRE

Je m'entraîne

Utilise le dictionnaire pour faire les exercices de cette page.

1 * **Écris les réponses à ces questions.**

a. Dans l'alphabet, combien de lettres sont avant la lettre *m* ?
b. Quelle lettre vient juste après la lettre *m* ?
c. Quelle est la dixième lettre qui suit la lettre *m* ?

2 * **Recopie ces noms dans deux colonnes :** ceux qui sont avant les pages que tu as observées / ceux qui sont après.

gorille • hérisson • fourmi • renard • serpent • lion • oiseau • panthère • dauphin • chameau

3 **Recopie les mots de chaque série dans l'ordre du dictionnaire.**

a.* abricot • rafraîchir • demander • maison
b.** baron • brebis • bijou • boulet • bêtise
c.*** parler • parent • pardon • parterre

4 ** **Recopie chaque phrase en ajoutant un mot contenu dans les pages du dictionnaire reproduites page 235.**

a. Au parc, les … sont en fleurs : ils sentent très bon !
b. Je t'appelle demain ou je t'envoie un … .
c. Peu de personnes utilisent encore un … pour écouter des cassettes.
d. Nicolas est grassouillet, mais Arthur est un peu … .

5 ** **Recopie chaque mot et écris l'abréviation qui convient : *n. m., n. f., v., adj.* Pour certains mots, il y a plusieurs abréviations.**

punition • rouge • rafraîchir • rire • espèce

6 *** **Recopie chaque phrase en complétant les mots avec les lettres qui manquent.**

a. J'étais dans un courant d'air ; j'ai attrapé un gros …ume.
b. Je suis allé à la …armacie pour acheter un médicament.
c. Cet oiseau n'est pas un perro…et, mais un …a…atoès.
d. Aimes-tu le grand tobo…an de la pi…ine ?

7 *** **Recopie chaque phrase en ajoutant le verbe qui convient.**

monopoliser • mâcher • définir • macérer • prévenir • réconcilier

a. Pour bien digérer, il faut bien … les aliments.
b. Le cuisinier laisse … les raisins dans le jus sucré avant de les utiliser.
c. Mon frère est pénible, il veut toujours … la parole.
d. Il faut se vacciner pour … les maladies.

8 *** **Écris un *article de dictionnaire* pour un, deux ou trois mots de la liste.**

farine • mélange • bleu • rapide • fabriquer

Indique la classe du mot.
Propose une définition.
Écris une phrase en exemple.
Compare ensuite ton article avec celui du dictionnaire.

Comment sont formés les mots ?

Je découvre

Étape 1 Lis ce texte.

Le journaliste finissait son article par ces mots :

« Nous avons eu cent fois l'occasion de le dire. Mais nous devons le redire. Si notre façon de produire et de traiter les déchets ne change pas, nous pouvons prédire de grandes difficultés pour nos enfants et nos petits-enfants. »

1. Cherche, dans le texte, deux verbes formés à partir du verbe *dire*.
2. Quel élément a été ajouté au verbe *dire* pour former chacun de ces verbes ? Où est-il placé ? Cet élément s'appelle un préfixe.
3. Quel est le sens de chacun de ces verbes ?
4. À partir de quel mot le mot *journaliste* a-t-il été formé ?
5. Quel mot peux-tu former à partir du mot *déchet* ? Quel élément as-tu ajouté ? Où est-il placé ? Cet élément s'appelle un suffixe.

Étape 2 Lis ces phrases.

a. Cette soupe est **immangeable**.
b. Il a fallu **revoir** la leçon de grammaire.
c. Pour enlever le papier peint, nous avons utilisé une **décolleuse**.
d. Le maître nous a donné des exercices **impossibles** à faire !
e. Léo a **relu** toutes ses bandes dessinées pendant les vacances.
f. Ma mère veut **découdre** l'ourlet de mon pantalon.

1. Classe les mots en gras dans trois colonnes, selon le préfixe.
2. Quel est le suffixe dans *immangeable* ? et dans *décolleuse* ?

Étape 3 Observe les images de gauche.

1. Que représente chaque image ?
2. Comment sont formés les mots que tu as trouvés ?

Je retiens

- À partir d'un mot, il est possible de **former des mots dérivés** :
  – en plaçant un **préfixe** devant ce mot : *dire* → ***pré**dire* • ***re**dire* ;
  – en plaçant un **suffixe** derrière ce mot : *journal* → *journal**iste***.
- On peut aussi former un **mot composé** en **associant** des mots existants.
  arc-en-ciel • *pomme de pin* • *corde à sauter* • *rouge-gorge*

Je m'entraîne

1 * **Recopie le mot dérivé qui correspond à chaque définition. Entoure le préfixe ou le suffixe et écris le mot qui a servi à le former.**

Alsacien • *parapluie* • *antigel* • *violoniste* • *dégel*

a. Objet qui protège de la pluie.
b. Habitant de l'Alsace.
c. Personne qui joue du violon.
d. Produit qui empêche les liquides de geler.
e. Fonte de la neige et de la glace.

2 * **Reconstitue les mots composés en prenant un mot dans chaque colonne.**

a.

une armoire	à	artifice
des crayons	au	chocolat
un feu	de	couleur
un pain	de	loisirs
un parc	de	pharmacie
une pomme	d'	terre

b.

une bande	-brise
un pare	-cahier
un poisson	dessinée
une porte	-fenêtre
un protège	-lune

3 ** **Recopie chaque mot dérivé. Écris le mot à partir duquel il est formé. Entoure le préfixe et/ou le suffixe ajouté.**

chatière • inconnu • enterrement • garagiste • remontée • doucement • incomplet • rougeur

4 ** **À partir de ces verbes, forme des mots dérivés en utilisant les préfixes *re-*, *dé-* ou *sur-*.**

monter • sauter • commencer • placer • couvrir • brancher • passer • construire

5 ** **Pour chaque mot, trouve un mot dérivé formé avec un préfixe. Écris une phrase avec chaque mot dérivé.**

habiller • prendre • vision • adroit • paraître

6 *** **Recopie ces mots et barre ceux qui ne sont pas des mots dérivés.**

imiter • démarrer • partage • courageux • décider • redémarrage • entièrement

7 *** **Lis ce texte et recopie les mots composés.**

Il a bien neigé ce matin.
Lucas a mis son cache-nez et un gros bonnet. Enzo a chaussé ses après-ski. Ils ont décidé de faire un bonhomme de neige. Ils vont demander à leur grand-mère une carotte pour faire le nez et le chapeau de paille de grand-père.
Puis ils admirent leur chef-d'œuvre et rentrent au chaud. Lucas se met à jouer avec sa console ; Enzo préfère la pâte à modeler.

8 *** **Écris quatre *mots composés* désignant des ustensiles pour la cuisine ou pour le ménage et donne leur définition.**

Les familles de mots

3

Je découvre **Lis ces articles de dictionnaire.**

rond adj., adv. et n. m., **ronde** adj.
■ **adj. 1.** Qui a la forme d'un cercle ou d'une boule. *La Terre est ronde.* → **sphérique.** *Ils se sont assis autour d'une table ronde.* → ① **circulaire. 2.** Arrondi, voûté. *Il a le dos rond.* **3.** Gros et petit. *Elle est un peu ronde.* ⌟ contr. **maigre. 4.** *Un chiffre rond,* c'est un nombre entier, sans décimales, se terminant par un ou plusieurs zéros.
■ **adv.** *Tourner rond,* fonctionner normalement. *Il y a quelque chose qui ne tourne pas rond,* il y a quelque chose qui ne va pas. *Cela fait 10 euros tout rond,* exactement 10 euros.
■ **n. m. 1.** Cercle, circonférence. *Il fait des ronds de fumée avec son cigare. Les enfants sont assis en rond par terre.* **2.** *Un rond de serviette,* c'est un anneau servant à tenir serrée une serviette de table roulée.

➤ **ronde** n. f. **1.** Danse où plusieurs personnes se tiennent la main et tournent en formant un cercle. *Les enfants se sont pris par la main et font une ronde.* **2.** Note de musique ronde, blanche et sans queue. *Une ronde vaut 2 blanches ou 4 noires.* **3.** *À la ronde,* tout autour, dans les environs. *La maison est très isolée : il n'y a personne à la ronde.* **4.** Visite de surveillance. *Les vigiles font leur ronde dans l'usine.*

➤ **rondelet, rondelette** adj. ✦ Un peu rond, un peu gras. → **dodu, potelé.** *Léa est bien rondelette.* ⌟ contr. **maigrichon.**

➤ **rondelle** n. f. ✦ Petite tranche ronde. *Des rondelles de saucisson.*

➤ **rondement** adv. ✦ Vite et efficacement. *L'affaire a été rondement menée.*

➤ **rondeur** n. f. ✦ Forme ronde d'une partie du corps. *La rondeur des joues d'un bébé.*

➤ **rondin** n. m. ✦ Morceau de bois rond. *Le bûcheron habitait une maison forestière en rondins.*

cabane en **rondins**

➤ **rond-point** n. m. ✦ Place ronde d'où partent plusieurs routes ou rues. *Le rond-point des Champs-Élysées, à Paris.* — Au pl. *Des ronds-points.* ▷ Mot de la famille de ① POINT.
▷ Autres mots de la famille : ARRONDI, ARRONDIR.

Le Robert Junior 8-11 ans © Le Robert, 2010.

1. À partir de quel mot les mots précédés d'une flèche ont-ils été formés ?
2. On retrouve l'adjectif *rond* dans la définition de ces mots. Pourquoi ?
3. Parmi ces mots, lequel est un mot composé ?
4. Quels suffixes ont été ajoutés au mot *rond* pour former les autres mots ?
5. Comment est formé le verbe *arrondir* ?

VOCABULAIRE

Je retiens

- On peut regrouper les mots par **familles**.
- Des mots appartiennent à une même famille à deux conditions :
  1. Ils sont formés à partir d'un même **mot de base**, appelé le **radical**.
  rond → rondelle • rondin • arrondir • rond-point
  2. Ils ont un rapport de **sens** : *tous ces mots se rapportent à la forme ronde.*

Je m'entraîne

1 * **Recopie ces mots en les regroupant par familles.**

glacial • rat • filament • brise-glace • filature • dératiser • glace • genou • fil • glaçon • s'agenouiller • raton laveur • effilocher • genouillère • lait • déplacer • laiterie • placement • laitage • place

2 * **Complète chaque phrase avec un mot de la famille du mot indiqué.**

a. **long :** Léa n'aime pas beaucoup le saut en hauteur, mais elle aime bien le saut en … .
b. **fleur :** Louis va chez la … et achète un bouquet de jonquilles pour sa grand-mère.
c. **vis :** Je n'arrive pas à … le bouchon de ce tube de peinture.
d. **plat :** Ma tante apporte des jus de fruits sur un … .

3 ** **Écris le mot de base qui a servi à former chaque mot dérivé.**

regroupement • lavoir • écrémé • muraille • embrasser • chaudière • surdoué • laitier

4 ** **Lis ce texte et recopie les mots qui appartiennent à la famille du verbe *monter*.**

Ce matin, nous avons reçu un gros colis : c'était une armoire que nous devions monter nous-mêmes. Heureusement, nous avions une notice de montage. À la fin, il nous restait deux planches en trop ! Mais l'armoire était facilement démontable, alors nous l'avons démontée. Maman nous a aidés pour la remonter. Quand nous avons enfin réussi, elle a dit : « Nous sommes des monteurs habiles ! »

5 ** **Recopie l'intrus dans chaque famille de mots.**

a. ampoule • poule • poulet • poulailler
b. faible • faiblesse • affaiblir • affaires
c. mêler • melon • démêler • pêle-mêle
d. portillon • porte • rapport • portière

6 ** **Écris le mot de la famille de *dent* qui correspond à chaque définition.**

a. Appareil composé de fausses dents.
b. Pâte qui sert à se laver les dents.
c. Personne qui soigne les dents.
d. Ensemble des dents.

7 *** **Écris le plus possible de mots de la famille de *terre*. Classe-les dans quatre colonnes :** mots composés / mots dérivés avec préfixe / mots dérivés avec suffixe / mots dérivés avec préfixe et suffixe.

8 *** **Recopie chaque famille en ajoutant deux mots : des mots dérivés ou des mots composés.**

a. vitre • vitrage • … • …
b. fermer • fermeture • … • …
c. plume • plumage • … • …
d. prénom • nom • … • …
e. grand • grandiose • … • …

9 *** **Écris** la définition des mots *fin*, *demi-finale*, *infini* et *finir* en t'aidant de la manière dont ils sont formés.

Des mots de sens voisin : les synonymes

Je découvre

Étape 1 Lis ces textes.

a. Voici ce que Sofiane a vu ce matin. Un beau petit chat jouait dans l'herbe. Il est allé vers le pommier et s'est arrêté sous l'arbre. À ce moment-là, une pomme est tombée. Le petit chat a sauté puis est parti, effrayé.

b. Voici ce que Sofiane a aperçu ce matin. Un joli petit minet s'amusait sur la pelouse. Il s'est dirigé vers le pommier et s'est arrêté sous l'arbre. À ce moment-là, une pomme est tombée. Le chaton a sursauté puis s'est sauvé, apeuré.

c. Voici ce que Sofiane a observé ce matin. Un mignon petit matou batifolait sur le gazon. Il s'est avancé vers le pommier et s'est immobilisé sous l'arbre. À ce moment-là, une pomme est tombée. Le chaton a bondi puis s'est enfui, paniqué.

1. Les trois textes racontent-ils la même histoire ?
2. Relève, dans les trois textes, tous les mots qui ont presque le même sens. Ces mots sont des synonymes.
3. Quel verbe indique que Sofiane a fait attention à ce que faisait le chat ?
   Sofiane a vu • Sofiane a aperçu • Sofiane a observé
   Vérifie dans un dictionnaire la différence de sens entre les verbes *voir*, *regarder* et *observer*.

Étape 2 Lis cet article de dictionnaire.

① **fort** **adj., adv. et n. m., forte adj.**
■ **adj. 1.** Qui a beaucoup de force physique. → **robuste, vigoureux.** *Il faut être fort pour être bûcheron ou déménageur.* ⌟ contr. **faible, fragile. 2.** Gros. *Elle se trouve un peu forte et voudrait perdre quelques kilos.* **3.** Bon. *Théo est fort en calcul.* → **doué.** ⌟ contr. **faible,** ② **nul. 4.** Violent, intense. *Un vent très fort souffle sur la plage.* → **puissant.** *Il y a eu une forte averse.* → **gros.** *Cet alcool est fort,* très concentré. ⌟ contr. **doux, léger. 5.** *Une voix forte,* qu'on entend de loin. → **puissant.** ⌟ contr. **doux.** [...]

Le Robert Junior 8-11 ans © Le Robert, 2010.

1. Les synonymes de l'adjectif *fort* sont indiqués par des flèches. Combien en vois-tu ?
2. Recopie les phrases exemples en italique en remplaçant l'adjectif *fort* par le synonyme qui convient.

VOCABULAIRE

Je retiens

- Certains mots ont des sens voisins. Ce sont des **synonymes**.
- Ils appartiennent à la **même classe** de mots :
  – noms : *un chat / un minet / un matou ;*
  – adjectifs : *beau / joli / mignon ;*
  – verbes : *partir / se sauver / s'enfuir.*
- Souvent, les mots synonymes n'ont pas exactement le même sens.
  ***voir**, c'est capter par les yeux* • ***apercevoir**, c'est voir rapidement* • ***observer**, c'est regarder avec beaucoup d'attention, souvent pour étudier*

Je m'entraîne

*
1 Recopie chaque mot de la série a avec un mot de sens voisin de la série b.

a. petit • rapide • fini • construction • bouquin • aimer • camarade • donner • bavarder

b. copine • parler • apprécier • livre • minuscule • bâtiment • vif • offrir • terminé

*
2 Recopie ces mots dans deux colonnes :
les synonymes de *grand* / les synonymes de *courageux*.

immense • brave • étendu • audacieux • infini • intrépide • gigantesque • vaillant

*
3 Recopie seulement les trois synonymes de *gentillesse*.

volonté • bonté • décision • bienveillance • curiosité • douceur • méchanceté • gentil

**
4 Récris chaque phrase en remplaçant l'adjectif souligné par un synonyme.

a. Du haut de la tour, le spectacle était beau.
b. Cette crème au caramel est vraiment bonne.
c. Avec le soleil, la salle de classe est bien claire.
d. Théo est satisfait : son équipe a gagné.

**
5 Recopie chaque phrase en remplaçant le verbe *faire* par un synonyme plus précis.

a. Marion fait un gâteau au chocolat.
b. Au collège, mon frère fait de l'espagnol.
c. Cette écharpe fait douze euros.
d. Le chat fait un trou dans la terre.

**
6 Recopie chaque phrase en remplaçant le verbe *mettre* par un synonyme plus précis.

a. Peux-tu mettre ce vase sur la table ?
b. Ambre met vite son manteau et sort.
c. Dans ce passage de ton texte, tu devrais mettre le présent.
d. Ramasse donc ces papiers et mets-les dans la poubelle.

***
7 Recopie ces textes en remplaçant chaque mot souligné par un synonyme.

a. Hier, en me promenant dans le parc public, j'ai croisé un garçon avec son chien. Les poils de ce chien avaient bizarrement été colorés en rose ! Quelle drôle d'idée !

b. En arrivant à l'entrée du bois, les deux enfants se mirent à trembler. Ce n'était pas le froid, mais la peur. Ils ne voyaient plus bien le sentier et croyaient entendre des bêtes.

***
8 Écris plusieurs phrases sur un de ces animaux. Puis récris ces phrases en remplaçant le plus de mots possible par des *synonymes*.

Des mots de sens contraire

Je découvre

Étape 1 Lis ce texte.

Deux personnages bien différents

Il faisait beau ce jour-là. J'en profitai pour aller au jardin public où je m'assis sur un banc et commençai à lire. Au bout d'un moment, quelqu'un vint s'asseoir sur le banc d'à côté. C'était une petite femme, assez vieille. Elle était bien vêtue, portait un ensemble noir, un chapeau et des gants. Elle se tenait bien droite et regardait les oiseaux sur la pelouse. Elle semblait heureuse.

Bientôt, sur un autre banc, s'installa un nouveau personnage. Cette fois, il s'agissait d'un homme encore jeune. Il était très grand, mais se tenait courbé. Il semblait plutôt mal habillé, avec un pantalon taché et un blouson déchiré. Il avait l'air malheureux.

1. Relève les mots qui décrivent la femme.
   Relève ceux qui décrivent l'homme. Que remarques-tu ?
2. Quels sont les mots qui expriment le contraire de *commencer* et de *différent* ?

Étape 2 Lis ces paires de mots de sens contraire.

adroit	maladroit
monter	démonter
capable	incapable
prévu	imprévu
légal	illégal
ordre	désordre
réel	irréel

1. Comment sont formés les mots de la seconde colonne ?
2. À quelle classe appartient chaque mot du tableau ?

Je retiens

- Certains mots ont des sens opposés. Ce sont des mots de **sens contraire**.
- Ils appartiennent à la **même classe** de mots :
  – noms : *le début / la fin ;*
  – verbes : *commencer / finir ;*
  – adjectifs : *droit / courbé ;*
  – adverbes : *bien / mal.*
- Parfois, on utilise un **préfixe** pour former le contraire d'un mot : ***in-, im-, il-, ir-, dé-, dés-, mal-***.
  *capable / **in**capable • prévu / **im**prévu • légal / **il**légal • réel / **ir**réel • monter / **dé**monter • ordre / **dés**ordre • adroit / **mal**adroit*

Je m'entraîne

1 * **Recopie chaque mot de la série a avec un mot de sens contraire de la série b.**

a. bon • rapide • entrer • ouvrir • aimer • ami • lointain • bas • léger

b. lourd • haut • ennemi • mauvais • détester • proche • lent • sortir • fermer

2 ** **Retrouve les contraires des adjectifs *faux, courageux, sombre, permis, chaud*. Recopie les paires de mots ainsi formées.**

brûlant • vrai • foncé • peureux • inexact • clair • autorisé • interdit • intrépide • froid

3 ** **Retrouve les contraires des noms *matin, gentillesse, pauvreté, facilité*. Recopie les paires de mots ainsi formées.**

jour • difficulté • misère • méchanceté • soir • simplicité • richesse • douceur

4 ** **Complète la seconde phrase de chaque paire en ajoutant un adjectif contraire au mot en gras. Utilise des préfixes.**

a. Monsieur Ledoux est un commerçant **honnête**.
Monsieur Boudu est … .

b. Ce vieux donjon est facilement **accessible**.
Cette tour est … .

c. Il est **possible** que je rende visite à ma tante.
Il est … que je vous rende visite.

d. Le verbe *monter* est un verbe **régulier**.
Le verbe *aller* est un verbe … .

5 ** **Récris chaque phrase en remplaçant le mot en gras par un mot de sens contraire.**

a. Mon père **accrochera** le tableau au-dessus de mon lit.

b. Ce gâteau au miel est vraiment **excellent**.

c. Dans sa course contre la tortue, le lièvre est parti **lentement**.

d. La séance **débutera** à 18 heures.

e. Léa est une fillette **obéissante**.

f. Toute la classe a trouvé ce livre **amusant**.

g. Je lui téléphone pour la **dernière** fois.

6 *** **Recopie seulement les mots qui ont un préfixe et écris le mot de sens contraire qui correspond.**

délicat • inutile • intestin • invisible • inviter • malchance • déséquilibre • désertique • désagréable • imprimer • mallette

7 *** **Écris une phrase avec chacun de ces mots : *départ, vide, coiffer*.
Puis écris une phrase avec le *mot de sens contraire* qui correspond.**

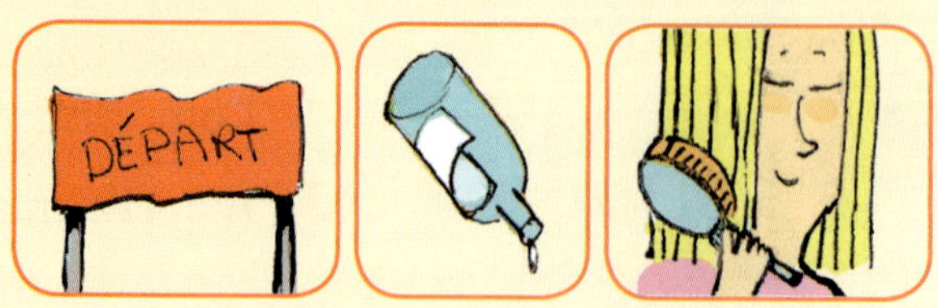

Pour comparer

Je découvre

Étape 1 **Observe les dessins et lis les phrases.**

Gribouille Nino

Mimi Princesse

Zouzou Isis

→ Gribouille est moins grand que Nino.
→ Gribouille est plus petit que Nino.

1. À qui est comparé Gribouille ?
2. Que compare-t-on précisément ? Quels adjectifs l'indiquent ? Quels mots servent à faire les comparaisons ?
3. Écris plusieurs phrases pour comparer Mimi et Princesse, puis Zouzou et Isis, du point de vue de leur taille.
4. Quels mots servent à faire une comparaison dans chaque phrase ?

Étape 2 **Lis ces phrases.**

a. Ce chat est le plus timide de tous les chats.
b. Le chat de ma grand-mère est rond comme une pelote de laine.
c. Son miaulement ressemble au bruit d'une porte qui grince.

1. Dans la phrase a, à qui est comparé le chat ?
2. Quel adjectif indique sur quoi porte la comparaison ? Quels mots servent à faire la comparaison ?
3. Dans la phrase b, quel mot indique qu'il y a une comparaison ? À quoi le chat est-il comparé ?
4. Dans la phrase c, quel mot indique qu'il y a une comparaison ? Le miaulement du chat est-il agréable à entendre ?

VOCABULAIRE

Je retiens

- Pour **comparer** des choses, des animaux ou des personnes, on peut utiliser :
  plus … que • moins … que • aussi … que • le plus … de • le moins … de.
  *Gribouille est **moins** grand **que** Nino.* → On compare Gribouille à Nino.
  *Gribouille est **le plus** petit **de** tous les chats.* → On compare Gribouille à tous les chats.

⚠ On ne dit pas **plus bon*, on dit *meilleur*. On peut dire *plus mauvais* ou *pire*.

- Pour comparer, on peut aussi montrer qu'il y a une **ressemblance** : on crée une **image**.
  *Son chat **ressemble à** une grosse pelote de laine. • Il miaule **comme** une porte qui grince.*

Je m'entraîne

1 * **Complète chaque phrase avec les mots de comparaison qui conviennent.**

a. Léa est … sympathique … Lili car elle sourit moins souvent.
b. Louis a dix ans ; il est … âgé de la classe.
c. J'ai répondu … vite … toi parce que je connaissais la réponse.
d. Le chocolat noir est … bon … le chocolat au lait : je ne sais pas lequel choisir !
e. Cet exercice est … facile de tous ceux du chapitre : il est vraiment difficile !
f. Avez-vous une boîte … grande … celle-ci pour ranger tous mes stylos ?
g. Cette chambre est la pièce la … grande de la maison.

2 ** **Écris une phrase pour comparer les éléments du point de vue indiqué.**

a. **récente :** la voiture de mes parents et celle de mon oncle
b. **intéressante :** l'histoire du Petit Poucet et celle du Chat botté
c. **haut :** cet immeuble et tous les immeubles de la ville
d. **lourd :** un kilo de plomb et un kilo de coton
e. **court :** le mois de février et le mois de juin
f. **long :** le mois de février et tous les mois de l'année

3 ** **Relève les comparaisons dans ces phrases extraites de *Un bien joli tigre* (p. 20). Puis recopie et complète ce tableau.**

élément 1	mot de comparaison	élément 2	point commun entre les deux éléments
a. le canal	comme	un caramel au fond d'une poche	…

a. Le canal disparaît brusquement sous terre comme un caramel au fond d'une poche.
b. Je trouve cette fillette jolie, jolie, comme la fée de la pluie.
c. La nuit traîne sur Paris, comme un grand chat noir.
d. La pluie coule dans mon cou, comme la vinaigrette sur un artichaut.

4 *** **Lis ce texte et recopie les comparaisons. Entoure les mots de comparaison.**

Méphisto, c'est mon chat, et il est noir, mais noir ! Noir comme le charbon, comme le chagrin, beaucoup plus noir que le fond du plus profond des chapeaux…[…]

Il a des yeux scintillants comme des étoiles, une voix qui descend et monte plus vite que celle d'un violon.[…]

Sa queue ressemble maintenant à un point d'exclamation.

Pas de whisky pour Méphisto de Paul Thiès © Syros.

5 *** **Écris trois phrases pour présenter un de ces personnages. Utilise *trois comparaisons différentes*.**

Des mots généraux et des mots particuliers

Je découvre **Observe ces dessins.**

1. Que fait le personnage sur chaque dessin ?
2. Quel nom général peut-on utiliser pour désigner l'ensemble de ces activités ?
3. Quels dessins placerais-tu sous l'étiquette *arts martiaux* ?
4. Quels autres dessins peux-tu regrouper ?
Écris un mot-étiquette pour désigner chaque ensemble.

Je retiens

- Les **mots généraux**, ou **mots-étiquettes**, servent à désigner un ensemble d'objets, d'êtres vivants ou d'activités. Chaque ensemble est constitué de **mots particuliers**.
  *les **sports** : le basket • le football • le ping-pong • le tennis*
- Un mot-étiquette peut contenir d'autres mots-étiquettes moins généraux.
  *les **sports** : les **sports de ballon** • les **sports de raquette** • les **arts martiaux***

Je m'entraîne

VOCABULAIRE

*
1 Écris un mot-étiquette pour chaque liste de mots particuliers.

a. un blouson • un pantalon • une jupe • un tee-shirt • un gilet • un pull • un manteau
b. vert • jaune • rouge • bleu • gris • orange
c. un roman • un dictionnaire • un album • un recueil • un manuel • une encyclopédie
d. le crawl • la brasse • le papillon • le dos crawlé

*
2 Complète chaque liste avec deux mots particuliers. Écris un mot-étiquette pour chaque liste.

a. un coucou • une hirondelle • une mouette
b. de l'eau • du jus de fruits • du lait
c. un orang-outan • un chimpanzé • un atèle

**
3 Recopie chaque liste et barre l'intrus. Justifie ta réponse en utilisant un mot-étiquette.

a. Mercure • Vénus • la Terre • Mars • le Japon
b. rond • carré • géant • ovale • rectangulaire
c. une coccinelle • une abeille • une fourmi • une araignée • une mouche • un moustique
d. un fleuve • une piscine • une rivière • un ruisseau • un torrent • une cascade

**
4 Écris les mots particuliers correspondant à chaque définition regroupés sous le mot-étiquette *pièce*.

a. C'est la pièce où l'on prépare les repas.
b. C'est la pièce où l'on se lave.
c. C'est la pièce où l'on dort.
d. C'est la pièce où l'on reçoit les invités.

**
5 Écris les mots particuliers correspondant aux définitions et regroupés sous le mot-étiquette *siège*.

a. Elle a un dossier, quatre pieds, mais pas d'accoudoirs.
b. Il a un dossier, des accoudoirs, mais pas toujours de pieds.
c. Il a un dossier, il est confortable et plusieurs personnes peuvent s'y asseoir.
d. Il n'a pas toujours de dossier, il est souvent dur et plusieurs personnes peuvent s'y asseoir.
e. Il n'a pas de dossier, ni d'accoudoirs, mais il a trois ou quatre pieds.

***
6 Recopie chaque phrase en remplaçant le mot-étiquette en gras par un mot particulier.

a. Passe-moi l'**outil** pour que j'enfonce ce clou.
b. J'ai offert un bouquet de **fleurs** à ma grand-mère.
c. Le **véhicule** s'est arrêté au feu rouge.
d. Prends ce **récipient** et apporte-moi de l'eau.
e. La dame demanda au **marchand** de lui préparer trois steaks hachés.

***
7 Écris cinq pancartes que l'on peut trouver sur les stands des marchands de *fruits*, de *légumes* et de *poissons*. Utilise des *mots particuliers*.

Un mot, plusieurs sens

8

VOCABULAIRE

Je découvre

Étape 1 **Lis ce texte et observe le dessin.**

Ma maîtresse m'a dit
que mes parents allaient être surpris
en recevant mes notes.

Ma maîtresse a dit qu'il fallait bien posséder la langue française de Alain Le Saux
© Rivages, 1985.

1. Que contient l'enveloppe ?
2. Qu'est-ce que l'enveloppe aurait dû contenir ?
3. Si, dans l'enveloppe, se trouvait la note du dentiste, de quoi s'agirait-il ?
4. Dans ton manuel, pour certains textes, les mots sont expliqués par des notes. Trouve un exemple.
5. Combien de sens a le mot *note* ?

Étape 2 **Lis ces phrases.**

a. Je n'aime pas les nougats durs.
b. Cet exercice de mathématiques est vraiment dur.
c. Le nouvel entraîneur est dur avec ses joueurs.

1. Quel mot est répété dans chaque phrase ?
2. Quelle est la classe grammaticale de ce mot ?
3. Dans quelle phrase chaque synonyme pourrait-il être employé ?
   difficile • sévère • ferme
4. Par quel mot de sens contraire peux-tu remplacer le mot *dur* dans chaque phrase ?

Je retiens

- Un mot peut avoir **plusieurs sens**.
  *une **note** de musique • une **note** à un contrôle • une **note** de téléphone*
  C'est le même mot, mais son sens varie selon le **contexte**.
- Selon le sens, le mot a souvent des synonymes et des contraires différents.
  *un nougat **dur*** → synonyme : *un nougat **ferme*** → contraire : *un nougat **mou***
  *un exercice **dur*** → synonyme : *un exercice **difficile*** → contraire : *un exercice **facile***

Je m'entraîne

*
1 Écris les trois mots représentés par ces six dessins.

*
2 Complète chaque phrase avec le même mot. Ce mot a-t-il le même sens dans les trois phrases ?

a. Quand le chaton lape son lait, sa petite … bouge vite.
b. Nous faisons de la grammaire pour mieux maîtriser la … française.
c. Au milieu de l'étang, s'avance une … de terre.

**
3 Écris le mot qui correspond à chaque couple de définitions.

a. On la trouve sur la tête des rois ou des reines.
On peut en avoir sur des dents fragiles.
b. Un instrument de musique percé de trous.
Un verre à champagne assez haut et étroit.
c. Un ensemble de cheveux qui gênent quand il tombe devant les yeux.
C'est par là qu'on allume une bougie.
d. Une tour qui envoie de la lumière pour guider les bateaux.
Une lumière placée à l'avant d'une voiture.

**
4 Écris deux phrases avec chaque nom. Ce nom aura un sens différent dans chaque phrase.

bouton • flèche • glace • piste • toile

***
5 Récris chaque phrase en remplaçant l'adjectif en gras par un contraire. Tu dois trouver un seul adjectif par série.

a. Gabriel est **grand** pour son âge.
On a entendu un **gros** bruit dans la rue.
Tu es trop **âgé** pour jouer à ce jeu.
b. Il est tombé une **épaisse** couche de neige.
Je voudrais un paquet de **gros** sel.
Ses plaisanteries sont très **grossières**.
c. Ce tissu est **rêche**.
La route monte en pente **raide**.
Elle fait cuire la viande à feu **vif**.

***
6 Récris chaque phrase en remplaçant l'adjectif en gras par un synomyme puis par un contraire.

a. Ces traces de sanglier sont **fraîches**.
Les nuits sont **fraîches** en cette saison.
b. Aujourd'hui, le vent est **faible**.
Mélanie est **faible** en orthographe.

***
7 Écris une phrase à la manière d'Alain Le Saux (p. 249) avec un des mots de la liste. Puis fais un dessin qui correspondra à un autre sens du mot.

une baguette • un tableau • un éclair

Comprendre le sens d'un mot

Le pôle Nord

Je découvre

Étape 1 Lis ce texte extrait de l'unité 5 (p. 58).

Le pôle Nord

Le pôle Nord est l'un des derniers territoires vierges de la planète. Mais pour combien de temps ? Le compte à rebours a commencé car cette zone et l'océan Arctique qui l'entoure, très riche en pétrole, attirent les convoitises de tous les pays voisins.

1 **vierges** : qu'est-ce qu'une feuille vierge ?
Explique le sens du mot *vierges* dans le groupe nominal *l'un des derniers territoires vierges*.

2 **planète** : de quelle planète s'agit-il ? Comment le sais-tu ?

3 **compte à rebours** : quel mot dans la phrase d'avant indique ce qui va être compté ? Que signifie *à rebours* ?
Explique le sens de l'expression *compte à rebours* dans ce texte.

4 **convoitises** : explique le sens de ce mot en t'aidant des autres mots de la phrase (le contexte) : *très riche en pétrole, attirent*.

Des sachets en plastique jetés en pleine nature

Étape 2 Lis ces phrases.

a. Les sachets en plastique ne sont biodégradables qu'au bout de 200 ans.
b. Certains bateaux font leurs opérations de dégazage en pleine mer.

1 Tu as déjà rencontré les mots en orange dans l'unité 5 (p. 56).
Mais es-tu certain de bien les comprendre ?

Observe :

bio - dégrad - able

- bio → vivant
- dégrad → (se) dégrader, (se) détruire petit à petit
- able → qui est possible

2 Quel est le mot de base (le radical) ? Que signifie-t-il ?

3 Quels sont le préfixe et le suffixe ? Quel est leur sens ?

4 À ton tour, essaie d'expliquer le sens du mot *dégazage* en le décomposant.

Le dégazage d'un bateau en pleine mer

Je retiens

- Pour **comprendre le sens** d'un mot dans une phrase, il faut repérer et comprendre les autres mots de la phrase ou du texte, c'est-à-dire le **contexte**.
- Souvent, on peut **décomposer le mot** et chercher le sens des différents éléments ou chercher des **mots de la même famille**.
- Puis on vérifie le sens du mot dans le **dictionnaire**.

VOCABULAIRE

Je m'entraîne

**

1 Explique le sens de l'expression *le réchauffement climatique* en répondant aux questions.

a. Explique le mot *réchauffement* en te servant de l'adjectif *chaud* et de l'expression « le fait de », indiquée par le suffixe *-ment*.
b. Comment est formé le mot *climatique* ?
c. De quoi parle-t-on lorsque l'on parle du *réchauffement climatique* ?

**

2 Lis ce passage de *Il y a des histoires partout* (unité 3, p. 32), puis réponds aux questions.

L'autre jour, pour faire plaisir à ma mère, j'ai décidé d'épousseter la bibliothèque du salon. Sur le rayon du haut, coincé entre deux dictionnaires, il y avait un tout petit livre, un recueil d'histoires courtes.

En voulant le sortir pour passer un coup de chiffon, je l'ai laissé tomber. Il s'est écrasé sur le tapis.

Il y a des histoires partout de Bernard Friot dans *Histoires pressées* © Milan, 2007.

a. Quel rapport y a-t-il entre l'action d'*épousseter* et l'action de *passer un coup de chiffon* ?
b. Que veut dire *épousseter* ? À partir de quel mot est-il formé ? À ton avis, quel est le sens du préfixe *é-* ?
c. Aide-toi du sens du préfixe *é-* pour expliquer le sens des verbes *épiler* et *écrémer*.

**

3 Lis ce texte extrait de l'unité 5 (p. 62), puis réponds aux questions pour préciser le sens des mots surlignés.

Le circuit de l'eau

L'eau potable est le plus souvent captée dans les rivières. La plupart des eaux sont distribuées après une simple désinfection. Lorsque la rivière est polluée, l'eau passe dans une usine de production d'eau potable avant sa distribution.

Après avoir été utilisée, l'eau usée rejoint le réseau d'assainissement (égouts) qui l'achemine vers la station d'épuration. Rendue ainsi saine et propre, l'eau rejoint ensuite le milieu naturel.

a. captée : trouve des mots de la même famille, en particulier un verbe. Donne un synonyme de ce verbe.
b. désinfection : explique le sens de ce mot en le décomposant.
c. la station d'épuration : comment l'eau est-elle quand elle sort de la station d'épuration ? Utilise le mot de base du mot *épuration* dans ta réponse.

***

4 Écris une définition pour chaque sens du mot *cuisinière* en t'aidant du contexte.

a. Nous avons amené notre vieille cuisinière à la déchetterie.
b. Ma tante est cuisinière dans un grand restaurant.

Les sons

voyelles	
[a]/[ɑ]	un chat • déjà • un âne
[o]	une odeur • une épaule • un bureau • bientôt
[ɔ]	la force • énorme
[y]	une rue • brûler
[u]	une roue • où • le goûter
[e]	le début • une qualité • un panier • chez
[ɛ]	l'hiver • mauvais • près • la forêt • un secret • la peine • un poney • Noël
[ø]	peu • des bœufs
[œ]	la chaleur • un bœuf
[i]	un ami • un cygne • une île
[ɑ̃]	grand • encore • une chambre • trembler • un faon
[ɔ̃]	donc • nombreux • complet
[ɛ̃]	du vin • un bain • la peinture • commun un timbre • imprimer • immangeable • un examen • la faim • un parfum

consonnes	
[p]	un pont • apprendre
[b]	un bateau
[t]	un toit • une lettre
[d]	donner • une addition
[k]	comment • fabriquer • un koala • un coq • un chronomètre • Patrick • une occasion
[g]	une goutte • la fatigue • un toboggan
[f]	fort • une phrase • un effet
[v]	une vague • un wagon
[s]	une salle • réussir • décider • une façon • une addition
[z]	zéro • un oiseau
[ʒ]	jamais • magique • une orangeade
[ʃ]	un chemin • un schéma
[l]	une larme • une balle
[ʀ]	un rat • la terre
[m]	une maison • une pomme
[n]	la lune • une année
[ɲ]	la campagne • un signal
[j]	une pierre • un chien • le travail • une bouteille • reveiller • un billet • payer
[w]	pourquoi • oui • l'ouest
[ɥ]	puis

Des mots invariables

ailleurs
ainsi
assez
autant
autrefois
bientôt
ceci
cela
chez
combien
comment

dessous
donc
également
encore
enfin
ensuite
jamais
longtemps
lorsque
mais
malgré

mieux
pendant
peu
plusieurs
près (de)
presque
quelquefois
sans
seulement
soudain
toujours

Les classes de mots

noms	frère • sœur • chien • chienne • village • ville • ballon • main • avion • armoire…
verbes	être • avoir • aller • chanter • manger • lancer • arriver • entrer • sembler • rester • grandir • dire • faire • pouvoir • vouloir • partir • prendre • venir • voir…
adjectifs	grand • petit • rond • vert • gros • curieux • fort • intéressant • rusé • rapide…
adverbes	lentement • rapidement • soudain • vite • souvent • peut-être • quelquefois • tout à l'heure • demain • ici…
déterminants	
- articles définis	le • la • l' • les
- articles indéfinis	un • une • des
- déterminants possessifs	ma • ta • sa • mon • ton • son • notre • votre • leur • mes • tes • ses • nos • vos • leurs
pronoms	je • tu • il • elle • on • nous • vous • ils • elles
prépositions	à • avec • de • dans • en • par • pour • sans…

Les fonctions dans la phrase

sujet	**Tom** va à la plage. **Le jeune garçon** va à la plage. **Il** va à la plage.
complément d'objet direct (COD)	Des promeneurs appellent **les pompiers**. Des promeneurs **les** appellent.
complément d'objet indirect (COI)	Adèle a assisté **à plusieurs spectacles**.
complément circonstanciel (CC)	**Au printemps**, l'hirondelle construit son nid **dans les granges**.

L'accord dans le groupe nominal

	masculin	**féminin**
singulier	le petit **chalet** bleu	la petite **maison** bleue
pluriel	les petits **chalets** bleus	les petites **maisons** bleues

L'accord sujet/verbe

Le sujet est au singulier → le verbe est au singulier	Luc enquête. Il enquête.
Le sujet est au pluriel → le verbe est au pluriel	Sidonie et Luc enquêtent. Ils enquêtent.

Auxiliaires

Infinitif	Présent de l'indicatif	Futur de l'indicatif	Passé composé de l'indicatif	Imparfait de l'indicatif
AVOIR	j'ai tu as il/elle/on a nous avons vous avez ils/elles ont	j'aurai tu auras il/elle/on aura nous aurons vous aurez ils/elles auront	j'ai eu tu as eu il/elle/on a eu nous avons eu vous avez eu ils/elles ont eu	j'avais tu avais il/elle/on avait nous avions vous aviez ils/elles avaient
ÊTRE	je suis tu es il/elle/on est nous sommes vous êtes ils/elles sont	je serai tu seras il/elle/on sera nous serons vous serez ils/elles seront	j'ai été tu as été il/elle/on a été nous avons été vous avez été ils/elles ont été	j'étais tu étais il/elle/on était nous étions vous étiez ils/elles étaient

Verbes du 1er groupe → infinitif en *-er*

Infinitif	Présent de l'indicatif	Futur de l'indicatif	Passé composé de l'indicatif	Imparfait de l'indicatif
CHANTER	je chante tu chantes il/elle/on chante nous chantons vous chantez ils/elles chantent	je chanterai tu chanteras il/elle/on chantera nous chanterons vous chanterez ils/elles chanteront	j'ai chanté tu as chanté il/elle/on a chanté nous avons chanté vous avez chanté ils/elles ont chanté	je chantais tu chantais il/elle/on chantait nous chantions vous chantiez ils/elles chantaient
MANGER	je mange tu manges il/elle/on mange nous mangeons vous mangez ils/elles mangent	je mangerai tu mangeras il/elle/on mangera nous mangerons vous mangerez ils/elles mangeront	j'ai mangé tu as mangé il/elle/on a mangé nous avons mangé vous avez mangé ils/elles ont mangé	je mangeais tu mangeais il/elle/on mangeait nous mangions vous mangiez ils/elles mangeaient
LANCER	je lance tu lances il/elle/on lance nous lançons vous lancez ils/elles lancent	je lancerai tu lanceras il/elle/on lancera nous lancerons vous lancerez ils/elles lanceront	j'ai lancé tu as lancé il/elle/on a lancé nous avons lancé vous avez lancé ils/elles ont lancé	je lançais tu lançais il/elle/on lançait nous lancions vous lanciez ils/elles lançaient
ARRIVER	j'arrive tu arrives il/elle/on arrive nous arrivons vous arrivez ils/elles arrivent	j'arriverai tu arriveras il/elle/on arrivera nous arriverons vous arriverez ils/elles arriveront	je suis arrivé(e) tu es arrivé(e) il/elle est arrivé(e) nous sommes arrivé(e)s vous êtes arrivé(e)s ils/elles sont arrivé(e)s	j'arrivais tu arrivais il/elle/on arrivait nous arrivions vous arriviez ils/elles arrivaient
ENTRER	j'entre tu entres il/elle/on entre nous entrons vous entrez ils/elles entrent	j'entrerai tu entreras il/elle/on entrera nous entrerons vous entrerez ils/elles entreront	je suis entré(e) tu es entré(e) il/elle est entré(e) nous sommes entré(e)s vous êtes entré(e)s ils/elles sont entré(e)s	j'entrais tu entrais il/elle/on entrait nous entrions vous entriez ils/elles entraient

Verbes du 2e groupe → infinitif en *-ir* et 1re personne du pluriel en *-issons*

Infinitif	Présent de l'indicatif	Futur de l'indicatif	Passé composé de l'indicatif	Imparfait de l'indicatif
GRANDIR	je grandis tu grandis il/elle/on grandit nous grandissons vous grandissez ils/elles grandissent	je grandirai tu grandiras il/elle/on grandira nous grandirons vous grandirez ils/elles grandiront	j'ai grandi tu as grandi il/elle/on a grandi nous avons grandi vous avez grandi ils/elles ont grandi	je grandissais tu grandissais il/elle/on grandissait nous grandissions vous grandissiez ils/elles grandissaient

Verbes du 3e groupe → tous les autres verbes

Infinitif	Présent de l'indicatif	Futur de l'indicatif	Passé composé de l'indicatif	Imparfait de l'indicatif
ALLER	je vais tu vas il/elle/on va nous allons vous allez ils/elles vont	j'irai tu iras il/elle/on ira nous irons vous irez ils/elles iront	je suis allé(e) tu es allé(e) il/elle est allé(e) nous sommes allé(e)s vous êtes allé(e)s ils/elles sont allé(e)s	j'allais tu allais il/elle/on allait nous allions vous alliez ils/elles allaient
DIRE	je dis tu dis il/elle/on dit nous disons vous dites ils/elles disent	je dirai tu diras il/elle/on dira nous dirons vous direz ils/elles diront	j'ai dit tu as dit il/elle/on a dit nous avons dit vous avez dit ils/elles ont dit	je disais tu disais il/elle/on disait nous disions vous disiez ils/elles disaient
FAIRE	je fais tu fais il/elle/on fait nous faisons vous faites ils/elles font	je ferai tu feras il/elle/on fera nous ferons vous ferez ils/elles feront	j'ai fait tu as fait il/elle/on a fait nous avons fait vous avez fait ils/elles ont fait	je faisais tu faisais il/elle/on faisait nous faisions vous faisiez ils/elles faisaient
PRENDRE	je prends tu prends il/elle/on prend nous prenons vous prenez ils/elles prennent	je prendrai tu prendras il/elle/on prendra nous prendrons vous prendrez ils/elles prendront	j'ai pris tu as pris il/elle/on a pris nous avons pris vous avez pris ils/elles ont pris	je prenais tu prenais il/elle/on prenait nous prenions vous preniez ils/elles prenaient

N° de projet 10184707 - Dépôt légal : février 2012
Achevé d'imprimer par N.I.I.A.G. - italie - février 2012

FSC www.fsc.org MIXTE Papier issu de sources responsables FSC® C022030

Verbes du 3e groupe → tous les autres verbes

Infinitif	Présent de l'indicatif	Futur de l'indicatif	Passé composé de l'indicatif	Imparfait de l'indicatif
POUVOIR	je peux tu peux il/elle/on peut nous pouvons vous pouvez ils/elles peuvent	je pourrai tu pourras il/elle/on pourra nous pourrons vous pourrez ils/elles pourront	j'ai pu tu as pu il/elle/on a pu nous avons pu vous avez pu ils/elles ont pu	je pouvais tu pouvais il/elle/on pouvait nous pouvions vous pouviez ils/elles pouvaient
VOULOIR	je veux tu veux il/elle/on veut nous voulons vous voulez ils/elles veulent	je voudrai tu voudras il/elle/on voudra nous voudrons vous voudrez ils/elles voudront	j'ai voulu tu as voulu il/elle/on a voulu nous avons voulu vous avez voulu ils/elles ont voulu	je voulais tu voulais il/elle/on voulait nous voulions vous vouliez ils/elles voulaient
PARTIR	je pars tu pars il/elle/on part nous partons vous partez ils/elles partent	je partirai tu partiras il/elle/on partira nous partirons vous partirez ils/elles partiront	je suis parti(e) tu es parti(e) il/elle est parti(e) nous sommes parti(e)s vous êtes parti(e)s ils/elles sont parti(e)s	je partais tu partais il/elle/on partait nous partions vous partiez ils/elles partaient
VENIR	je viens tu viens il/elle/on vient nous venons vous venez ils/elles viennent	je viendrai tu viendras il/elle/on viendra nous viendrons vous viendrez ils/elles viendront	je suis venu(e) tu es venu(e) il/elle est venu(e) nous sommes venu(e)s vous êtes venu(e)s ils/elles sont venu(e)s	je venais tu venais il/elle/on venait nous venions vous veniez ils/elles venaient
VOIR	je vois tu vois il/elle/on voit nous voyons vous voyez ils/elles voient	je verrai tu verras il/elle/on verra nous verrons vous verrez ils/elles verront	j'ai vu tu as vu il/elle/on a vu nous avons vu vous avez vu ils/elles ont vu	je voyais tu voyais il/elle/on voyait nous voyions vous voyiez ils/elles voyaient

Crédits photographiques

p. 5 : Oredia/Anne-Sophie Bost ; **p. 17** : Andrew Macara/Bridgeman-Giraudon ; **p. 28 (g)** : BIS/Collection Archives Bordas ; **p. 28 (m)** : BIS/Archirves Larbor ; **p. 28 (d)** : BIS/Jo Bayle © Archives Larbor ; **p. 29** : Leemage /Imagebroker ; **p. 41** : Figarophoto/Xavier Desme ; **p. 42 (hg)** : Istockphoto/Sawayasu Tsufi ; **p. 42 (hm)** : BIS/Ben Mcleigh/Istockphoto ; **p. 42 (hd)** : Istockphoto/eeqmcc ; **p. 42 (b)** : Istickphoto/Craig Dingle ; **p. 44 (hg)** : Fotolia/Eric Gevaert ; **p. 44 (hm)** : Istockphoto/Mihailzhukov ; **p. 44 (hd)** : Biosphoto/Joe Blossom /Photoshot ; **p. 44 (b)** : Fotolia/Dougle ; **p. 45** : BIS/Fulop Gergely/Istockphoto ; **p. 47** : Istockphoto/Mikedabell ; **p. 48 (hg)** : BIS/Daniel Tenthorey/Fotolia ; **p. 48 (hmg)** ; Biosphoto/ Mark MacEwen/OSF ; **p. 48 (hmd)** : Isockphoto/Keng lye cheok ; **p. 48 (hd)** : BIS/Jeanbor/Archives Larbor ; **p. 48 (mg)** : Biosphoto/Pascal Goetgheluck ; **p. 48 (mmg)** : Istockphoto/emholk ; **p. 48 (mmd)** : BIS/Johan Swanepoel/Shutterstock ; **p. 48 (md)** : Biosphoto/Luis Casiano ; **p. 48 (bg)** : Fotolia/Andrei Nekrassov ; **p. 48 (bmg)** : Fotolia/Éric Isselée ; **p. 48 (bmd)** : Istockphoto/Syagci ; **p. 48 (bd)** : Fotolia/Cris13 ; **p. 49** : Istockphoto/Jonathan Heger ; **p. 50 (h)** : Istockphoto/Andy Gehrig ; **p. 50 (b)** : BIS/Jeanbor/Archives Larbor ; **p. 51** : BIS/Daniel Tenthorey/Fotolia ; **p. 53 (h)** : Biosphoto/Martin Bond/ Still pictures ; **p. 53 (m)** : Biosphoto/Denis Bringard ; **p. 53 (b)** : Artedia/Karin Hessmann/Artur ; **p. 59 (g)** : Rea/Richard Damoret ; **p. 59 (mg)** : Rea/Marta Nascimento ; **p. 59 (md)** : Rea/Gilles Leimdorfer ; **p. 59 (d)** : Istockphoto/Kemter ; **p. 60 (g)** : Istockphoto/Tore Johannesen ; **p. 60 (m)** : Istockphoto /Mayumi Terao ; **p. 60 (d)** : Istockphoto/Dan Driedger ; **p. 61** : Istockphoto/Kyoungil Jeon ; **p. 65 (hg)** : Collection Kharbine Tapabor ; **p. 65 (hm)** : Kharbine Tapabor/Collection IM ; **p. 65 (hd)** : Collection Kharbine Tapabor ; **p. 65 (bg)** : Leemage ; **p. 65 (bm)** : Collection Kharbine Tapabor © ADAGP, Paris 2011 ; **p. 65 (bd)** : BIS/Michel Didier/Archives Larbor ; **p. 93 (g)** : AFP ; **p. 93 (d)** : Maxppp/J. Dutac ; **p. 96** : Istockphoto/ Dainis Deries ; **p. 99** : Hoa Qui/Philippe Rayer ; **p. 101 (h)** : Wikispectacle/Vincent Pontet ; **p. 101 (b)** : Hoa Qui/Norman Godwin ; **p. 103 et p. 110** : Wikispectacle/Vincent Pontet ; **p. 127** : Bridgeman-Giraudon ; **p. 159 (h)** : Istockphoto /Karel Broz ; **p. 159 (m)** : Istockphoto/Andrewe Howe ; **p. 159 (b)** : Istockphoto/Missing35mm ; **p. 160** : Fotolia/Cris13 ; **p. 169 (h)** : Istockphoto/Rich Phalin ; **p. 169 (mh)** : Biosphoto/Andy Rouse/Photoshot ; **p. 169 (mb)** : Shutterstock/FormaA ; **p. 169 (b)** : Istockphoto/Erik Gauger ; **p. 173 (h)** : Shutterstock/Melissa Dockstader ; **p. 173 (mh)** : Biosphoto/Anthony Bannister/Photoshot ; **p. 173 (mb)** : Istockphoto/Robert Robinson ; **p. 173 (b)** : Shutterstock/Leigh Prather ; **p. 183 (h)** : NASA/Raghvendra Sahai/John Trauger/The WFPC2 science team ; **p. 183 (m)** : NASA/The Hubble Heritage Team ; **p. 183 (b)** : Cosmosphoto/John Sanford /SPL ; **p. 193 (h)** : NASA/Neil A. Armstrong ; **p. 193 (b)** : NASA ; **p. 195 (h)** : Sipa/AP/ Francis Latreille ; **p. 195 (m)** : AFP/Pierre Verdy ; **p. 195 (b)** : Sipa/David Calrd/Newspix/Rex feature ; **p. 197 (h)** : RMN/ Jean-Gilles Berizzi ; **p. 197 (b)** : RMN/Gérard Blot ; **p. 237 (h)** : Fotolia/Jose Manuel Gelpi ; **p. 237 (mh)** : Fotolia/Franck Diapo ; **p. 237 (mb)** : Fotolia/Romain Queré ; **237 (b)** : Fotolia/Nicolas Larento ; **p. 247** : Fotolia/Raphtong ; **p. 251 (h)** : Istockphoto/Anouk Stricher ; **p. 251 (m)** : Rea/Nicolas Tavernier ; **p. 251 (b)** : AFP/Swedish Coast Guard.

Illustrateurs

Élodie Balandras : pp. 11, 26, 38 (h), 74, 141, 149, 150, 153, 154, 171, 172, 175, 189, 190, 215, 216, 231, 232, 238, 243, 244. **Ophélie Bernaud** : pp. 139, 140, 144. **Corinne Bongrand** : pp. 24, 27, 32, 33, 38 (b), 72, 73, 75, 83, 130, 136. **Patrick Chenot** : pp. 6, 7, 58, 59, 86, 102, 104, 105, 106, 107, 113, 116 (hd), 120, 121, 122, 123, 124, 125, 132, 148, 155, 156, 162, 213, 214, 219, 220, 222, 223, 224, 225, 226, 229, 241, 242, 247. **Thierry Christmann** : pp. 12 (h), 14, 15, 23, 62, 63, 177, 178, 185, 186, 217, 218, 221. **Magali Clavelet** : pp. (b) 12, 142, 143. **Aurélia Fronty** : pp. 39, 80, 81, 129, 147, 161. **Cécile Gambini** : pp. 78, 79, 128, 157, 158. Éric Gasté : pp. 18, 19. **Caroline Hesnard** : pp. 8, 9, 43, 46, 82, 94, 109, 112, 167, 168, 174, 176, 179, 180, 184, 196, 199, 201, 202, 204, 205, 206, 208, 209, 210, 245, 246, 248, 250. **Alexandra Huard** : pp. 20, 21, 77, 84, 87, 131, 134, 151, 152, 163, 164, 187, 188, 198, 211, 212, 227, 228, 233, 234. **Martin Matje** : pp. 30, 31. **Raphaëlle Michaud** : pp. 66, 67, 68, 69, 137, 165, 166, 170, 181, 182, 191, 192, 194.
Zed Oras : illustration de couverture.

Générique de l'ouvrage

Conception graphique : **Domitille Pasquesoone**
Mise en pages : **Élodie Breda**
Couverture : **Favre & Lhaïk**
Iconographie : **Claire Balladur**
Coordination éditoriale : **Laurence Michaux**
Édition : **Pascale Costet, Anne Perez**